Justiça, Direito e Processo

A Argumentação e o Direito Processual de Resultados Justos

Samuel Meira Brasil Jr.

FHE Press

ISBN: 978-1-7339642-3-4

Dedico esta obra a Anna Lara, Arthur e Henrique

JUSTIÇA, DIREITO E PROCESSO

"In this broad sense, the human 'nature' is rational. But if human nature had been more servile than rational, the obligation to obey the law would be better justifiable by reference to commands, of God or the authorities" (Aleksander Peczenik, On Law and Reason, 1989, p. 212).

SUMÁRIO

Capítulo iii
Os princípios jurídicos no direito processual

Capítulo iv
A ponderação de princípios e valores e o direito Processual de resultados justos

APRESENTAÇÃO

Processo de resultados e *instrumentalidade* transformaram-se em expressões da moda entre os processualistas: todos tentam resolver tudo utilizando o princípio da instrumentalidade como panaceia para todos os males. Os fins justificam os meios: se o resultado for obtido, então tudo deve estar em ordem.

Não se faz ciência assim. É natural que, no terceiro milênio, os processualistas procurem ir muito além das formas para explicar a utilidade de seus estudos. Mais que isso, é natural que a procura da justa medida e do equilíbrio leve ao repúdio do *procedimentalismo* e do *praxismo* dos séculos passados.

Os estudos de Cândido Rangel Dinamarco, dos anos 80 (*Instrumentalidade do Processo*, tese vencedora de cátedra), fizeram eco. No Largo São Francisco, mais que nunca, os estudiosos principiaram movimento consistente e vigoroso no sentido de ressaltar os escopos jurídico, político e social do processo; os projetos de lei que foram orientados por professores das Arcadas mostram que as lições hauridas nos anos 80 frutificaram e criaram raízes. Vinte anos depois, José Roberto dos Santos Bedaque, também em tese vitoriosa para a cátedra de Direito Processual na Faculdade de Direito da Universidade de São Paulo (*Efetividade do Processo e Técnica Processual*), completa e potencializa as lições de Dinamarco, mostrando em detalhes e na prática como pode ser implementada a idéia da instrumentalidade, criando parâmetros e estabelecendo contornos adequados para a completa aplicação da idéia da salvação dos atos processuais. Afinal de contas, *pas de nullité sans grief.*

SAMUEL MEIRA BRASIL JÚNIOR aproveitou os ensinamentos de duas gerações de processualistas do Largo São Francisco. Inspirado nas lições de um e de outro, Dinamarco e Bedaque, apresenta aos operadores um estudo robusto onde procura fixar balizas adequadas para a aplicação do princípio da instrumentalidade das formas.

Não se trata apenas de encontrar meios de salvar atos processuais defeituosos: procura o autor, acima de tudo, superar certos dogmas que têm levado ao naufrágio de processos, com dano às partes, por conta de erros técnicos. Assim, tenta o autor demonstrar que mesmo a ausência (ou suposta ausência) de pressupostos processuais e de condições da ação pode ser superada, ampliando-se os horizontes da salvação dos atos processuais e do processo como um todo. Mas tudo com limites e dentro de parâmetros que tendem a manter o processo como mecanismo *garantístico* de solução de litígios.

As afirmações e conclusões de SAMUEL MEIRA BRASIL JÚNIOR são formuladas de modo pragmático. Depois de explorar os princípios processuais, submetendo-os ao método da proporcionalidade e razoabilidade, o autor testa suas idéias no campo prático, trazendo aos operadores considerações valiosas para o seu quotidiano. Esta postura pragmática, solidamente construída sobre bases técnicas irrepreensíveis, estimulou-me a convidar o autor a publicar sua dissertação de mestrado, defendida com sucesso no âmbito da Faculdade de Direito da Universidade de São Paulo, na **Coleção Atlas de Processo Civil**.

Sobre o autor, quero dizer duas palavras. Conheci SAMUEL MEIRA BRASIL JÚNIOR em Vitória, no Espírito Santo. Jovem Juiz de Direito daquela Capital, o autor estava estimulado a iniciar seus estudos de pós-graduação na Faculdade de Direito do Largo São Francisco. Somaram-se garra e currículo: o candidato, que já era amplamente capacitado, desenvolveu notiramente, durante o curso de pós-graduação, sua capacidade de cientista, revelou-se hábil professor e hoje, já Desembargador em seu Estado natal, prepara vôos mais altos.

Carlos Alberto Carmona
Professor Doutor do Departamento de Direito
Processual da Faculdade de Direito
Da Universidade de São Paulo

PREFÁCIO

Recebi do Dr. Samuel Meira Brasil Júnior o honroso convite para apresentar à comunidade jurídica seu primeiro estudo de direito processual publicado comercialmente, com o título *Justiça, Direito e Processo. A argumentação e o direito processual de resultados justos.* Trata-se de trabalho com o qual o autor obteve, com distinção, o título de mestre na Faculdade de Direito da Universidade de São Paulo, sob minha orientação.

Fui apresentado a Samuel Meira Brasil Júnior por um amigo comum, Prof. Antonio Abikair, diretor da Faculdade de Direito de Vitória. Na ocasião, ele enfatizou com bastante entusiasmo as qualidades do conterrâneo, juiz de direito e, em seu entender, uma das maiores inteligências do mundo jurídico capixaba.

Não duvidei de meu amigo, mas confesso que não descartei a possibilidade de haver certo exagero em suas palavras, mesmo porque o destinatário dos elogios candidatara-se a uma vaga no curso de pós-graduação no Largo de São Francisco e pretendia indicar-me como orientador.

Como ele foi aprovado no processo seletivo, passou a frequentar as aulas, já na condição de meu orientando. O tempo e a convivência semanal com Samuel, além de alguns encontros em Vitória, aonde vou com certa frequência, deram razão a Abikair. E tem mais. Além de jurista brilhante, Samuel é dotado de excelente caráter.

Antes de optar pelo direito processual, o autor dedicou-se ao estudo da computação e sua aplicação ao direito. Apresentou dissertação de mestrado, escrita em inglês, na Universidade Federal do Espírito Santo, intitulada "A Mathematical Framework for Modelling Legal Reasoning through Conditional Logics." Nesse estudo, analisa a utilização de uma lógica não clássica para modelar o raciocínio jurídico, visando à aplicação de regras, princípios e conceitos abertos.

Também já publicou trabalhos em universidades da Inglaterra, da Suécia, da Escócia e da Espanha.

Após esse rápido histórico sobre meu relacionamento com o autor, passo ao exame da obra. Valendo-se de sua formação filosófica e do profundo conhecimento sobre a matéria, ele procurou estabelecer os limites razoáveis ao princípio da instrumentalidade das formas e da própria visão instrumentalista do processo.

Inicia por desenvolver noções a respeito da forma do ato processual e das consequências pela não-observância dela, sempre à luz da idéia de instrumentalidade.

Em seguida, depois de concluir pela insuficiência dos critérios tradicionais para fixar o verdadeiro significado do princípio acima mencionado, passa a explica-lo com fundamento na teoria da argumentação, mesmo porque, em seu entender, o processo é método argumentativo de solução das controvérsias, visando ao resultado justo, ou seja, é, simplesmente, argumentação jurídica e ponderação de razões para justificar uma conclusão.

Aborda também o problema da norma material injusta e conclui ser o direito processual o resultado da integração do trinômio *direito, processo* e *justiça*.

À luz da teoria da argumentação e da ponderação de valores, o autor busca os limites à atividade desenvolvida pelo juiz, destinada a alcançar o denominado resultado justo.

Baseado nessas premissas, Samuel aborda inúmeras questões processuais e propõe verdadeiro método de interpretação das regras desse ramo do ordenamento jurídico. Constitui, portanto, estudo de consulta obrigatória a todos os que pretendem extrair o significado correto das normas de processo.

Por isso, na condição de orientador e amigo, sinto-me satisfeito e orgulhoso, pois, embora tenha servido como mero instrumento, acabei contribuindo para que mais um processualista de escol se torne conhecido dos profissionais do Direito.

São Paulo, 31 de julho de 2007
José Roberto dos Santos Bedaque
Professor Titular de Direito Processual da Faculdade
de Direito da Universidade de São Paulo

AGRADECIMENTOS

Agradeço, acima de tudo, ao Prof. José Roberto dos Santos Bedaque, cuja inspiração e orientação foram essenciais para a conclusão desta obra. De igual forma, agradeço aos Profs. Cândido Rangel Dinamarco, Paulo Henrique dos Santos Lucon, Carlos Alberto Carmona e Marcelo Abelha Rodrigues, pela leitura e pelos valiosos comentários e críticas durante a qualificação e a defesa. Agradeço de igual forma ao Prof. Antônio José Ferreira Abikair, pelo incentivo e constante apoio durante minha caminhada acadêmica, e ao Prof. Bruno Silveira de Oliveira, pela revisão e comentários sobre a obra. Por fim, agradeço, ainda, a todos os que, direta ou indiretamente, tornaram possível o presente trabalho. Meu sincero muito obrigado.

INTRODUÇÃO

Este livro tem por escopo o estudo de uma propriedade essencial do processo, a instrumentalidade das formas, inclusive sua versão mais atual, a instrumentalidade substancial. Muito embora a instrumentalidade, em si, não seja um tema completamente novo, mas já bastante conhecido e defendido por todos os processualistas brasileiros, observo que há, ainda, margem para uma abordagem metodológica nova. Desde o trabalho seminal do prof. Cândido Rangel Dinamarco,[1] o verdadeiro sistematizador do princípio da instrumentalidade no Brasil, e, posteriormente, a nova abordagem metodológica e científica do Prof. José Roberto dos Santos Bedaque,[2] na mais revolucionária obra sobre os fundamentos do processo civil, e do Prof. José Carlos Barbosa Moreira,[3] o estudo da instrumentalidade sofreu profundas modificações em sua extensão. Apesar de a doutrina aceitar os ideais da instrumentalidade, há grande dissenso sobre os casos que autorizariam a aplicação do instituto. Na verdade, não há, na literatura brasileira, um método proposto para definir as hipóteses de aplicação da instrumentalidade e dos resultados esperados do processo. Em resumo, não há uma concordância entre os mais conceituados autores sobre a real extensão da instrumentalidade e, principalmente, sobre como estabelecer seus respectivos limites.

---

[1] A Instrumentalidade do Processo, 10 ed., São Paulo: Malheiros, 2002. A primeira edição d obra é de 1987.
[2] Efetividade do Processo e Técnica Processual: tentativa de compatibilização. Tese apresentada ao concurso para o cargo de Professor Titular de Direito Processual Civil da FD da USP. São Paulo: inédito, 2004.
[3] Efetividade do Processo e Técnica Processual, Temas de Direito Processual. 6 Série. São Paulo: Saraiva, 1997.

Ainda hoje a discussão é atual e necessária, o que justifica uma investigação para a delimitação do alcance e dos limites da instrumentalidade, buscando como contribuição original à ciência processual brasileira a indicação de um método para reconhecer esse limite.

Uma dúvida que naturalmente surge é a seguinte: qual é o limite da instrumentalidade? O que pode ser ignorado ou desprezado em nome da "finalidade" ditada pelo aritgo 244 do CPC? Como estabelecer objetivamente a extensão da instrumentalidade? Segundo entendo, há somente duas possibilidades de se aceitar uma resposta a esta indagação: reconhecendo existir a possibilidade de se controlar racionalmente a instrumentalidade, ou, em sentido contrário, admitindo ser impossível fixar um controle desse jaez.

Se a resposta segue o curso negativo – de que não é possível impor um limite racional e objetivo à instrumentalidade –, então a própria aplicação desse instituto processual seria temerária, pois não permitiria o controle do ato decisório. Teríamos juízes de diversos graus de jurisdição desprezando inadvertidamente numerosas regras processuais, conforme sua mais absoluta conveniência, sem qualquer mecanismo de controle. Bastaria invocar a "instrumentalidade" para justificar sua decisão e, pronto, estaria autorizado a ignorar uma regra processualcuja aplicação nunca foi questionada. O juiznegaria eficácia porque "não gostou" da norma. Por sua vez, se a resposta for afirmativa, reconhecendo ser possível identificar limites objetivos à instrumentalidade, resta, então, apontar esses limites, inclusive indicando a sua respectiva extensão.

O presente trabalho procura investigar o direito processual de resultados e a existência de limites racionais à instrumentalidade substancial, bem como fixar a sua extensão, estabelecendo, por intermédio de uma metodologia, a linha divisória entre a instrumentalidade e arbitrariedade.

1
INSTRUMENTALIDADE DAS FORMAS

1.1. Forma dos atos processuais

Forma (*Gestalt*) é a manifestação externa do ato. A exigência da exteriorização do ato jurídico processual decorre, dentre outras razões, da necessidade de se estabelecer uma ordem no procedimento, trazendo um grau elevado de uniformidade e de previsibilidade na atuação dos órgãos estatais. Assim, cria-se uma segurança jurídica para os participantes da dialética processual, o que representa uma garantia para as partes que buscam a tutela jurisdicional, interligando os atos procedimentais posteriores[4]. É, portanto, um mecanismo para assegurar a igualdade dos litigantes, evitando o arbítrio do julgador.

Nesse contexto, a forma dos atos processuais[5] é absolutamente necessária para garantir um sistema processual justo e équo.

Contudo, a utilização do vocábulo 'forma', sem a definição precisa do seu alcance, pode acarretar inúmeros equívocos, em razão das suas diversas acepções. A doutrina sempre alertou para a impropriedade do uso indiscriminado da expressão, que pode denotar tanto a exteriorização do ato processual, quanto as suas características de modo, tempo e lugar em que ocorre. Carnelutti[6] já advertia que: *"A palavra 'forma', na linguagem científica e jurídica, é uma daquelas que apresentam maior variedade de significados e, por isso, maior dificuldade para definir o conceito que serve para denotar"*.

Apesar da sua vagueza semântica, diversos autores preservaram – e ainda hoje preservam – o uso da palavra 'forma' em suas obras, buscando aproximar o leitor da linguagem usada na legislação. No entanto, manter a expressão por ser de uso corrente na doutrina e na legislação, não torna dispensável uma definição precisa do vocábulo. Conforme já proclamava o Círculo de Viena, não pode haver ciência se não houver precisão lingüística. Assim, cumpre definir o signo 'forma' (significante), para que se estabeleça precisamente o objeto (referente) denotado pelo conceito (significado),

---

4   Conforme nos lembra Carlos Alberto Alvaro de Oliveira, a necessidade da forma no direito processual já era destacada, no Brasil, por Pimenta Bueno, que advertia: "se não fossem as formalidades da lei, a chicana, a duplicidade, o arbítrio e a injustiça predominariam com toda facilidade; por isso mesmo que desde então não haveria regras fixas, nem modo certo e exato de proceder" (cf. José Antônio Pimenta Bueno., Apontamentos sobre as formalidades do processo civil, 3ª ed., Rio de Janeiro: Ribeiro dos Santos, 1911, p. 10, apud Carlos Alberto Alvaro de Oliveira, Do Formalismo no Processo Civil. São Paulo: Saraiva, 2003.Oliveira, 2004, p. 4).

5   Luiz Machado Guimarães (cf. *Estudos de Direito Processual Civil*, Rio de Janeiro: Ed. Jurídica e Universitária, 1969), observa que "É óbvio, entretanto, que nem todo ato processual se formaliza em um *têrmo* ou *auto*. Se isso acontecesse, observa PEREIRA BRAGA, "qualquer certidão passada seria um têrmo, até mesmo as dos oficiais de justiça, e também qualquer ato escrito das partes o seria". Ademais, os atos do processo não prescindem, em regra, de formalismo predeterminado na lei. (...) Não existe, pràticamente, a *demanda introdutória* senão depois de formalizada na *petição inicial*, como não existe a *penhora* enquanto não consta do *auto* respectivo, nem a *sentença*, sem expressão escrita nos autos, de sorte que tem ampla aplicação no processo a regra *forma dat esse rei*. Não importa isto, entretanto, em banir a distinção entre o objeto representado (ato processual) e o objeto representativo (documento, instrumento, auto ou têrmo)".

6   Instituições do Processo Civil. Volume I. Tradução da 5a ed. Por Adrián Sotero De Witt Batista, São Paulo: Servanda, 1999, p. 524).

diminuindo o grau de vagueza e evitando eventuais ambigüidades[7].

Chiovenda[8] define forma *em sentido estrito* como sendo as *"condizioni di luogo, di tempo, di mezzi d'espressione"* a que as atividades dos sujeitos processuais e o procedimento devem se submeter. Indica, como forma *em sentido amplo*, as próprias atividades necessárias no processo, que tenham natureza de forma em relação à substância, visando a atuação do direito substancial. A forma em sentido amplo é, pois, a exteriorização (*estrinsecazione*) do ato[9].

Esta definição também é adotada por Marco Tullio Zanzucchi[10], que acrescenta, no conceito de forma em sentido estrito, o modo de comunicação dos atos processuais aos seus destinatários.

Para Carnelutti[11], forma em sentido amplo é o 'acontecimento físico', a situação final (isto é, o 'fato') que modificou a anterior. Assim, *"a forma do ato é o fato em que o ato se resolve"*. Em outras palavras, a forma em sentido amplo é o *fato* exterior contido no *ato*. Por exemplo, a *forma* do *ato* de citação é o *fato* da ciência da ação ao Réu[12]. Por sua vez, forma em sentido estrito é o 'modo'

---

7   Em verdade, definir forma é um problema próprio da filosofia, e remonta aos présocráticos, como Górgias de Leontinos. No que tange ao pensamento, as formas de consciência são produzidas por atos (o ato de perceber, de lembrar-se, de imaginar) e o conteúdo de consciência é o resultado do ato (a percepção, a lembrança, o pensamento). O prof. Alaôr Caffé Alves, definindo forma, assevera que: *"desaparecendo o conteúdo, desaparece a forma, visto não ser possível existir uma forma de consciência pura, sem o respectivo conteúdo. Não é possível ter uma sensação de nada; uma percepção do que não existe; uma lembrança sem nenhuma referência ao passado, um conceito puro sem ser conceito de alguma coisa, um raciocínio sem premissas, etc. Desaparecendo, portanto, o conteúdo, desaparece a forma de consciência, e desaparecendo as formas de consciência, desaparece a própria consciência"* (cf. *Lógica – pensamento formal e argumentação – elementos para o discurso jurídico*. Bauru, SP:EDIPRO, 2000, pág. 37-38). Ou seja, desaparecendo o conteúdo, desaparece o próprio ato, como adverte Komatsu: *"O ato substancial está pois para o ato formal como o conteúdo para o continente, como a essência para a forma, mas não se trata de dois aspectos de um mesmo fenômeno, pois que não se pode ter uma forma, um revestimento, uma exterioridade, que não adira a um conteúdo que o plasme"* (cf. *Da Invalidade...*, pág. 130).

8   In *Instituições de Direito Processual Civil*. Volume I. tradução da 2a ed. Por Paolo Capitanio. São Paulo: Bookseller, 1998, vol. 3, p. 5-6.

9   Como esclarece Crisanto Mandrioli, "Quando si parla di *forma* dell'atto giuridico in generale, si intende l'estrinsecazione dell'atto, il suo manifestarsi in un comportamento esteriore oggettivamente individuabile ed apprezzabile. A questa nozione della forma si suole poi contrapporre quella del *contenuto*, come ciò che costituisce oggetto dell'estrinsecazione, l'intrinseco dell'atto, la sua materia." (*Corso di Diritto Processuale Civile. I – Nozioni Introduttive e Disposizioni Generali*. Torino: G. Giappichelli Editore, 2000, vol. I, p. 234).

10   In *Diritto processuale civile. Introduzione e Parte Generale*, 6ª ed., atual. Por Corrado Vocino, Milano: Giuffrè, 1964, v. 1, p. 426.

11   In *Instituições do Processo Civil*. Volume I. Tradução da 5a ed. Por Adrián Sotero De Witt Batista, São Paulo: Servanda, 1999, vol. I, p. 525.

12   Manuel Carlos de Figueiredo Ferraz, amparado em João Mendes, refere-se à potência como forma (da ação em juízo): "João Mendes Junior faz, a propósito da definição de Pereira e Sousa, o seguinte commentario: 'Mover nada mais é do que dar forma á materia, *nihil aliud est quam educere aliquid de potencia in actum, id est, de materiam in formam*. Por isso, os actos do processo nada mais são do que a forma da acção em juizo. *O acto*, diz Aristoteles, é

do ato. Carnelutti considera, então, o acontecimento em seu devir, na transição entre a situação inicial (princípio ou início) e a situação final (evento). Em resumo, forma em sentido estrito é o 'modo' de realização do ato. No exemplo citado, é o modo como a citação será realizada, e.g., por correio, pessoalmente, por hora certa *etc*, enquanto forma em sentido amplo é a exteriorização do ato, através da situação final que modificou a anterior.

Mas a doutrina não é pacífica em aceitar essa definição de forma. Para Mario Dondina[13], forma em sentido amplo – e não em sentido estrito – é o modo (o como), que por sua vez inclui o tempo (o quando) e o lugar (o onde) como modalidades do ato; enquanto forma em sentido estrito é o conjunto de requisitos legais para que o ato seja considerado existente e eficaz. Podemos observar que não houve apenas uma inversão entre os conceitos, mas a introdução de um novo elemento (conjunto de requisitos legais), além daquele já aceito de exteriorização do ato. Essa distinção é aceita, entre nós, por Dall'Agnol Júnior[14] e por Komatsu. Adotando a dicotomia 'sentido amplo' e 'estrito', Komatsu sustenta, ainda, que o ato processual tem um duplo perfil, a saber, o extrínseco ou formal, *"que diz respeito à forma (rectius: modo), ao tempo, ao lugar em que o ato se exprime"*; e o intrínseco, *"que tem relação com o conteúdo do próprio ato, a sua natureza"*[15].

Além de Komatsu, outros autores asseveram que as condições de modo, tempo e lugar do ato não são intrínsecas ao próprio ato. Seriam meras circunstâncias[16], ou apenas formalidades[17]. A propósito, Carlos Alberto Alvaro de Oliveira, em sua obra sobre formalismo, identifica a forma em sentido estrito com as 'formalidades', e a forma em sentido amplo com o 'formalismo'. Para Alvaro de Oliveira, forma em sentido estrito (formalidade) é o modo pelo qual o ato se exterioriza, ou seja, é o *"conjunto de signos pelos quais a vontade se manifesta"* e os *"requisitos a serem observados na sua celebração"*; enquanto forma em sentido amplo (formalismo) é *"a totalidade formal do processo"* e compreende, além da forma em sentido estrito (formalidades), a *"delimitação dos poderes, faculdades e deveres dos sujeitos processuais, coordenação de sua atividade, ordenação do procedimento e organização do processo, com vistas a que sejam*

---

indefinível, porém devemos explicá-lo por porporção á potencia. A primeira proporção é de forma para a materia, a segunda é do movimento para a potencia motiva e da operação para a potencia operativa (*Metaphys.* IX, cap. VII)." (cf. *Apontamentos sobre a Noção Ontologica do Processo*, São Paulo: Revista dos Tribunais, 1936, p. 103).

13   Cf. Atti processuali (civili e penali), in Novissimo Digesto Italiano, Torino, UTET, 1981, vol. 1, t. 2, p. 1518.

14   Cf. Comentários ao CPC. Vol. 3. Porto Alegre: Lejur, 1985, p. 9.

15   Cf. Da Invalidade no Processo Civil. São Paulo: Revista dos Tribunais, 1991, p. 129-130.

16   Cf. Alfredo de Araújo Lopes da Costa. Direito Processual Civil Brasileiro, 2 ed., Rio de Janeiro: Forense, 1959, p. 133, n. 183.

17   Cf. Carlos Alberto Alvaro de Oliveira, Do Formalismo no Processo Civil. São Paulo: Saraiva, 2003, p. 5-8.

atingidas suas finalidades primordiais". Assim, a forma em sentido amplo (formalismo) estabelece *"as fronteiras para o começo e o fim do processo"*, delimitando *"o material a ser formado"*[18].

Cândido Rangel Dinamarco utiliza um conceito único, e define *forma* como sendo a expressão externa do próprio ato processual, conforme as condições de *modo, tempo* e *lugar*[19].

Portanto, para o professor das Arcadas, 'forma' é a exteriorização do ato processual, que ocorre por intermédio das condições de 'modo', 'lugar' e 'tempo' necessárias à sua realização. Com este conceito, Dinamarco conseguiu reunir os dois sentidos que a doutrina costuma atribuir à expressão, a saber, o sentido estrito e o sentido amplo.

Neste trabalho, adotaremos a definição de 'forma' feita por Dinamarco[20]. Mas admitiremos a utilização de expressões próprias para designar cada 'sentido' do signo lingüístico, como faz parte da doutrina[21]. Isso não significa, porém, que essa distinção seja essencial para a definição da expressão. A finalidade de se utilizar expressões próprias para denotar o sentido estrito e o sentido amplo é simplesmente a de não confundir o leitor nos capítulos subseqüentes.

Assim sendo, aceitaremos um sentido amplo e um sentido estrito. Denotaremos por 'forma' o sentido amplo, e por 'formalidade' o sentido estrito. Forma é a expressão externa (*estrinsecazione*) do ato jurídico, contendo, ainda, os pressupostos essenciais para sua existência[22]. Formalidade refere-se à técnica processual e significa observância dos requisitos intrínsecos (*modo de realização*) e extrínsecos (*lugar* em que deve ser realizado e nos limites de *tempo* para realizar-se) do ato. Denotaremos por 'formalismo' a exigência exagerada de forma ou formalidade, ou seja, em conotação negativa[23].

---

18   Cf. Do Formalismo..., p. 5-7.
19   Reproduzindo as palavras de Dinamarco, forma é "a expressão externa do ato jurídico e revela-se no *modo* de sua realização, no *lugar* em que deve ser realizado e nos limites de *tempo* para realizar-se. Opõe-se conceitualmente à *substância* do ato, que se representa pelo seu conteúdo, varia caso a caso e corresponde ao encaminhamento a ser dado ao processo e ao litígio em cada situação específica" (cf. Instituições de Direito Processual Civil, 2ª ed., São Paulo: Malheiros, 2004, vol. I, p.38).
20   In Instituições... , vol. II, p. 537.
21   Por todos, além dos autores já citados, Mandrioli, Corso di Diritto..., 2000, p. 234.
22   Os pressupostos do ato – que não se confundem com os elementos e as circunstâncias – serão explicados no item 1.1.2, adiante.
23   A utilização de *formalismo* com um sentido negativo é apenas uma questão lingüística para assegurar a compreensão do texto. Entretanto, não vemos nenhuma utilidade prática em atribuir, rigidamente, essa denominação a um ou a outro fenômeno. As condições de modo, tempo e lugar podem ser chamadas normalmente de formalismo, formalidade, técnica processual ou outro nome. A única precaução é destacar que, se inadequado ou desnecessário, o formalismo é exagerado ou indevido. Havendo distinção entre esses dois fenômenos processuais, não há qualquer razão para se opor a uma ou a outra denominação. Bedaque, por exemplo, utiliza a expressão *formalismo* como sinônimo de técnica processual, mas deixa claro quando se refere ao formalismo inadequado, mantendo a precisão lingüística: "O formalismo

Particularmente, entendemos que uma distinção em *stricto sensu* e *lato sensu* pode limitar a apenas duas as possíveis interpretações da palavra 'forma'. Falar em 'sentido' amplo e em 'sentido' estrito significa apontar somente dois sentidos para o vocábulo, ou seja, duas interpretações, a extensiva e a restritiva, respectivamente. É possível que o vocábulo comporte mais do que dois sentidos, v.g., um teleológico, um sistemático *etc.* Ou poderia admitir, até mesmo, mais graus de amplitude, sendo incorreto falarmos em *"latissimo"* ou *"strictissimo" sensu* (sic). Observem que Dondina introduziu a exigência de 'requisitos legais', que até então não era considerado como essencial ao conceito, alterando o sentido da palavra. Portanto, entendemos que uma especificação mais detalhada da expressão se faz necessária.

Porém, como no presente trabalho não vamos investigar outras possíveis conotações do vocábulo 'forma' – até mesmo porque não é o objeto da presente pesquisa –, nos limitaremos aos dois sentidos (amplo e estrito) apontados pela doutrina. Fica o registro para futura investigação.

Entendemos relevante fazer, ainda, uma observação. Não se pode ignorar a necessidade de um critério pessoal na definição de formalidade, pois, não raro, a norma processual limita a prática de um ato a um determinado sujeito do processo. Destacamos, a título de exemplo, as informações em mandado de segurança, que são prestadas pela autoridade impetrada, enquanto a legitimidade para recorrer é da pessoa jurídica de direito público. Ou ainda no procedimento sumário, em que o réu precisa estar presente à audiência de conciliação. Ou o recurso de terceiro prejudicado, a concordância do autor na nomeação à autoria, a confissão de litisconsorte que não prejudica os demais, e inúmeras outras formalidades que pressupõem o sujeito processual pertinente (legitimado) e qualificado (capacidade ou qualidades para exercer o ato).

A inclusão do sujeito processual pertinente e qualificado à prática do ato no conceito de forma completa todos os âmbitos de validade da norma jurídica, a saber, os critérios material, pessoal, espacial e temporal de que nos fala a doutrina de Teoria Geral do Direito[24]. Essa inclusão não contraria diretamente a doutrina processual existente. Muito embora não relacione o *sujeito* como circunstância do ato, ao lado do *lugar* e do *tempo*, Dinamarco reconhece que também é necessário *"que o ato tenha por autor a pessoa a quem o direito atribui a qualidade para realizá-lo"*, denominando-o de "requisito não-formal"[25]. De toda sorte, é necessário considerar o sujeito do ato processual,

---

exagerado, todavia, é sinônimo de burocracia, escudo utilizado pelos covardes e preguiçosos para esconder-se" (Efetividade do Processo e Técnica Processual: Tentativa de Compatibilização. (Diretrizes para aplicação da técnica processual e superação dos óbices aos escopos do processo). Tese apresentada ao Concurso para o cargo de Professor Titular de Direito Processual Civil da FD da USP, São Paulo: inédito, 2005, p. 21).

24   Citamos, por todos, Norberto Bobbio (cf. *Teoria do Ordenamento Jurídico*, 1982).

25   Cf. *Instituições...*, vol. II, p. 581.

independentemente de sua classificação como requisito formal ou não-formal.

Em resumo, forma diz respeito à existência do ato, enquanto formalidade refere-se ao modo disposto em lei e às circunstâncias de *tempo*, *lugar* e, inclusive, *sujeito* pertinente e qualificado.

O modo de realização do ato e as circunstâncias legais de tempo, lugar e sujeito, são estabelecidos pela técnica processual, e deve buscar o meio mais adequado ao escopo do ato. Esse meio adequado normalmente consiste na opção do legislador[26].

Os valores jurídicos ou ideais buscados pela forma são a previsibilidade do procedimento, a organização da desordem na sucessão dos atos processuais, a delimitação do poder do juiz para afastar uma eventual arbitrariedade – ou mesmo uma parcialidade – e a limitação da incerteza. É uma ferramenta para garantir a liberdade dos litigantes, buscando controlar *"os eventuais excessos de uma parte em face da outra, atuando por conseguinte como poderoso fator de igualação (pelo menos formal) dos contendores entre si"*[27]. A importância de fixarmos os valores jurídicos da técnica processual (forma e formalidade) será melhor compreendida nos próximos capítulos.

1.1.1. Liberdade e legalidade da forma dos atos processuais

Para que um determinado ato seja considerado jurídico, ele deve estar regulado por um sistema jurídico. Por conseguinte, um ato jurídico será *processualmente* relevante, se estiver regulado por um sistema jurídico-processual[28]. A regulação do ato é o que dá 'forma' jurídica ao ato.

A regulação do ato processual, segundo Carnelutti[29] pode ser *sintética* (por definição) ou *analítica* (por descrição). Será sintética quando *"a lei emprega apenas um nome para denotar o ato, indicando a categoria a qual o ato pertence"*; será analítica quando o ato *"é definido por seus elementos necessários"*. O Código de Processo Civil utiliza as duas espécies indicadas por Carnelutti para regular a forma dos atos processuais. O artigo 315 do CPC utiliza o nome *reconvenção*,

---

26   Nem sempre a técnica processual consiste no conjunto de regras estabelecidas pelo legislador. A técnica processual refere-se à forma e à formalidade do ato em coerência com o sistema processual. O juiz mantém a técnica processual quando afasta uma formalidade, por entendê-la desnecessária ou inadequada, contudo mantendo a coerência com o sistema. Isso ocorre, por exemplo, quando o juiz adequa uma regra processual aos princípios. Observem que, se uma formalidade foi afastada, é porque foi considerada como mero formalismo.

27   Carlos Alberto Alvaro de Oliveira, cf. *Do Formalismo...*, p. 8.

28   Sistema jurídico processual é o conjunto consistente de regras jurídicas que disciplinam a validade e a eficácia do *iter* (seqüência de atos) na formação da norma concreta (sentença), assim como a efetiva atuação estatal na resolução das controvérsias.

29   Cf. *Instituições...*, p. 526.

sem estabelecer os elementos necessários do ato, indicando, assim, apenas a categoria a qual o referido ato pertence. A natureza de ação, a observância dos requisitos do art. 282 do CPC, a competência absoluta e outras características da reconvenção não foram reguladas pelo texto legal. Logo, a regulação da *reconvenção é sintética*. Por sua vez, a *petição inicial* foi regulada analiticamente pelo artigo 282 e seguintes do CPC, que exige a indicação do juiz ou tribunal, a qualificação das partes, a causa de pedir e o pedido, o valor da causa, a indicação das provas e o requerimento de citação.

Partindo dessa premissa – de que o ato jurídico processual deve estar regulado pelo sistema jurídico –, é possível antever, como demonstra a doutrina, a existência de dois princípios que podem reger um determinado sistema processual: o da legalidade das formas e, a sua contraparte, o da liberdade das formas. O sistema que adota o princípio da legalidade das formas estabelece que determinado ato processual deve ter a forma prescrita pela lei processual[30]. Ou seja, o ato processual estará regulado por uma norma abstrata. Por sua vez, o sistema amparado no princípio da liberdade das formas atribui ao juiz ou às partes a identificação da forma mais conveniente e adequada de praticar o ato, em cada situação.

Em sua festejada tese sobre a instrumentalidade, Cândido Rangel Dinamarco[31] afirma que o sistema processual brasileiro adota o princípio da legalidade das formas, pois o Código de Processo Civil foi minucioso quanto à forma dos atos processuais. Aduz que há apenas um compromisso (ou promessa) com a liberdade das formas, quando o artigo 154 dispõe que os atos processuais não dependem de forma determinada. Entretanto, a quantidade elevada de exigências formais referentes a um grande número de atos abala seriamente esse compromisso[32]. Assim, diversos atos processuais, principalmente os mais importantes, estão regulados minuciosamente quanto ao modo, ao tempo, ao espaço e ao sujeito.

Aproximando os dois princípios, há, ainda, um sistema misto ou eclético, em que o princípio da legalidade surge como base, mas a forma estabelecida pela lei processual pode ser atenuada pelo órgão jurisdicional ou pelas partes. O sistema misto ou eclético ampara-se na legalidade das formas, mas admite uma flexibilização, reconhecendo uma certa liberdade dos sujeitos processuais, por exemplo, quando o escopo do ato for atingido. Busca-se um equilíbrio entre a legalidade e a liberdade das formas. Este é o

---

30   Como adverte Chiovenda: "Entre os leigos abundam censuras às formas judiciais sob a alegação de que as formas ensejam longas e inúteis querelas, e freqüentemente a inobservância de uma forma pode acarretar a perda do direito; e ambicionam-se sistemas processuais simples e destituídos de formalidades. A experiência, todavia, tem demonstrado que as formas são necessárias no processo, tanto ou mais que em qualquer relação jurídica; sua ausência carreia a desordem, a confusão e a incerteza" (cf. *Instituições...*, p. 6).
31   Cf. *Instrumentalidade...*, pp. 182-183.
32   Cf. *Instituições...*, vol II, pág. 534.

sistema vigente no Código de Processo Civil[33], sendo conhecido por '*instrumentalidade das formas*'. Ninguém nega a necessidade de se estabelecer regras formais para o processo, para se evitar incerteza e arbítrio. O que sempre se rejeitou é o rigor severo ou excessivo que, de forma injustificada, torna a forma do ato mais importante que seu escopo. A partir desse repúdio, foi instituído o temperamento da legalidade das formas, por intermédio do princípio da instrumentalidade. Assim, o equilíbrio entre a liberdade e a legalidade ocorre por intermédio de um princípio: o da instrumentalidade.

No que tange à liberdade das formas, uma observação deve ser feita. Carnelutti diz que o princípio de liberdade da forma refere-se à 'forma' em sentido estrito, ou seja, ao 'modo', e que "*o princípio da liberdade de modo resolve-se no princípio da congruência (do modo ao conteúdo) do ato ou princípio da correspondência (do modo) do ato ao objeto*". Nessa medida, o juiz teria a liberdade de escolher apenas o modo, o lugar e o tempo de realização do ato, mas não teria liberdade para dispor da exteriorização do ato. A observação do festejado processualista é adequada no que tange à formalidade, contudo, parece-nos muito forte quando exclui a possibilidade de o juiz dispor da forma em sentido amplo. Pode ocorrer que a 'forma' em sentido amplo (a saber, a própria exteriorização do ato) não ocorra (ou seja, o ato processual não existiu materialmente), e mesmo assim a realização do ato processual torna-se dispensável. Imaginemos que alguém, consultando os registros de processos e tomando conhecimento de uma demanda, antecipa-se ao ato de citação e comparece ao processo, produzindo defesa de mérito. Nessa hipótese, a existência do ato de citação é indispensável? Nos termos do § 1º do artigo 214 do CPC, o comparecimento espontâneo do réu supre a inexistência de citação, i.e., supre a *forma* em sentido estrito e em sentido amplo (forma e formalidade). Mas o comparecimento espontâneo não torna a citação existente. Tanto é verdade, que o réu pode comparecer 'espontaneamente' apenas para argüir o vício da citação, conforme dispõe o §. 2º do próprio artigo 214. E nem mesmo nesse caso a citação será repetida, pois, se o juiz declarar a nulidade do ato, o réu será intimado, restituindo-se o prazo para contestar. Ciência da ação o réu já teve. Concluindo, o princípio da instrumentalidade das formas pode tornar dispensável não apenas a formalidade (condição de modo, tempo, lugar e sujeito), mas também a própria exteriorização do ato[34].

1.1.2. Requisitos formais e não-formais dos atos processuais

A *forma* dos atos processuais engloba tanto a exteriorização do ato

---

33   Dinamarco, cf. *Instituições...*, vol. II, pág. 535.
34   Isso ocorre tanto pela instrumentalidade das formas quanto pela instrumentalidade do processo em relação ao direito material, como veremos adiante.

como os requisitos de modo, tempo, lugar e sujeito para que o ato seja considerado válido. Portanto, convém identificarmos os requisitos dos atos processuais. Carnelutti assevera que os atos processuais possuem *requisitos* que podem ser classificados como *pressupostos, elementos* ou *circunstâncias*[35].

Pressuposto é o que deve existir *antes* do ato, segundo as qualidades da pessoa que o exerce ou do objeto sobre o qual se atua. Assim, o pressuposto engloba o *sujeito* e o *objeto*. O *sujeito* do ato (juiz, parte, oficiais, terceiros) deve ter capacidade e legitimação para manifestar sua intenção ou vontade, isto é, deve ter as *"qualidades necessárias para o exercício do poder"* (capacidade) e a pertinência com o poder de praticar o ato (legitimação). O *objeto*, por sua vez, deve ser idôneo, seja como coisa ou pessoa[36].

Um exemplo[37] de objeto inidôneo referente à *pessoa* se verifica na hipótese de o juiz ordenar a condução coercitiva da parte para depor em audiência, quando esse poder se restringe a terceiro testemunha, e não à parte. Um exemplo de inidoneidade do objeto referente à coisa ocorre na realização de penhora sobre bem absolutamente impenhorável. Os demais requisitos estão presentes (modo, intenção, lugar, tempo, capacidade e legitimação), mas o objeto – seja coisa ou pessoa – é inidôneo.

Elemento, por sua vez, consiste no que deve existir *no ato*. No ato jurídico processual, os elementos são o *modo* de realização do ato e a *intenção* do sujeito processual[38]. Convém observarmos que a *intenção* geralmente se verifica com a própria exteriorização do ato. Exemplificando, o juiz manifesta a intenção de julgar procedente o pedido, quando junta a sentença aos autos.

A intenção é o elemento psicológico, é a "vontade" de praticar o ato. A vontade do sujeito processual geralmente se manifesta pela própria *forma* do ato, considerando as condições de modo, lugar e tempo[39]. Ou seja, ao

---

35   Cf. *Instituições...*, vol. I, , p. 510.

36   Segundo observa Carnelutti: "Objeto dos atos processuais é às vezes uma pessoa e às vezes uma coisa (supra nº 7). Também a determinação do objeto do ato é um aspecto delicado de sua análise, o qual exige domínio da teoria geral. Por exemplo, objeto da instância é normalmente a pessoa do juiz ou, em geral, do oficial ou encarregado, mediante a atuação do qual se deve cumprir o ato exigido; objeto da ordem pode ser em alguns casos a pessoa da parte ou de terceiro (ordem de comparecer ou de testemunhar) ou ainda uma coisa (ordem de exibir um documento); o mesmo pode se dizer da injunção. Pois bem, se a pessoa ou a coisa não é idônea para constituir objeto da relação jurídica que mediante o ato se desenvolve, ao ato processual faltaria precisamente o requisito da idoneidade do objeto" (cf. *Instituições..., vol. I, p. 517).

37   O exemplo é de Carnelutti, cf. *Instituições...*, v. I, p. 517.

38   Carnelutti também considera como *elemento* do ato a *causa* (cf. *Instituições...*, v. I, p. 517). No presente trabalho, não analisaremos a questão da causa do ato como elemento de validade do ato jurídico processual.

39   Como nos lembra Dinamarco: "Tais são os elementos que integram a forma do ato processual, ou seja, o conjunto de meios pelos quais os sujeitos do processo expressam suas intenções e suas vontades. A vontade de resistir à pretensão do autor revela-se pela forma de uma petição escrita, a ser protocolada onde as leis de organização judiciária determinarem e no prazo estabelecido em lei (modo, lugar e tempo)" (*Instituições...*, vol. II, p. 537).

protocolar uma petição escrita, o advogado, representando a parte, manifesta a vontade de provocar o Estado-juiz.

Assim, podemos classificar a *vontade* (intenção) do sujeito processual como *elemento* do ato, existindo na realização do próprio ato. Como se trata de um *elemento* (modo) do ato, atinge, também, as *circunstâncias* (lugar e tempo) Essa classificação não diverge da afirmação de Dinamarco, quando enumera os requisitos não-formais do ato[40].

Podemos observar que, à exceção da *adequação*, todos os requisitos não-formais do ato, descritos por Dinamarco, estão relacionados com a capacidade e a vontade do *sujeito* ou com a idoneidade do *objeto*. A capacidade e a idoneidade são pressupostos do ato, enquanto a vontade é elemento, independentemente de serem formais ou não-formais.

Por fim, *circunstância* é o que deve existir *fora* do ato, segundo as condições de *tempo* e *lugar*. O tempo e o lugar de realização do ato são requisitos externos ao ato, pois um ato pode ser praticado segundo o *modo* estabelecido na lei processual, mas fora do prazo ou em lugar diverso. Assim, *"as circunstâncias de lugar e tempo estabelecidas em lei são requisitos extrínsecos dos atos processuais (daí, serem circunstâncias)"*[41].

Resumindo, os *requisitos* dos atos processuais subdividem-se em *pressupostos* (qualidades necessárias do *sujeito* pertinente e idoneidade do *objeto*), *elementos* (*modo* e *intenção* que se verifica com a exteriorização do ato) e *circunstâncias* (*lugar* e *tempo*).

1.1.3. A forma e a segurança jurídica

A forma dos atos processuais tem por escopo, principalmente, resguardar a segurança jurídica para os participantes da relação jurídica processual. As partes precisam ter assegurado um mínimo de previsibilidade do que irá ocorrer no processo, para que possam, com segurança, exercer seus direitos (ampla defesa, contraditório, igualdade *etc.*). A expectativa de se conhecer a imposição de uma conduta pela lei advém da formulação de normas gerais, segundo a máxima da igualdade, no sentido de que todos devem ter o mesmo tratamento jurídico. Essa expectativa encontra-se na base

---

40   Nas palavras do professor das Arcadas: "Não são exclusivamente formais os requisitos para a perfeição do ato jurídico processual e, portanto, para que tenha capacidade de produzir todos os efeitos desejados por aquele que o realiza. Exige-se, em primeiro lugar, que ele se faça segundo o modo descrito em lei e tenda às circunstâncias de lugar e tempo dispostas por esta (...). mas é preciso também (a) que o ato tenha por autor a pessoa a quem o direito atribui qualidade para realizá-lo, (b) que essa pessoa manifeste a vontade de produzir os resultados, (c) que o efeito visado seja materialmente possível, (d) que o efeito seja também admitido pelo direito e (e) que o próprio ato seja adequado, segundo o direito, à produção do resultado pretendido. Tais são os requisitos não-formais do ato processual" (cf. *Instituições...*, vol, II. p. 537).
41   Cf. *Instituições...*, vol. II, p. 537.

do Estado de Direito, e justificou o desenvolvimento da codificação[42].

A expressão "segurança jurídica" é uma tradução literal da palavra alemã *"Rechtssicherheit"*, que pode ser traduzida por "segurança jurídica" ou por "certeza jurídica". Alguns autores usam, também, a expressão *"Rechtsbeständigkeit"*, que pode ser traduzida como "continuidade" ou "constância jurídica". A palavra denota um princípio que é encontrado em diversos sistemas jurídicos da Europa continental. Segundo este princípio, o sistema jurídico deve buscar, como atributo, manter uma constância no direito, para que possa existir um grau elevado de certeza do que o direito é. Isto permitirá uma previsibilidade do resultado, impingindo, assim, uma segurança para os sujeitos processuais.

Esse princípio costuma ser utilizado em um sentido formal, identificando a 'segurança', a 'certeza' ou a 'constância' do direito com a coincidência entre a decisão judicial e o texto da lei. Ou seja, a norma jurídica abstrata deve ser aplicada (ter eficácia), para que exista 'segurança jurídica'[43]. Nesse mesmo sentido, Oakeshott[44], Raz[45], Zippelius[46], e diversos outros autores.

O *Common Law* – apesar de ser preponderantemente regulado pelos *precedents* e não pelos *statutes* – também reconhece esse princípio em seu sistema. A *House of Lords* (Suprema Corte na Inglaterra) não altera constantemente suas decisões porque o povo precisa ser capaz de saber qual é o direito vigente[47]. Embora o léxico jurídico inglês não tenha expressão

---

42   Segundo nos lembra Alexander Peczenik (cf. *On Law and Reason*, pp. 33): "Em outras palavras, as pessoas esperam que o direito seja constituído de normas gerais. Essa expectativa influenciou a evolução histórica do conceito de 'Rechtsstaat', inspirado na codificação do direito na Prússia do século 18 e na influência filosófica de 'Kant' e 'Humbolt', e plenamente desenvolvida pelos juristas alemães do século 19" (tradução livre de: *"In other words, people expect that the law consists of general norms. This expectation influenced the historical evolution of the concept of 'Rechtsstaat', inspired by codification of the law in 18th century's Prussia and philosophical influence of 'Kant' and 'Humboldt', and fully developed by German lawyers of 19th century"*).

43   Cf. The Rule of Law and Natural Law. In Festskrift till Olivecrona. Stockholm: Norstedts, 1964, p. 497 e seguintes).

44   Cf. The Rule of Law. In On History. Oxford: Blackwell Publishing, 1983, p. 119.

45   Cf. The Concept of Legal System. Oxford: Oxford University Press, 1970, p. 210.

46   Cf. Rechstsphilosophie. München: Beck, 1982, p. 157.

47   Margaret Marks destaca este aspecto da House of Lords, ao esclarecer o alcance da expressão *rechtssicherheit*: "Rechtssicherheit is much more of a portmanteau term. Rechtssicherheit includes the predictability of the law. (This is what I had in mind when translating Rechtssicherheit as legal certainty: I was thinking of the need for the House of Lords not to overrule itself often, because people need to be able to rely on what the law is). But it also includes the existence functioning courts that make binding decisions on the applicable law, and the enforcement of court decisions. Another aspect is that court proceedings may not be pursued *ad infinitum* (even if this might lead to substantive justice), but decisions must at some point become final and non-appealable, the date being decided by the legislature after weighing the interests of justice and Rechtssicherheit in the sense of peaceful coexistence (this last suggests an overlap with Rechtsfrieden)" ("Rechtssicherheit and

correspondente à alemã *Rechtssicherheit*, o princípio costuma ser denominado por vezes de "legal certainty" (mais utilizado), ou ainda de "legal security", "the rule of law", "legal predictability", "consistency of law", "public safety", "law and order" entre outras.

Parece-nos indiferente, ao princípio da segurança ou da certeza jurídica, que o sistema seja o *Common Law* ou o *Civil Law*. Haverá segurança jurídica, se existir 'previsibilidade' e 'constância' na aplicação do direito, seja inspirada na norma abstrata (lei), seja na norma concreta (precedentes).

Em qualquer caso, a interpretação usualmente adotada pela doutrina para essa expressão, considerando sua vagueza lingüística, consiste no sentido de 'previsibilidade das decisões jurídicas'. O professor da Universidade de Uppsala, Stig Strömholm[48] acrescenta à previsibilidade, também a 'uniformidade' das decisões como predicado necessário da segurança jurídica. A falta de uma referência expressa, porém, a esta qualidade, talvez decorra da assertiva de que a uniformidade sempre foi um meio para atingir a previsibilidade.

No Brasil, sempre se destacou a necessidade da segurança jurídica. Paulo de Barros Carvalho[49], por exemplo, o denomina de princípio da certeza do direito, considerando-o um sobreprincípio, que se encontra acima de todos os demais. A referência a esse autor é propositadamente é anterior à Constituição Federal de 1988 para demonstrar a incorporação do princípio antes da Ordem Constitucional atual. Muito embora já se advertia que se tratava de um princípio implícito, a Carta de 1988 não o incluiu explicitamente em seu texto normativo. Mas a falta de previsão expressa não significa que o princípio não exista em nosso ordenamento jurídico, pois é reconhecido como princípio implícito, sendo derivado, muitas vezes da proteção ao direito adquirido, ao ato jurídico perfeito e à coisa julgada, assim como do princípio da legalidade. Podemos observar que, apesar de implícito, ninguém questiona a sua existência ou validade jurídica.

A segurança jurídica sempre esteve muito ligada à exigência da forma. Em verdade, a forma reduz *"as opções de comportamento de cada um dos sujeitos do processo"*, evitando *"a situação de extrema complexidade que geraria incertezas de cada um dos sujeitos do processo"*[50]. Assim sendo, a forma traz segurança jurídica para os sujeitos processuais, por estabelecer uma previsibilidade da conduta, evitando incertezas e surpresas no processo. É,

---

Rechtsfrieden in English", in Weblog aur Fürth zur juristischen Übersetzung deutsch-englisch. 19.7.2004, in <http://www.margaret-marks.com/Transblawg/archives/000923.html>, acesso em 18.1.2006).

48   Stig Strömholm, *Rätt, rättskällor och rättstillämpning*, Stockholm: Norstedts, 1988, p. 394, citado por Alexander Peczenik, On Law and Reason. Dordrecht/Boston/London: Kluwer Academic Publishers, 1989, p. 31.

49   Cf. *Curso...*, p. 72)

50   Dinamarco, cf. *Instrumentalidade...*, p. 252.

assim, um princípio amplamente aceito no conjunto de *topoi* que forma a argumentação jurídica.

Porém, a mera identificação da segurança jurídica com o aspecto formal da norma jurídica pode acarretar limitações indevidas para a obtenção do resultado pretendido pelo moderno processo civil. Logo, uma redefinição do princípio da segurança jurídica será necessária, segundo faremos adiante[51].

1.2. Defeitos dos atos processuais

Espera-se que o ato processual seja praticado segundo a forma e formalidade exigida em lei. Caso contrário, o mesmo encontra-se defeituoso. Devemos, pois, compreender como o defeito do ato impediria a realização de seu escopo.

1.2.1. Invalidade e ineficácia do ato processual

O objeto de pesquisa da presente dissertação não se refere aos defeitos dos atos processuais ou sobre a teoria das nulidades processuais. A investigação refere-se ao estudo dos limites da instrumentalidade substancial dentro de um processo civil de resultados. Contudo, não é possível examinarmos a instrumentalidade, sem uma referência aos requisitos necessários ou suficientes dos atos processuais – sejam pressupostos, elementos ou circunstâncias –, bem como às causas de sua invalidade ou ineficácia. Como vimos na seção anterior, a instrumentalidade atua como ponto de equilíbrio entre a legalidade e a liberdade das formas. A inobservância dos requisitos legais do ato, conforme regulados pelo sistema, significa afastar-se da legalidade e aproximar-se da liberdade das formas. Contudo, a violação de um preceito legal que dispõe sobre a forma do ato jurídico processual significa que o ato é inválido ou ineficaz. Assim, examinaremos, nesta seção, as hipóteses de invalidade do ato processual.

O ato jurídico é considerado *válido* (planos sintático e semântico) quando todos seus requisitos formais estiverem presentes. Será considerado *eficaz* (plano pragmático) quando capaz de produzir efeitos[52]. Liebman chama de eficácia o conjunto dos efeitos ordinariamente produzidos pelo ato[53]. Naturalmente, o ato válido deve ser eficaz e, *a contrario sensu*, a eficácia deve ser negada ao ato inválido. Assim, o binômio *validade-eficácia*[54] estaria

---

51   Ver Capítulo V, Seção 5.2, *infra*.
52   Carnelutti, cf. *Instituições...*, p. 582; Dinamarco, *Instituições...*, vol. II, p. 581.
53   Dinamarco, *Instituições...*, vol. II, p. 581.
54   Entendemos mais adequado falarmos, nesse trabalho, em *validade-eficácia*, seguindo a Teoria Geral do Direito. Lembramos, porém, que parte da doutrina processual (Dinamarco, Carnelutti *etc.*) utiliza o vocábulo *perfeição* para denotar a *validade*. Não obstante isso, trata-se do mesmo fenômeno, pois a perfeição formal do ato nada mais é que a satisfação dos requisitos

respeitado. Contudo, não é o que sempre acontece. Por vezes, nega-se eficácia a um ato formalmente válido, ou então admite-se a eficácia de um ato formalmente inválido. Examinemos, então, as hipóteses de invalidade.

A invalidade do ato pode acarretar conseqüências em diversas intensidades, e a doutrina fala em "graduação da intensidade da conseqüência" da invalidade[55]. Porém, esse entendimento não é compartilhado por todos. Alguns autores não consideram que a invalidade possa ensejar conseqüências em diversas intensidades (Galeno Lacerda, Dall'Agnol etc). Para estes, a invalidade ocorre segundo a natureza da norma violada.

Apesar da coerência dos argumentos, entendemos, contudo, acertado o entendimento de que a *invalidade* possa gerar conseqüências com diversos graus de intensidade. Um exemplo que demonstra a conseqüência da invalidade em razão da intensidade (grau da conseqüência) é o da exigência do vernáculo nas peças processuais[56]. Contrariando o art. 157 do CPC, uma sentença com discretas expressões em língua estrangeira não pode ser considerada defeituosa, pois não compromete a compreensão da vontade ou a intenção do sujeito processual que a redigiu. Assim, é uma invalidade com conseqüência de intensidade mínima ou irrelevante. Observem que essa prática é rotineiramente usada, inclusive por alguns ministros do STF, com citações em latim, italiano, inglês, alemão, francês *etc.* Mas uma sentença com capítulos essenciais ou totalmente redigida em língua estrangeira seria "insuportavelmente imperfeita" – na expressão de Dinamarco –, pois não teria a capacidade de transmitir as intenções do seu prolator. Assim, a mesma invalidade pode gerar conseqüências em grau mínimo ou absoluto, dependendo da sua intensidade.

Os graus de intensidade da conseqüência da invalidade podem variar da inexistência à mera irregularidade, passando pela nulidade absoluta e pela relativa. Discutiremos cada espécie nas próximas seções.

---

de *validade* do ato. Nessa linha, usaremos a palavra *validade* para denotar a *perfeição,* e a correspondente *invalidade,* para denotar a *imperfeição* do ato. A razão de optamos pela expressão *validade/invalidade,* também usada por alguns processualistas (Bedaque, Teresa Arruda Alvim *etc.*), é para mantermos as expressões já usuais na Teoria Geral do Direito. Apenas lembramos que a expressão *invalidade* engloba as *nulidades* e a própria *inexistência* do ato, pois aceitamos, neste trabalho, a existência jurídica do ato, como fenômeno distinto da validade. Destacamos, ainda, que a invalidade é a própria sanção à imperfeição do ato, o que, apesar de apontar para a distinção dos signos, já indica ao menos uma relação entre ambos. Chamamos a atenção, contudo, que a escolha de um ou outro nome é mera opção lingüística. Os dois signos (invalidade e imperfeição) têm o mesmo significado, por apontarem para o mesmo referente lingüístico.

55   Observem que o ato será válido ou inválido, sintática e semanticamente. A reação do sistema à invalidade, qualificando-a, é que cria as "intensidades". São os "graus de intensidade da conseqüência" da invalidade. Nesse sentido são as lições de Dinamarco (cf. *Instituições...,* vol. II, p. 583).

56   O exemplo é de Dinamarco, cf. *Instituições...,* vol. II, p. 584.

1.2.2. Inexistência do ato jurídico processual

Para que um ato processual seja considerado *juridicamente* existente em um dado sistema jurídico, exigem-se *requisitos mínimos* caracterizadores daquilo que o ato aparenta ser. A ausência deste mínimo necessário ou essencial implica a inexistência do ato, como efeito da invalidade. A inexistência do ato processual, portanto, não significa que o ato não exista materialmente, em termos de realidade fática. Pode ocorrer que um ato exista material ou concretamente, mas que seja considerado um ato sem nenhum valor jurídico, pois não dispõe do mínimo necessário para produzir o resultado que dele se espera.

Não existe previsão legal para a inexistência do ato processual. O Código de Processo Civil faz apenas uma única referência a ato inexistente, que é a hipótese de *falsus procurator* prevista no parágrafo do artigo 37 do CPC. Mas nem por isso se pode afirmar que não há ato inexistente[57] em direito processual. A inexistência ocorre quando faltar algum requisito estrutural essencial, como a *vontade*. Se não há *vontade*, manifestada com a exteriorização do ato (assinatura da sentença, assinatura do advogado, *falsus procurator etc.*), não existiu o ato. Se a *vontade* foi manifestada, mas não houve a observância de algum requisito legal, então o ato existe, mas é inválido.

Dinamarco identifica cinco situações em que o ato processual é considerado inexistente: (i) quando não houver a manifestação de vontade ou intenção do sujeito processual, v.g., na falta de assinatura; (ii) quando o sujeito não detiver as qualidades jurídicas para realizar o ato, v.g., advogado que não é procurador da parte ou um não-juiz; (iii) quando faltar o objeto do ato, v.g., a petição inicial sem pedido ou a sentença sem dispositivo; (iv) quando o resultado for materialmente impossível, v.g., condenar alguém a entregar bem que não o detém, a recompor um quadro de um pintor famoso que se deteriorou, a admitir um candidato a concurso público já encerrado, a fornecer recursos financeiros inexistentes[58] *etc.*; e (v) quando o resultado for juridicamente inadmissível, v.g., condenar uma mulher a favorecer alguém

---

57   Parte da doutrina, apoiada em Kelsen, afirma ser contradição em termos falar de "norma inexistente", pois equiparam a validade à existência. Assim, se é norma (existente) então é válida; e se não houver validade, não haverá norma ou *existência*. Parece-nos, porém, que o vocábulo *existência* está sendo usado com significados linguísticos distintos, gerando inquestionável ambiguidade. Assim, temos a expressão *existência* como validade na produção da norma (sentido kelseniano) e *existência* (ou melhor, *inexistência*) enquanto intensidade de rejeição da invalidade.

58   Um exemplo desta hipótese encontramos no atualmente propalado *princípio da reserva do financeiramente possível* (*Vorbehalt des finanziellen Möglichen*), originário da Corte Constitucional Alemã (BverfGE 33, 303 (333)), que o STF já incluiu no âmbito do direito brasileiro (cf. Ação Interventiva nº 1.262-7/SP, relator Ministro Marco Aurélio, relator p/ Acórdão Ministro Gilmar Mendes, DJ 6.2.2004).

sexualmente, a destacar partes do corpo de pessoa viva, declarar o desligamento de um Estado federado da República Federativa, que é indissolúvel *etc.*

Nesse contexto, para o professor das Arcadas o ato processual será considerado existente, se houver um *mínimo formal* (existência material do ato ou do seu objeto, v.g., o pedido na petição inicial ou o dispositivo na sentença), um *mínimo subjetivo* (qualidade do sujeito, v.g., a condição de advogado ou de juiz), um *mínimo voluntário* (manifestação da vontade, v.g., na assinatura da sentença ou da petição inicial) e um *mínimo objetivo* (possibilidade fática ou jurídica de se realizar o resultado, i.e., resultado material ou juridicamente[59] possível).

Os atos processuais inexistentes não se sujeitam à eficácia preclusiva nem mesmo da *auctoritas rei judicatae.* Como a coisa julgada incide sobre os *efeitos* da sentença, e a sentença inexistente não tem aptidão para produzir efeito algum, não pode haver imunização do que juridicamente não existe. Nesse contexto, a *querella nulitatis insanabilis* pode ser usada para declarar a inexistência do ato.

1.2.3. Nulidade absoluta, nulidade relativa e anulabilidade

A doutrina diverge sobre a distinção entre as demais espécies de intensidade da conseqüência da invalidade do ato processual. Às vezes fala-se em nulidade absoluta e nulidade relativa. Ou então em nulidade absoluta, nulidade relativa e anulabilidade. Alguns incluem a irregularidade, enquanto outros não a reconhecem. Enfim, não há um consenso sobre todas as possíveis espécies de defeitos do ato jurídico processual. Como já examinamos a inexistência, trataremos, nesta Seção, das assim chamadas nulidade absoluta, nulidade relativa e anulabilidade.

Carnelutti oferece um interessante critério para distinguir nulidade absoluta, nulidade relativa e anulabilidade[60]. Segundo propõe, enquanto o ato absolutamente nulo *"não produz efeito algum"*, o ato relativamente nulo pode produzir efeitos, desde que se realize a *"condição constituída pelo evento que o sane do vício"*. Se estiver sob "condição suspensiva", então o ato convalesce com a confirmação ou a aquiescência, e estaremos diante de um ato relativamente nulo. Nesse caso, a conduta da parte visando a eficácia do ato é comissiva. Porém, se estiver sob "condição resolutiva", então a reação da parte não constitui o ato, mas o extingue, e estaremos diante de um ato anulável. Nessa

---

59   O mínimo juridicamente possível se justifica, como critério de existência do ato, pois o ato pode levar a um resultado que enfrentaria *"barreiras jurídicas tão sólidas que, de modo absoluto, impedem sua produção (transgressões a normas constitucionais de preservação do Estado, da integridade do ser humano ou de sua dignidade etc.)"* (Dinamarco, *Instituições...*, vol. II, p. 588).
60   Cf. *Sistema*, n. 551 e 552, II vol, pp. 495-497, citado por Galeno Lacerda, *Do Despacho...*, p. 71.

hipótese, a conduta da parte que atribui eficácia ao ato é omissiva, pois sua reação iria apenas desconstituir o ato. Portanto, na nulidade absoluta o ato não produz efeito, na nulidade relativa os efeitos produzidos dependem da confirmação da parte (condição suspensiva dependente de uma conduta comissiva), e na anulabilidade os efeitos se produzem até a extinção pela parte, considerando-se sanada a invalidade na falta de reação (condição resolutiva dependente de uma conduta omissiva).

Galeno Lacerda[61] aparentemente concorda com o critério de Carnelutti, embora afirme que este critério se aplica tanto para o direito processual quanto para os demais ramos do direito, não sendo suficiente para caracterizar um sistema de nulidades exclusivamente processual. Assim, Lacerda introduz um critério próprio para definir as nulidades processuais, embora seu critério não destoe daquele apresentado por Carnelutti. Segundo Lacerda, *"o que caracteriza o sistema das nulidades processuais é que elas se distinguem em razão da natureza da norma violada, em seu aspecto teleológico"*, ou seja, através da identificação do motivo pelo qual o ato é viciado e não em razão do ato em si mesmo. Embora mantendo a distinção tradicional entre nulidade absoluta, nulidade relativa e anulabilidade, Lacerda redefine os critérios sugeridos por Carnelutti para a identificação de cada reação do sistema à invalidade do ato. Segundo entende o festejado professor, a violação de norma de interesse público acarreta nulidade absoluta, que Lacerda considera insanável. A violação de norma que tutela interesse da parte produzirá nulidade relativa (se a norma for cogente) ou anulabilidade (se a norma for dispositiva)[62].

Galeno Lacerda indica, como exemplo de nulidade relativa, a falta de representação. Como a norma tem por escopo proteger o interesse da parte, o vício pode ser sanado, e, tendo natureza cogente, o juiz não pode tolerar o defeito, devendo agir de ofício. Exemplificando a anulabilidade, o professor gaúcho remete à hipótese de incompetência relativa. A norma também visa a tutelar o interesse da parte, porém o juiz não pode agir de ofício, devendo ser provocado. Observe que, no primeiro exemplo, a invalidade é sanada por um ato (comissivo) da parte (juntar a procuração) e, no último exemplo, a sanação do vício depende da omissão da parte (não excepcionar a incompetência do juízo), nos termos do critério de Carnelutti.

Para Dinamarco, a nulidade absoluta ocorre quando estiver

---

61   *Do Despacho...*, pp. 71-72.
62   "Se nela [norma violada] prevalecerem fins ditados pelo interesse público, a violação provoca a nulidade absoluta, insanável, do ato. Vício dessa ordem deve ser declarado de-ofício, e qualquer das partes o pode invocar. Quando, porém, a norma desrespeitada tutelar, de preferência, o interesse da parte, o vício do ato é sanável. Surgem aqui as figuras da nulidade relativa e da anulabilidade. O critério que as distinguirá repousa, ainda, na natureza da norma. Se ela for cogente, a violação produzirá nulidade relativa (...). A anulabilidade, ao contrário, é vício resultante da violação de norma dispositiva. Por este motivo, como o ato permanece na esfera de disposição da parte, a sua anulação só pode ocorrer mediante reação do interessado, vedada ao juiz qualquer provisão de-ofício" (cf. *Do Despacho...*, p. 72/73).

ameaçado o interesse público, devendo ser reconhecida de ofício pelo juiz, independentemente de provocação da parte, na forma do parágrafo único do art. 245 do CPC. Aplica-se, pois, a *indisponibilidade da forma*. A nulidade relativa, por sua vez, protege direito das partes, e não pode ser reconhecida de ofício, dependendo de provocação pelo interessado. O que caracteriza, acima de tudo, a nulidade relativa é a possibilidade de preclusão ante a inércia da parte. Se não houver reação da parte inocente (seja comissiva ou omissiva), a alegação de nulidade estará preclusa, pois não haverá reflexos na ordem pública, senão apenas a interesse das partes. Há três exigências para a declaração de nulidade relativa (Dinamarco): (i) que o pedido de anulação seja feito pela *parte inocente* (art. 243 do CPC); (ii) que exista interesse processual na anulação (§ 2º. do art. 249 do CPC); (iii) que seja alegada na *primeira oportunidade*, sob pena de preclusão (art. 245 do CPC)[63].

Dinamarco sustenta não haver espaço para atos anuláveis em direito processual. Segundo o professor das Arcadas, a anulabilidade – figura típica do direito privado – não ocorre no direito processual, em que a relação jurídica tem natureza eminentemente de direito público. A anulação, no direito privado, outorga o direito potestativo de postular em juízo a exclusão dos efeitos do ato anulável, seja em razão da incapacidade relativa do agente, seja pelo vício na manifestação da vontade (erro, dolo, coação, estado de perigo, lesão). O processo, no entanto, é instituto tipicamente de direito público. O reconhecimento da invalidade do ato exige, sempre, a manifestação do Estado-juiz. Logo, não há direito "potestativo" das partes de anular o ato, a seu alvedrio. Para Dinamarco, a distinção feita por Carnelutti pode ser satisfatoriamente reduzida à reação da parte inocente, seja esta reação comissiva ou omissiva.

São exemplos de nulidade absoluta (norma cogente de interesse público): (i) falta de saneamento do processo; (ii) citação de litisconsorte necessário; (iii) falta de intimação do Ministério Público na hipótese de incapaz[64] (art. 82, I, 84 e 246, CPC); (iv) nulidade da citação do art. 225, CPC,

---

63   Algumas observações precisam ser feitas a respeito das exigências para a declaração de nulidade relativa. No que tange à exigência de que (i) o pedido seja feito pela parte inocente, o que se busca proteger é a boa-fé dos litigantes. Se o pedido não for feito pela parte inocente, não pode ser acolhido em razão da má-fé da parte em provocar a invalidade para evitar a tutela jurisdicional. O escopo dessa regra é impedir que alguém se aproveite da própria torpeza. A (ii) necessidade de interesse na anulação decorre da possibilidade de a parte sofrer prejuízo. Se não existir prejuízo, não haverá interesse na anulação. Essa exigência está absolutamente correta. Mas o critério da ausência de prejuízo não se limita às nulidades relativas. Também pode ocorrer na hipótese de nulidade absoluta ou até de inexistência. Por fim, a ocorrência de (iii) preclusão, se não for alegada na primeira oportunidade, parece-nos um critério válido, porém, relativo. A preclusão pode ser afastada se, apesar de não alegada na primeira oportunidade, a invalidade implicar o perecimento do direito material.

64   Essa questão é bastante interessante quando confrontada com o princípio da utilidade. Examinaremos, mais detidamente, nos capítulos seguintes.

quando o réu revel não for advertido dos efeitos da revelia *etc*. Observem que, neste último caso, a matéria é de ordem pública, em razão da revelia. Porém, se o réu se manifestou e não argüiu a nulidade, então o juiz não poderá conhecê-la de ofício.

São exemplos de nulidade relativa: (i) falta de inquirição de uma testemunha[65]; (ii) a prova requerida pela parte cuja produção foi omitida pelo juiz; (iii) quando o juiz indefere a citação de um terceiro; (iv) penhora sobre bens relativamente penhoráveis do art. 650 do CPC *etc*.

1.2.4. "Nulidade" dos atos das partes?

Segundo demonstrou Dinamarco, os atos das partes não estão sujeitos à nulidade[66]. A nulidade ocorre quando a invalidade refere-se aos atos processuais do juiz ou de seus auxiliares. A relação processual caracteriza-se por sua natureza pública, informada pela nítida diferença entre o Estado-juiz e as partes. O Estado-juiz tem *poderes* processuais, enquanto as partes encontram-se em estado de *sujeição*. Assim, o juiz, enquanto sujeito processual, tem capacidade de exercer seu próprio juízo de regularidade do ato processual, anulando ou permanecendo indiferente à invalidade. Mas essa característica não ocorre nos atos das partes que, em razão de sua sujeição aos atos estatais, não podem anular o próprio ato, mesmo que defeituoso. Nesse contexto, é indispensável a declaração de nulidade do ato praticado pelo juiz ou por seus auxiliares, para que se lhe negue eficácia. Enquanto não for declarada a nulidade, o ato processual produzirá efeitos. O ato inválido da parte não depende de declaração para produzir seus efeitos, pois sua ineficácia estará, desde logo, comprometida[67]. E mais, o ato judicial praticado com fundamento no ato da parte é que estará sujeito à invalidação. Não se recorre de uma juntada intempestiva, de uma petição inepta, de uma apelação inadmissível; o recurso desafia a decisão que admite a juntada, considera a petição apta e conhece da apelação. Ou seja, o recurso sempre atacará um ato judicial, e não o ato da parte. O ato praticado pela parte consiste em um pressuposto para justificar a regularidade do ato judicial subseqüente.

Logo, não se deve falar em *nulidade dos atos da parte*, mas apenas em ineficácia decorrente da invalidade do ato. Exemplificando, a petição inicial sem um requisito formal, como a falta de *petitum* (pressuposto) ou de *causa*

---

65   Contudo, a parte que deu causa, indicando endereço equivocado, não pode alegar essa nulidade, por não se tratar de parte *inocente* (cf. Dinamarco, *Instituições...*, vol. II, p. 590).

66   Dinamarco, cf. *Instituições...*, vol. II, pp. 590-591.

67   Nas palavras de Cândido Dinamarco, "Tanto quanto os atos defeituosos do juízo, os das partes têm sua eficácia comprometida. A diferença é que estes não produzirão efeito algum desde logo – e o réu será revel porque respondeu à inicial fora do prazo, ou a sentença passará em julgado automaticamente, em conseqüência da intempestividade do recurso, enquanto que os atos nulos dos juízo só perderão eficácia quanto outro ato judicial a excluir, anulando o ato" (cf. *Instituições...*, vol. II, p. 591).

petendi (elemento) será considerada *inepta*. Se a petição inicial for protocolada sem atender a condição de tempo (circunstância), não impedirá a revelia. Mas em nenhum caso podemos falar em *nulidade* da petição inicial.

1.2.5. Atos processuais meramente irregulares

As irregularidades, no direito processual, ocorrem quando a forma exigida não tem nenhuma relação – ou esta relação é absolutamente insignificante – com o resultado pretendido pela norma. Nesse caso, "*se imperfeição houver, é tão irrelevante perante os escopos a atingir, que o direito processual não a sanciona*"[68]. A formalidade é manifestamente injustificada (transformando-se em formalismo), e não existe razão de ordem prática ou jurídica que justifique a anulação do ato.

São exemplos de irregularidades: (i) o atraso na prolação da sentença; (ii) o erro na numeração das folhas do processo; (iii) o uso de tintas coloridas nos autos, em afronta ao art. 169, CPC; (iv) o uso de discretas expressões em latim ou em língua estrangeira, desde que não afete a compreensão do texto, contrariando o art. 157 do CPC; (v) a omissão do juiz em fixar pontos controvertidos *etc.*

1.2.6. Invalidades cominadas e invalidades decorrentes

Em algumas ocasiões, o Código de Processo Civil relaciona a sanção da invalidade à inobservância dos requisitos formais regulados em lei. As citações e as intimações, por exemplo, são consideradas nulas quando não obedecerem às prescrições legais. Neste caso, a sanção de nulidade é cominada pelo artigo 247 do CPC. Da mesma forma, o art. 246 comina a pena de nulidade ao processo, quando o Ministério Público não for intimado para acompanhar o feito, nas hipóteses de intervenção obrigatória. Logo, a própria legislação processual relaciona alguns casos em que a inobservância dos requisitos formais acarreta a nulidade do ato.

São exemplos de nulidades cominadas: (i) a decisão proferida por juiz absolutamente incompetente (art. 113, § 2º., CPC); (ii) a decisão judicial não fundamentada (Constituição Federal, art. 93, IX); (iii) a falta de regularização da representação do réu (art. 13, I, CPC) *etc.*

Porém, a ausência de cominação de nulidade não implica que a forma

---

68   As palavras são de Dinamarco (cf. *Instituições...*, vol. II, p. 584). Em uma definição bem ampla, poderíamos dizer que a instrumentalidade substancial das formas a serviço de um processo civil de resultados significa *não sancionar uma invalidade do ato jurídico processual por ser dispensável para os escopos do processo*. Observe que há uma proximidade muito grande com a definição de irregularidades feita por Dinamarco. Mas isso não é de se estranhar. A definição atinge *todas* as formas de reação à invalidade, o que apenas destaca que a consequência da invalidade ocorre em graus de intensidade.

é dispensável, podendo ser ignorada sem que o ato seja invalidado. Ao contrário, as cominações de nulidade não são estabelecidas em *numerus clausus*, mas antes em *numerus apertus*. A regra é que a forma deve ser observada, e a violação dos requisitos formais e não-formais do ato impõe a invalidação do ato processual, exista ou não nulidade cominada. Caso contrário, não haveria razão para se exigir a legalidade dos atos. Nessa linha de raciocínio, a cominação de nulidade significa, apenas, que a legislação não deixou margem de dúvidas sobre a ineficácia daquele ato especificamente regulado. Mas, mesmo não sendo cominada a sanção de nulidade, a inobservância da forma impede a validade do ato jurídico processual[69].

Embora a regra seja a da invalidade do ato imperfeito independentemente de cominação da sanção de nulidade, há uma exceção que deve ser destacada. O art. 244 do CPC estabelece que a previsão de uma forma sem a cominação de nulidade não acarreta a invalidade do ato se e somente se este alcançar a finalidade, ainda que realizado de outro modo. Logo, a eficácia do ato inválido está condicionada à obtenção do resultado previsto. Em uma interpretação a *contrario sensu* do citado art. 244, poderíamos dizer que todo e qualquer ato processual será considerado nulo, ainda que não exista pena de nulidade cominada, se o resultado pretendido não for obtido. Voltaremos à questão mais adiante.

Outra característica importante é a distinção entre nulidade decorrente e inerente, e encontra-se relacionada ao próprio procedimento, como um todo. A doutrina define procedimento como o conjunto de atos processuais interligados entre si e voltados a um escopo comum, qual seja, a preparação para o provimento final[70]. Assim sendo, a nulidade de um ato processual poderá atingir os atos subseqüentes[71]. O vínculo de dependência existente entre os atos processuais comunica a invalidade ao ato que pressupõe aquele que se encontra viciado. Essa característica da invalidade de alguns atos processuais denomina-se *nulidade* (ou *invalidade*) *decorrente* e encontra-se expressamente disciplinada no artigo 248 do CPC, que determina a ineficácia dos subseqüentes, desde que dependentes do ato inválido[72]. Exemplificando, embora uma sentença esteja revestida de todos os requisitos formais, sendo considerada ato válido, não se pode atribuir-lhe eficácia se

---

69   Essa conclusão é da doutrina clássica, que atribui a sanção de nulidade para toda hipótese de violação da lei. A assertiva não se refere à conclusão do presente trabalho.

70   Cf. Cintra, Grinover eDinamarco, *Teoria* ..., p. 285.

71   "Por outro lado, e como se verá melhor adiante, há casos em que uma *nulidade* interna ao processo, somada a outros fatores, implica a inexistência da sentença final (ex. citação nula, quando houver revelia – v. n. 5.8.2.1)" (Eduardo Talamini, *Coisa Julgada e sua Revisão*. São Paulo: RT, 2005, p. 307, nota 58).

72   "Isso pode determinar a contaminação de um ato válido por outro anterior e viciado, já que entre eles há certa implicação recíproca" (Bedaque, Efetividade do Processo e Técnica Processual..., , p. 32).

não ocorreu a citação[73]. Desse modo, a invalidade de um ato, pode *contaminar* todos os subseqüentes[74].

1.3. Processo civil de resultados e instrumentalidade das formas

As invalidades do ato processual admitem convalidação em alguns casos. Para sabermos em quais hipóteses a convalidação pode ocorrer, e como exercer o controle da decisão que convalida um ato processual praticado com vício, precisamos destacar a função da norma processual e os escopos do processo. Assim, a característica de instrumento visando a escopos autorizará a revisão e convalidação do ato. Desenvolveremos o conceito em seguida.

1.3.1. Função da norma processual

O escopo precípuo da norma processual é preparar o provimento final. Busca criar uma situação de igualdade entre os litigantes, para que cada um possa formular seus argumentos e suas razões (contraditório), justificando sua conduta (ampla defesa), trazendo uma previsibilidade do que é possível ocorrer em cada etapa do procedimento (devido processo legal formal), entregando, pela prestação jurisdicional, tudo aquilo e exatamente aquilo a que cada parte tem direito (devido processo legal substancial).

O processo é, pois, instrumento a serviço do direito material, voltado, sempre, para os resultados que deve produzir. Nada além disso. Não se pode esquecer sua função precípua, de solução de conflitos[75].

---

73   José Roberto dos Santos Bedaque (cf. *Efetividade do processo...*, p. 574, nota 10) demonstrou que, não obstante a falta de citação, obviamente somente haverá nulidade dos atos subseqüentes se a sentença for desfavorável ao réu, como se verá melhor adiante.
74   Segundo Dinamarco, "ocorre um processo de contaminação capaz de comprometer até mesmo o procedimento inteiro, conforme o caso" (2004, vol. II, p. 601).
75   Como adverte José Roberto dos Santos Bedaque: "Se fosse possível sintetizar em poucas palavras o que se pretende, dir-se-ia que um programa de computador é desenvolvido em função dos fins pretendidos. Obviamente que o editor de textos, tão útil para os profissionais do Direito, não é o mais adequado às necessidades do arquiteto ou do matemático. Por isso, o instrumento precisa ser desenvolvido a partir das necessidades peculiares a cada área de atuação. Primeiro verificam-se as necessidades, detectam-se os problemas; depois, procura-se desenvolver instrumentos adequados. Nessa medida, o processualismo exagerado normalmente acaba por criar enormes dificuldades para o próprio escopo do processo. A grande atenção que se dá para os conceitos processuais configura inversão de valores, pois o que realmente importa são os resultados alcançados pelo processo no plano do ordenamento material e da pacificação. A preocupação com a técnica é justificável enquanto meio para atingir fins. A precisão conceitual é necessária a qualquer ciência. Apenas não pode se transformar a técnica, os conceitos e as definições em objeto principal da ciência processual. Pretende-se demonstrar que todos os fenômenos inerentes ao processo devem ser concebidos em função do direito material. A técnica adequando-se ao objeto, com vistas ao resultado" (cf. *Direito e Processo. Influência do Direito Material sobre o processo*. São Paulo: Malheiros,

A natureza da norma processual é, portanto, a de um mero instrumento, para permitir, como resultado, a solução mais justa na aplicação do direito material. Como instrumento, tem a função de atingir os fins pretendidos na sua concepção. Sua função, portanto, encontra-se voltada essencialmente para o direito material e para o resultado justo na resolução das controvérsias.

1.3.2. Conceito de instrumentalidade

A instrumentalidade da forma é um *valor* ou *ideal* da ciência processual, que deve ser atingido no mais alto grau pelos aplicadores do direito. Embora o sentido desta sentença não esteja muito claro no momento, ficará mais compreensível com o desenvolvimento do tema no capítulo III. O princípio da instrumentalidade (*"principio della strumentalità"*), também chamado de princípio da congruência da forma ao escopo (*"cogruità delle forme allo scopo"*), pode ser definido como a busca, entre a legalidade das técnicas legislativas e a liberdade do julgador, do meio mais idôneo (adequado, necessário e razoável) à obtenção dos escopos do processo[76].

Apesar da ampla aceitação desse valor na ciência processual e na jurisprudência[77], ainda existe resistência de parte da doutrina sobre a própria instrumentalidade[78]. Alguns autores, absolutamente céticos quanto a atuação jurisdicional, argumentam que a instrumentalidade é causa da arbitrariedade dos juízes e da completa falta de confiabilidade do sistema processual.

Outros autores, no entanto, não compartilham desse entendimento. Combatem o formalismo[79] e defendem uma instrumentalidade até mesmo substancial[80], mesmo advertindo – mas sem jamais renunciar à instrumentalidade – sobre a necessidade de se afastar um *"processo regido pelos azares empíricos de cada momento, a dano da segurança jurídica"*[81].

Compreendemos a preocupação e a angústia que a incerteza na não aplicação de uma norma processual pode causar. Mas entendemos que,

---

2001, p. 50).

76   Nesse sentido: "Gli atti del processo sono disciplinati dal legislatore con le forme più idonee al conseguimento del loro scopo obbiettivo" (Mandrioli, *Corso...*, vol. I, p. 237).

77   No REsp. 478265/BA, julgado em 3.6.2003, DJ 23.6.2003, p. 258, o Ministro Luiz Fux, relator, considerou descabida a anulação do processo pela ausência de audiência, invocando, para justificar a decisão, os princípios da instrumentalidade das formas e da ausência de prejuízo (*pas de nullité sans grief*).

78   Calmon de Passos, cf. *Instrumentalidade do Processo e Devido Processo Legal*. Jus Navigandi, Teresina, a. 6, n. 58, ago. 2002. Disponível em: http://www1.jus.com.br/doutrina/texto.asp?id=3062. Acesso em: 07.10.2004.

79   Dinamarco, cf. *A Instrumentalidade...*

80   José Roberto dos Santos Bedaque, cf. *Direito e Processo. Influência do direito material sobre o processo*. São Paulo: Malheiros, 1995.

81   Dinamarco, cf. *A nova era...*, p. 14.

apesar da posição crítica de alguns autores, o princípio da instrumentalidade encontra-se previsto na própria lei e consolidado na doutrina e na jurisprudência, sendo aplicado constantemente pelos tribunais. Inclusive pelo Superior Tribunal de Justiça, a quem compete a proteção à violação de leis federais.

Porém, a questão não se encontra totalmente solucionada. Mesmo que se aceite a instrumentalidade, haverá, no mínimo, uma indagação sobre a sua extensão. Uma dúvida que naturalmente surge é a seguinte: A instrumentalidade das formas autoriza o afastamento apenas da forma em sentido estrito (modo, lugar, tempo), ou também da forma em sentido amplo (exteriorização do ato)? A instrumentalidade somente ocorre nas hipóteses de nulidades relativas? Ou poderíamos aplicar esse princípio também nas hipóteses de nulidades absolutas e até de inexistência do ato jurídico processual? A instrumentalidade implica sacrifício do princípio da segurança jurídica e, por essa razão, deve ser coibida? Tentaremos responder a estas indagações, maximizando a instrumentalidade substancial e, assim, destacando um processo civil de resultados, sem, contudo, desprezar o mínimo de garantias que deve ser assegurado às partes.

1.3.3. *"Sedes materiae"* da instrumentalidade

O suporte físico da instrumentalidade encontra-se distribuído em diversos artigos do Código de Processo Civil e em outros textos normativos. A essência da instrumentalidade, contudo, está regulada pelos artigos 154[82] e 244[83], ambos do CPC.

Essas duas prescrições legais apontam para um requisito da instrumentalidade que sempre foi considerado essencial, a saber, a finalidade do ato.

Há, ainda, um outro elemento que sempre foi exigido para a invocação do princípio da instrumentalidade, a saber, a ausência de prejuízo. Nesse sentido, o §1º do art. 249[84], e o art. 250[85], todos do CPC.

---

82   CPC, Art. 154: "Os atos e termos processuais não dependem de forma determinada senão quando a lei expressamente a exigir, reputando-se válidos os que, realizados de outro modo, lhe preencham a finalidade essencial".

83   CPC, Art. 244: "Quando a lei prescrever determinada forma, sem cominação de nulidade, o juiz considerará válido o ato se, realizado de outro modo, lhe alcançar a finalidade".

84   CPC, Art. 249: Omissis. "§ 1º O ato não se repetirá nem se lhe suprirá a falta quando não prejudicar a parte".

85   CPC, Art. 250: "O erro de forma do processo acarreta unicamente a anulação dos atos que não possam ser aproveitados, devendo praticar-se os que forem necessários, a fim de observarem, quanto possível, as prescrições legais. Parágrafo único. Dar-se-á o

Portanto, não basta que o ato jurídico processual atinja a finalidade prevista. É necessário, também, que o aproveitamento do ato não resulte em prejuízo para a parte. Exemplificando, poderíamos considerar a citação para o procedimento sumário. O artigo 277 do CPC estabelece que a citação deve ser realizada com uma antecedência mínima de 10 dias da audiência. Se a citação for realizada com uma antecedência inferior à prevista em lei, presume-se o prejuízo, pois a parte – ainda que cientificada da ação – não teria tempo hábil para produzir sua defesa. No exemplo dado, embora a finalidade prevista no artigo 213 do CPC tenha sido atingida, não se pode desprezar o prejuízo presumido pelo artigo 277 do mesmo texto legal[86].

De início, uma expressão do art. 250 do CPC chama a atenção, a saber, a que orienta a observância das prescrições legais, o "quanto possível". Ora, a significação dos vocábulos demonstra uma gradação na aplicação das prescrições legais. Ou seja, afasta o entendimento de que a aplicação de uma norma (prescrição legal) é absoluta, e admite a não-aplicação de uma lei em determinados casos, que satisfaçam o disposto no próprio artigo 250 (*v.g.*, na hipótese de necessidade). Ou seja, a própria lei admite a hipótese de não cumprimento de uma regra legal!

1.3.4. A relação meio-fim e a ausência de prejuízo

A finalidade de todo ato jurídico é a de produzir um efeito jurídico. Um ato jurídico produz um efeito jurídico se o *"valor jurídico da situação final é diverso do da situação inicial"*[87].

Nesse contexto, ainda que o ato jurídico processual possa ser considerado inválido, não se pode falar em invalidação se a sua finalidade foi atingida, isto é, se o valor jurídico da situação final for obtido, comparado com o da situação inicial. É o que expressamente prescrevem os artigos 154 e 244 do Código de Processo Civil.

O exemplo clássico de preservação de ato processual inválido é o da eventual nulidade da citação. Se a citação é absolutamente nula por não preencher os requisitos necessários, porém o réu comparece e produz defesa de mérito, então a finalidade do ato – dar ciência da ação, permitindo a defesa – foi atingida, pois o valor da situação final da parte é diverso daquele inicial, em que a parte não tinha ciência da ação, e não tinha produzido defesa, e idêntico ao valor da situação final ideal, isto é, aquela projetada pela norma

---

aproveitamento dos atos praticados, desde que não resulte prejuízo à defesa".

86   Se, porém, o réu comparecer, produzindo defesa e não argüindo a invalidade do ato, apesar de a citação haver sido realizada sem a antecedência mínima de 10 dias, o juiz não deve declarar a nulidade. Compete ao réu suscitar o prejuízo. Pode haver interesse do próprio réu em uma rápida solução da controvérsia, sem repetição da audiência.

87   Carnelutti, cf. *Instituições...*, vol. I, p. 524-525.

que prescreve a anterioridade mínima da citação.

Assim, o primeiro elemento para a aplicação da instrumentalidade já foi identificado: a finalidade do ato jurídico processual deve ser atingida, ainda que de outro modo.

Mas esse elemento não basta, por si só, para autorizar a instrumentalidade, segundo sustenta a mais autorizada doutrina. Outro elemento deve estar presente, a saber, a ausência de prejuízo para as partes[88]. É o que se depreende do § 1º do art. 249 e do parágrafo único do artigo 250, ambos do CPC, que condicionam o aproveitamento ou supressão do ato quando não acarretar prejuízo. Em verdade, a ausência de prejuízo para o aproveitamento do ato processual, reflete a regra *"pas de nullité sans grief"*, estabelecida pelo legislador francês em 1935[89].

Pode ocorrer que o ato haja alcançado a finalidade pretendida, mas

---

88   A ausência de prejuízo é um elemento tão forte para autorizar a instrumentalidade, que inúmeros tribunais chegam a afirmar a impossibilidade de se aplicar esse postulado quando puder resultar, do ato que se pretende aproveitar, um eventual prejuízo para a parte. Nesse sentido, confira-se o excelente acórdão da Ministra Nancy Andrighi, no REsp 763.004/RJ: "Processual Civil. Retificação do pólo passivo da relação processual após a contestação. Instrumentalidade das formas. Aplicação .Possibilidade. Existência de prejuízo. - A prevalência do caráter instrumental do processo, deve ser adotada de forma criteriosa, verificando-se, com acuidade, a existência de possíveis prejuízos para a parte em desfavor da qual o principio é aplicado. - Constatando-se a existência de evidentes prejuízos para uma das partes, inviável a aplicação do princípio da instrumentalidade das formas. Recurso provido para extinguir o processo sem julgamento do mérito" (REsp 763.004/RJ, Relatora Ministra Nancy Andrighi, 3ª Turma, DJ 9.10.2006, p. 292).

89   A jurisprudência francesa faz uma distinção entre "pas de nullité sans grief" e "pas de nullité sans texte", diferenciando formalidades essenciais e secundárias. Contudo, atualmente, a regra "pas de nullité sans grief" aplica-se às duas hipóteses: "Pour la nullité pour vice de forme, la jurisprudence fait la différence entre les formalités essentielles et secondaires, et ne fait jouer la règle «pas de nullité sans texte» qu'au cas d'inobservation d'une formalité secondaire. En 1935, le législateur consacre la règle «pas de nullité sans grief». Mais la jurisprudence n'a appliqué ce principe que pour la violation des formalités secondaires. Aujourd'hui la règle « pas de nullité sans grief » s'applique à la fois aux formalités essentielles et secondaires. Les règles « pas de nullité sans texte » et « pas de nullité sans grief » ne s'applique pas en matière de nullité pour vice de fond. (...) La jurisprudence a reconnu comme irrégularités de fond des cas non prévus. Cependant elle est de plus en plus stricte, et les nullités pour vice de fond sont de plus en plus rares. En cas d'irrégularité de forme, si l'acte a été régularisé, la nullité est impossible. En cas d'irrégularité de fond, si la cause de la nullité a disparu au moment où le juge statue, la nullité est impossible. La procédure de l'exception de nullité se fait dans les cas de vice de forme par la voie d'une exception de procédure. Le moyen doit être soulevé rapidement, sinon on considère que le plaideur y a renoncé. Une irrégularité de fond peut être soulevée à n'importe quel moment de la procédure, même sans grief et sans texte, mais le juge peut condamner à des dommages et intérêts ceux qui se seraient abstenus dans une intention dilatoire. La partie qui y a un intérêt peut soulever l'exception de nullité, surtout pour vice de forme. Le juge peut relever d'office la nullité si l'irrégularité de fond est d'ordre   public."   (Margo,   *La   Cadre   de   la   Justice   Civile"*,   (http://www.juristudiant.com/site/modules/wfsection/article.php?articleid=75).

ainda assim haja causado prejuízo para a parte. Nessa hipótese, não há como aproveitar o ato, nem mesmo sob o manto da instrumentalidade das formas, ao menos considerando o conceito tradicional de convalidação. Exemplificando, a citação realizada em prazo inferior a dez dias da audiência de conciliação no procedimento sumário, atinge a finalidade de dar ciência da ação ao réu. Porém, o ato pode não ser aproveitável, pois pode causar prejuízo à defesa, sempre que o prazo reduzido se revelar insuficiente para uma substancial contestação[90].

Portanto, a instrumentalidade das formas, segundo seu modelo tradicional, encontra-se condicionada à obtenção da finalidade pretendida pelo ato, e à ausência de prejuízo.

1.3.5. Instrumentalidade e defesa processual: pressupostos processuais e condições da ação

José Roberto dos Santos Bedaque faz uma importante constatação, no que tange aos requisitos processuais que tornam o julgamento de mérito admissível. Segundo o Professor das Arcadas, não é possível limitar a instrumentalidade aos casos de invalidade do ato processual. É necessário ter uma visão mais abrangente do fenômeno.

Por esse novo prisma, a instrumentalidade permite aproveitar o processo, também, nas hipóteses de inexistência de um requisito de admissibilidade do julgamento de mérito. Ou seja, é possível aplicar a instrumentalidade mesmo se houver um vício referente a um pressuposto processual (presença de um pressuposto processual negativo, como a coisa julgada, ou a ausência de um pressuposto processual positivo, como a capacidade processual) ou a uma condição da ação[91].

---

90   Na hipótese citada, a lei considera haver prejuízo simplesmente se a citação ocorrer em menos de dez dias. Assim, a contestação – sem argüição da invalidade – gera a presunção de que houve tempo suficiente para a defesa. A concentração dos atos permite a alegação de nulidade. Como a defesa e a decisão da alegação de nulidade da citação são concentradas em um único momento – durante a audiência –, é possível ao advogado argüir a invalidade, requerendo a restituição do prazo de dez dias e, se o juiz eventualmente rejeitar, com base em um argumento qualquer, a contestação será imediatamente apresentada. Porém, a questão fica mais interessante na hipótese de procedimento ordinário. Imaginemos que, mesmo considerando o prazo fixado pela lei, este não seja suficiente para uma *substancial contestação*, em razão da complexidade da matéria, do número de litisconsortes *etc.* O problema que surge é o seguinte. Se o juiz indeferir o pedido, o prazo já terá se escoado e o réu será considerado revel. Se o prazo ficar suspenso até o pronunciamento do juiz, ainda que o pedido seja negado o réu já conseguiu uma dilação do prazo. Então, como permitir uma ampliação do prazo para permitir uma *substancial contestação*? A questão é complexa. Parece-nos que a medida mais adequada é formular o requerimento dentro do prazo e requerer ao juiz que se manifeste imediatamente. O uso abusivo desse expediente poderá sujeitar a parte à incidência do art. 14 do CPC.

91   A instrumentalidade aplicada às condições da ação é mais delicada, se as

Não podemos esquecer que os pressupostos processuais têm por escopo evitar que uma sentença seja proferida em um processo viciado ou inválido, o que consumiria energia e tempo de modo inútil e desnecessário[92]. Logo, os pressupostos processuais devem ser examinados, e eventual vício corrigido, no início do processo. Contudo, se a invalidade do ato for constatada apenas ao final, o juiz pode renunciar à técnica processual, para julgar o mérito[93]. Na hipótese de o juiz julgar improcedente o pedido, por exemplo, a decisão favorável a quem suscitou a preliminar impede seja reconhecida a invalidade do não acolhimento da defesa processual (não houve prejuízo para o réu e o autor não seria parte inocente para invocar invalidade da sentença, pois foi o causador do defeito).

Logo, a aplicação da instrumentalidade pode ser estendida para os pressupostos processuais e para as condições da ação, enquanto requisitos de admissibilidade do julgamento de mérito, conforme demonstrou Bedaque[94].

1.3.6. Direito processual de resultados: grau de utilidade e o binômio direito-processo

O processo civil de resultados é o método *"perante o qual o processo e as atividades jurisdicionais são encarados pela perspectiva da utilidade que possam ter perante as pessoas ou a população como um todo (supra, n. 40)"*[95].

Já não é suficiente possibilitar aos cidadãos a *ação*, enquanto direito a um provimento jurisdicional, ainda que desfavorável. O estágio social atual exige mais dos Poderes constituídos. Pensar que alguém teria o direito substancial, porém que este direito não lhe seria concedido por uma exigência formal e injustificada, já não mais satisfaz os escopos sociais e é insuficiente

---

considerarmos como a relação jurídica substancial afirmada abstratamente (*in statu assertionis*). Ora, não faz sentido falarmos que abstratamente não existe e que concretamente a parte não tem direito à tutela reclamada. Assim, se a sentença for de improcedência, houve o reconhecimento judicial *concreto* de que a tutela substancial da relação jurídica não existe (o que engloba a análise abstrata de impossibilidade jurídica do pedido). Ou que a parte não tem o dever jurídico reconhecido na sentença (falta de pertinência subjetiva que demonstra a ilegitimidade ativa ou passiva *ad causam*). Ou, ainda, se não houver lesão coarctável ou se a via for inadequada (falta de interesse necessidade ou adequação). Parece-nos, assim, que o exame concreto (mérito) absorve a apreciação abstrata da relação jurídica (condições da ação).

92   "Se algum defeito ou vício for detectado no início do processo, deve ser imediatamente eliminado, sob pena de comprometimento do resultado" (Bedaque, cf. *Efetividade...*, p. 164).

93   "toda a técnica processual destina-se, portanto, a conferir eficácia ao método. Esta é sua única razão de ser. Por isso, se para alcançar o resultado pretendido, sem renúncia à segurança, for necessário abrir mão dela, não se deve hesitar em fazê-lo" (Bedaque, *Efetividade...*, p. 165).

94   "Não pode ele ficar restrito ao campo das nulidades. Deve ser estentido a toda e qualquer questão relacionada à técnica processual, inclusive os denominados 'requisitos de admissibilidade do julgamento de mérito'" (Bedaque, *Efetividade...*, p. 164).

95   Dinamarco, *Instituições...*, vol. II, p. 588.

para a ciência processual. Assim, a teoria da ação deve ser revisitada para incluir, também, os *resultados* que a sociedade espera da atuação jurisdicional[96].

A busca atual da efetividade, bem como as sucessivas reformas processuais, buscam ressaltar essa exigência, pois *"o processo vale pelos resultados que produz na vida das pessoas ou grupos (...)"*[97].

Em verdade, a moderna interpretação do direito de ação voltado para resultados em um maior grau de utilidade simplesmente prestigia o já conhecido princípio chiovendiano do *"tutto quello e proprio quello"*, em que se deve assegurar à parte *tudo aquilo e exatamente aquilo a que tem direito*.

Um método para se conseguir atingir resultados mais úteis é através da instrumentalidade substancial. Apesar da explícita exigência legal, não podemos restringir o princípio da instrumentalidade às hipóteses em que apenas a finalidade do ato processual tenha sido atingida sem acarretar prejuízo às partes. Isso seria uma restrição indevida e muito rígida ao próprio instituto. A instrumentalidade também pode ser aplicada – segundo penso – na hipótese de existir um prejuízo, ou mesmo quando a finalidade da norma processual não for atingida. Nesses casos, prestigia-se uma instrumentalidade substancial, decorrente de uma ponderação entre a regra processual e a de direito substancial, voltada para um processo civil de resultados, em que se busca um maior grau de utilidade para as partes[98].

Por intermédio dessa nova visão da instrumentalidade, o binômio direito-processo deve ser relativizado[99].

---

96   Como assevera Dinamarco, "Não basta o belo enunciado de uma sentença bem estruturada e portadora de afirmações inteiramente favoráveis ao sujeito, quando o que ela dispõe não se projetar utilmente na vida deste, eliminando a insatisfação que o levou a litigar e propiciando-lhe sensações felizes pela obtenção da coisa ou da situação postulada" (Dinamarco, cf. *Instituições...*, vol. II, p. 108). Também nessa linha, Bedaque, sustenta que a ação deve ser compreendida como direito ao pronunciamento de mérito: "Muito embora – como bem observa Aldo Attardi (cf. *Diritto Processuale Civile*, vol. I, p. 60) – a disputa sobre o correto conceito de *ação* esteja definitivamente superada, não se pode negar que a idéia de ação como direito ao pronunciamento de mérito – reservada exclusivamente ao processo de conhecimento – põe em destaque a essência da atividade jurisdicional, qual seja, a decisão sobre a existência ou não, do direito material deduzido pelo autor" (cf. *Efetividade...*, p. 234, nota 18).

97   Dinamarco, *Instituições...*, vol. II, p. 108.

98   Conforme destaca José Roberto dos Santos Bedaque "O direito processual deve ser estudado pelo prisma da instrumentalidade substancial, ou seja, todos os seus institutos fundamentais constituem meios para tornar efetiva a tutela jurisdicional. Esse é o **resultado** que se busca com o processo" (cf. *Direito e...*, p. 92 – o destaque não consta no original).

99   Em sua importante obra sobre a interdependência do direito substancial e do processo, Bedaque assevera que "na medida em que a atuação da vontade concreta do ordenamento jurídico material e a pacificação da sociedade dependem, muitas vezes, da atuação jurisdicional, como esta desenvolve suas atividades e procura atingir tais escopos por meio do processo, a preocupação fundamental daqueles que procuram estudar esse instrumento com que **a jurisdição opera está voltada para os resultados que ele deve produzir**. Busca-se, pois, a efetividade do processo (*Direito e ...*, p. 16/17 – o destaque não

Não se admite, na moderna ciência processual, insistir em conceitos processuais distanciados do direito material, como se o processo fosse um fim em si mesmo, e não um instrumento para a realização do direito substancial[100].

Portanto, o sistema jurídico processual deve valorizar os resultados que o processo pode produzir, sempre que possível outorgando um maior grau de utilidade a quem tem o direito substancial por realizar.

1.3.7. Insuficiência dos critérios tradicionais e os limites da instrumentalidade substancial

A instrumentalidade formal não é suficiente para assegurar um processo civil de resultados, pois ainda se encontra vinculada a alguns limites formais, como a ausência de prejuízo e como a obtenção da finalidade do ato. E mais, não oferece uma solução quando houver conflito entre uma regra processual e uma substancial. Um processo civil de resultados demanda uma verdadeira interdependência do binômio direito-processo[101], com o sacrifício, por vezes, de regras e dogmas processuais para que se resguarde o direito material. E a busca por um resultado justo amplia ainda mais a relação entre direito e processo, para admitir uma integração entre justiça e processo, permitindo flexibilizar não apenas o direito processual, mas o próprio direito material.

Nessas hipóteses, torna-se necessária uma ponderação entre dois valores distintos, o processual e o substancial. É o que se faz – muito embora não se admita explicitamente – quando se aplica a instrumentalidade substancial ou quando se invoca o direito processual de resultados.

Contudo, os métodos tradicionais não são suficientes para permitir um controle da instrumentalidade e da ponderação, o que acarreta críticas de

---

consta no original).

100   Na mesma linha segue Kazuo Watanabe, quando assevera: "Do conceptualismo e das abstrações dogmáticas que caracterizam a ciência processual e que lhe deram foros de ciência autônoma, partem hoje os processualistas para a busca de um instrumentalismo mais efetivo do processo, dentro de uma ótica mais abrangente e mais penetrante de toda a problemática sócio-jurídica. Não se trata de negar os resultados alcançados pela ciência processual até esta data. O que se pretende é fazer dessas conquistas doutrinárias e de seus melhores resultados um sólido patamar para, com uma visão crítica e mais ampla da utilidade do processo, proceder ao melhor estudo dos institutos processuais - prestigiando ou adaptando ou reformulando os institutos tradicionais, ou concebendo institutos novos - sempre com a preocupação de fazer com que o processo tenha plena e total aderência à realidade sócio-jurídica a que se destina, cumprindo sua primordial vocação que é a de servir de instrumento à efetiva realização dos direitos. É a tendência ao instrumentalismo, que se denomina substancial em contraposição ao instrumentalismo meramente nominal ou formal" (cf. *Da Cognição...*, p. 14/15).

101   Este é o núcleo da festejada tese de José Roberto dos Santos Bedaque, cf. *Direito e...*, pp. 54 e ss.

alguns autores, como Calmon de Passos. Que é necessário ponderar os dois bens jurídicos, a doutrina e a jurisprudência não vacilam em admitir. Porém, como fazer para identificar a real extensão da instrumentalidade substancial, sem facultar a arbitrariedade, é o desafio que sempre instigou a literatura jurídica.

Não obstante a dificuldade inerente ao problema, entendemos que um método já tem sido utilizado há muito para alcançar esse objetivo, mesmo que sem o reconhecimento da doutrina. Um modo de se alcançar o resultado pretendido e, ao mesmo tempo, controlar os limites da instrumentalidade, é a utilização de técnicas de argumentação. Quando alguém sustentar a não aplicação de uma regra processual, estará argumentando; quando invocar o escopo da norma para aproveitar um ato originariamente inválido, estará argumentando; quando aduzir a invalidade do ato e a necessidade de observar, por exemplo, o contraditório, também estará argumentando. O processo está intrinsecamente relacionado à argumentação das partes e do juiz. Todo debate que se desenvolve no processo é, na verdade, uma argumentação sobre o processo ou sobre o direito material. A argumentação é, assim, um elemento essencial no processo, pois permite justificar a decisão através da legitimidade material e formal dos argumentos.

Assim, estudaremos a relevância da argumentação na ciência processual nos próximos capítulos, inclusive com o propósito de examinarmos a sua pertinência como método para identificar a verdadeira extensão da instrumentalidade, seus limites e sua real dimensão.

2
A ARGUMENTAÇÃO NO DIREITO PROCESSUAL

2.1. Natureza e função do processo

A autonomia do Direito Processual e o seu reconhecimento como ciência[102] foram gradualmente alcançados por força do trabalho incansável de inúmeros pesquisadores. Ainda hoje, diversas teorias surgem com o único propósito de aperfeiçoar ainda mais o estado-da-arte da pesquisa científica no campo processual. Quem contribuiu significativamente para a sistematização do processo foi Oskar von Bülow, que desenvolveu a teoria dos pressupostos processuais. Bülow reconheceu, no processo, a natureza de *relação jurídica (Prozess als Rechtsverhältniss)* pois, a exemplo das relações jurídicas substanciais, o processo estabelece direitos e obrigações entre os sujeitos da relação processual. A *relação jurídica processual*, porém, não se confunde com a relação jurídica típica do direito privado, pois, diferentemente do que ocorre com esta, o Estado participa ativamente no processo, outorgando-lhe a característica de direito público. Essa compreensão do processo como relação jurídica predominou na doutrina por muito tempo, quase sem resistência, e ainda hoje conquista respeitável número de adeptos[103].

---

102   Alguns autores, de modo preconceituoso e sem uma razão justificável, negam a autonomia do processo como ciência. Porém, o estudo do processo atualmente forma um sistema de aquisição do conhecimento, composto por metodologia, observação empírica e experimentação. Ou seja, após a observação (empírica), há uma metodologia própria para a construção de hipóteses, analisadas com o auxílio de regras lógicas para explicar os fenômenos jurídico-processuais, na forma de teorias. Essas teorias são postas à prova por intermédio de experimentação dialética (a experimentação real não é possível – como em qualquer outra ciência jurídica –, pois a reprodução do fenômeno implicaria reprodução de norma jurídica). Curiosamente, podemos observar que, inclusive, a ciência processual tem utilizado uma metodologia – dialética – que, hoje, angaria grande prestígio nas demais ciências jurídicas.

103   Dinamarco permanece fiel à teoria que reconhece a natureza de relação jurídica ao processo, aduzindo não ver motivo para abandonar essa concepção. Aperfeiçoando as teorias tradicionais, demonstra a substancial compatibilidade entre os pensamentos de Bülow e de Fazzalari, destacando que o processo é um procedimento animado por relação jurídica processual. Nas palavras do professor das Arcadas, "Esse complexo de situações jurídicas que se sucedem é que leva o nome de *relação jurídica processual*. São poderes, deveres, faculdades, ônus, sujeição e autoridade, que se vão exercendo mediante os atos do procedimento, ordenados segundo o modelo legal. **Já se vê, portanto, que a relação jurídica processual é a *projeção jurídica da exigência política do contraditório*"** (Os institutos fundamentais do direito processual. *Fundamentos do processo civil moderno*, 3. ed. São Paulo: Malheiros, 2000, v. 1, n. 37, p. 102 – o destaque não consta no original). Ademais, é relevante destacar que o próprio Bülow reconhece que o contraditório integra o conceito de processo: "El proceso es una relación jurídica que avanza gradualmente y que se desarolla paso a paso. Mientras que las relaciones jurídicas privadas que constituyen la materia del debate judicial, se presentan como totalmente concluidas, la relación jurídica procesal se encuentra en embrión. Esta se prepara por medio de actos particulares. **Sólo se perfecciona con la litiscontestación**, el contrato de derecho público, por el cual, de una parte, el tribunal asume la concreta obligación de decidir y realizar el derecho deducido en juicio, y de otra, las partes quedan obligadas, para ello, a

O professor James Goldschmidt[104] faz uma crítica ao conceito de processo como relação jurídica para, em seguida, sugerir uma reconstrução dos conceitos fundamentais da ciência processual, considerando o processo uma *situação jurídica (Prozess als Rechtslage)*. A crítica funda-se no que ele chama de *perfeita inutilidade científica do conceito de relação jurídica processual*. Goldschmidt argumenta que a relação jurídica processual não tem qualquer liame com os chamados *pressupostos processuais*, que não são condições do processo, mas são, na realidade, condições da decisão de mérito[105]. Sustenta, ainda, que a origem das obrigações e direitos do juiz e das partes não se encontra na relação jurídica processual. As supostas obrigações decorrentes da relação processual são apenas ônus processuais, e que, mesmo se considerarmos tratarem-se de obrigações, a sua origem seria anterior e exterior ao processo, pois decorreria da relação de direito público existente entre o Estado e os sujeitos processuais[106].

Elio Fazzalari, por seu turno, compreende o processo como *"procedimento in contraddittorio"*[107]. Para distinguir o procedimento do processo, a simples participação dos demais sujeitos, e não apenas do autor do ato final, não é suficiente. Segundo Fazzalari, a nota característica do processo, e que o distingue do procedimento, é a sua estrutura dialética, ou seja, o contraditório[108]. Assim sendo, os destinatários dos efeitos do ato final (tutela jurisdicional) precisam necessariamente participar da fase preparatória do referido ato, contribuindo para a sua formação[109]. A tese de Fazzalari é bastante consistente, e tem obtido a adesão de importantes processualistas[110].

---

prestar una colaboración indispensable y a someterse a los resultados de esta actividad común" (*in La teoria de las excepciones procesales y los presupuestos procesales. Buenos Aires: EJEA, 1964*, o destaque não consta no original).

104   *In Der Prozess als Rechtslage-Eine Kritik des prozessualen Denkens*, Berlim: Springer, 1925.

105   Goldschmidt, *Der Prozess...*, pp. 4 e ss.

106   Goldschmidt, *Der Prozess...*, pp. 76 e ss.

107   Cf. *Istituzioni di Diritto Processuale, VIII ed., Milano: CEDAM, 1996, p. 73/91.*

108   Nas palavras de Fazzalari, *"come ripetuto, il "processo" é un procedimento in cui partecipano (sono abilitati a partcipare) coloro nella cui sfera giuridica l'atto finale è destinato a svolgere effeti: in contraddittorio, e in modo che l'attore non possa obliterare le loro atività. Non basta, per distinguere il processo dal procedimento, il rilievo che nel processo vi è la partecipazione di più soggetti, che cioè gli atti che lo costituiscono sono posti in essere non dal solo attore dell'atto finale, ma anche da altri soggetti. (...) Occorre qualche cosa di più e di diverso; qualche cosa che l'osservazione degli archetipi del processo consente di cogliere. Ed è la struttura dialettica del procedimento, cioè appunto, il contraddittorio"* (cf. *Istituzioni..., p. 82/83*).

109   Ou seja, *"Tale struttura consiste nella partecipazione dei destinatari degli effetti dell'atto finale alla fase preparatoria del medesimo"* (Fazzalari, *Istituzioni..., p. 83*).

110   José Roberto dos Santos Bedaque, em sua memorável tese apresentada ao Concurso para o cargo de Professor Titular, após observar que a concepção do processo como relação jurídica pode prestigiar o formalismo, sugere abandonar esse conceito, adotando o de Fazzalari: *"Talvez por essa razão se deva abandonar ou conferir menor relevância à idéia de "relação jurídica processual", sendo suficiente para a explicação do processo a noção de "procedimento", no qual estão habilitados a participar, em contraditório, aqueles cuja esfera jurídica possa ser afetada pelo ato final. A característica*

Outras teorias foram desenvolvidas propondo uma nova natureza do processo[111]. Porém, não as analisaremos neste trabalho. A abordagem feita já nos parece suficiente para o escopo da presente investigação.

Não obstante a consistência das teorias desenvolvidas, há dois aspectos que merecem ser melhor examinados. O primeiro refere-se à trilateralidade da relação processual e aos pressupostos processuais, considerados como elementos necessários para a constituição do processo (processo como relação jurídica processual). O segundo aspecto diz respeito ao próprio contraditório, também considerado elemento essencial por Fazzalari para o conceito de processo (processo como procedimento em contraditório). Passemos a analisá-los como tópicos distintos.

2.1.1. O processo como relação jurídica processual

O processo considerado apenas como relação jurídica, ao exigir os pressuspostos processuais como critério de existência ou de validade da relação processual que se forma entre juiz, autor e réu, pode prestigiar o formalismo[112], como demonstra Bedaque. Negar a formação do processo, na hipótese de inexistir um pressuposto processual[113], mesmo quando o direito material for manifesto, significa atribuir maior importância à forma (processo) que ao conteúdo (tutela de mérito). Não se pode perder de vista que a realização do conteúdo é o escopo visado pelo ato, e que a satisfação do direito material é o escopo final e absoluto do processo. Com base nessa perspectiva, doutrina e jurisprudência já têm amainado o rigor dos pressupostos processuais, em nome da instrumentalidade ou de um direito processual de resultados.

A jurisprudência atual, por exemplo, tem reconhecido a existência de um processo válido e eficaz mesmo na hipótese de existir coisa julgada material (pressuposto processual negativo), como no caso de uma segunda ação de investigação de paternidade, com fundamento em exame de DNA positivo, ajuizada após o trânsito em julgado da primeira. Ou então, no caso de sentença transitada em julgado, porém fundada em norma declarada inconstitucional pelo Supremo Tribunal Federal[114], que a legislação –

---

fundamental do processo consiste na estrutura dialética do procedimento" (*Efetividade...*, *p. 187*).

111   Existem outras teorias, como a do processo como instituição (Jaime Guasp), que foi inicialmente adotada por Couture mas, logo depois, abandonada; a do processo como entidade jurídica complexa (Foschini), a doutrina ontológica do processo (João Mendes Junior), entre outras.

112   Essa magistral observação foi feita pioneiramente por José Roberto dos Santos Bedaque (cf. *Efetividade...*, p. 179-188).

113   Ou na de ocorrer um pressuposto processual negativo, como a coisa julgada, a litispendência, a convenção de arbitragem *etc.*

114   Sobre este tema, e principalmente sobre coisa julgada e a sua relativização, vejam o excelente trabalho de TALAMINI. Também devem ser consultados os trabalhos que

acompanhando a doutrina – entende inexigível[115]. Não se pode esquecer que a coisa julgada é alegada como matéria preliminar, cuja análise antecederia o exame do próprio mérito. Assim, se a alegação de coisa julgada fosse acolhida, a relação jurídica processual seria extinta, muito embora o direito material (mérito) fosse absolutamente inquestionável. Logo, a inexistência de um pressuposto processual – em determinados casos – pode não impedir a formação válida e regular do processo.

Assim também ocorre na formação da própria relação jurídica processual que, por definição da teoria de Bülow, é trilateral. Se uma ação tem o pedido julgado improcedente, independentemente de citação da parte contrária, não houve formação de relação jurídica trilateral (autor, juiz e réu), mas apenas bilateral (autor e juiz). No entanto, como o provimento jurisdicional foi favorável ao réu (improcedência), a ausência de prejuízo autoriza a preservação da sentença, conforme demonstrou José Roberto dos Santos Bedaque[116]. O professor das Arcadas sustenta, com argumentos irrefutáveis, que o réu pode inclusive invocar a coisa julgada material a seu favor, muito embora não tenha participado do processo[117].

Portanto, nem mesmo na hipótese de relação bilateral o processo pode ser considerado inexistente para o réu, se o provimento lhe foi favorável. Essa conclusão também abala a teoria do processo como relação jurídica, pois não houve relação processual entre o réu e o autor, ou sequer entre o réu e o juiz.

Por sua vez, relação jurídica significa nexo intersubjetivo. É liame formado pela ordem jurídica, unindo sujeitos em torno de um objeto. A formação desse nexo pode ser condicionada a determinados pressupostos,

---

sustentaram pioneiramente a tese: Dinamarco (cf. *Relativizar a coisa julgada material*, REPRO 109, São Paulo: RT, 2003) e Theodoro Jr. (*Prova — Princípio da Verdade Real — Poderes do Juiz — Ônus da prova e sua Eventual Inversão — Provas Ilícitas — Prova e Coisa Julgada nas Ações relativas à Paternidade (DNA)*. In Revista Brasileira de Direito de Família. Porto Alegre: Síntese, 1999, n. 03, pp. 05/23).

115   O parágrafo único do art. 741, com a redação dada pela Lei n. 11.232, de 22.12.2005, tem o seguinte teor: "Para efeito do disposto no inciso II do caput deste artigo, considera-se também inexigível o título judicial fundado em lei ou ato normativo declarados inconstitucionais pelo Supremo Tribunal Federal, ou fundado em aplicação ou interpretação da lei ou ato normativo tidas pelo Supremo Tribunal Federal como incompatíveis com a Constituição Federal".

116   O professor Bedaque destaca que "Sem citação a relação é bilateral, pois limita-se a vincular autor e juiz. O instrumento estatal de solução de litígios pressupõe contraditório, o que depende da participação de todos os sujeitos interessados no resultado. Se assim é, como admitir a idéia de processo sem a integração do sujeito passivo? (...) Assim, se não houver citação e o réu não comparecer, inexistirá processo – e, conseqüentemente, sentença. (...) Aceita essa afirmação, não há alternativa senão concluirmos que, solucionado o litígio pela atividade jurisdicional favoravelmente a quem foi prejudicado pela inexistência do processo, o ato estatal deve prevalecer. Caso contrário o processo deixa de ser meio e transforma-se em fim" (cf. *Efetividade*..., p. 472).

117   Ver nota 131 ao Capítulo V da *Efetividade*..., p. 473.

como pode não o ser: são os pressupostos processuais. Mesmo quando o pressuposto exigido para a formação do processo é afastado, haverá relação jurídica entre todos os sujeitos (juiz, autor e réu) ou entre alguns deles (autor e juiz) dos sujeitos processuais, em razão do nexo jurídico estabelecendo poderes, deveres, faculdades, ônus, sujeição e autoridade. Essa é a razão pela qual não se pode afastar completamente a teoria do processo como relação jurídica. Esse é, também, o fundamento que permite sustentar a compatibilidade da teoria do processo enquanto relação jurídica com outras teorias, como faz Dinamarco.

Porém, embora não possa ser completamente afastada, reconhecer no processo a natureza apenas de relação jurídica, pode ocultar sua verdadeira estrutura fundamental e justificar um formalismo indesejável, conforme demonstrou José Roberto Bedaque[118].

2.1.2. Processo como procedimento em contraditório

No que concerne ao segundo aspecto, existem razões que, de igual sorte, afastam a tese de que o contraditório é o elemento fundamental para definir a natureza jurídica do processo, apesar da sua inquestionável importância.

A doutrina chega a afirmar que, se não houver contraditório, não haverá nem mesmo processo[119]. Fazzalari afirma que somente haverá processo se o destinatário dos efeitos de um ato processual participar *em contraditório* de sua formação[120].

Contudo, essa afirmação também não é exata, pois não há uma completa identificação do processo com o contraditório. Não se pode negar a existência do processo em toda e qualquer situação em que não houver o contraditório[121]. Existem situações em que o contraditório não é observado,

---

118   Bedaque argumenta que "a concepção do *processo* como relação jurídica acaba servindo como justificativa para o formalismo" (*Efetividade...*, p. 187).

119   A afirmação é de Elio Fazzalari: "*Il conflitto di interessi (o il modo di valutare un interesse) potrà costituire la ragione per cui la norma fa svolgere un'attività mediante processo, ma in tanto si può parlare di processo in quanto si constatino,* ex positivo iure, *la struttura e lo svolgimento dialettice sopra illustrati. In eventuale conflitto d'interessi: dov'è assente il contraddittorio – cioè la possibilità, prevista dalla norma, che esso si realizzi – ivi non c'`e processo.*" (*Istituzioni...*, p. 84).

120   Assim: "*C'è, insomma, "processo" quando in una o più fasi dell'iter di formazione di un atto è contemplata la partcipazione non solo – ed ovviamente – del suo attore, ma anche dei destinatari dei suoi effetti,* in contraddittorio, *in modo che costoro possano svolgere attività di cui l'attore dell'atto deve tener conto; i cui risultati, cioè, egli può disattendere, ma non ignorare.*" (*Istituzioni...*, p. 83).

121   José Roberto Bedaque reconhece pioneiramente a possibilidade de existir processo, ainda que não tenha havido contraditório, na hipótese de decisão favorável a quem sequer teve a chance de integrar o contraditório. O professor titular da USP destaca que "Mais uma vez, alerta-se: nesta sede é preciso cuidado com afirmações abstratas e extremamente genéricas. Se teoricamente a idéia de *contraditório* é essencial à existência desse fenômeno chamado

mas que ainda assim haverá processo existente, válido e eficaz.

Vejamos algumas hipóteses. Não é inexistente o acórdão que nega provimento a agravo por instrumento sem intimar o agravado para apresentar suas razões. A decisão favorável ao agravado impede eventual ineficácia processual[122]. Nesse caso, não houve contraditório em sede recursal, mas nem por isso podemos afirmar que o processo é inexistente a partir da falta de manifestação do recorrido (inexistência decorrente), pois o julgamento lhe foi favorável (a falta de prejuízo impede a invalidade do ato). Alguns autores sustentam – entendimento ao qual aderimos - que o agravo interno interposto contra a decisão monocrática do Relator fundada no art. 557 do CPC[123] deve ser julgado sem ouvir o agravado[124]. Aqui também não há contraditório formado, pois o agravado não pôde influir no resultado do agravo interno. Lembramos que, no agravo interno, o agravante deve limitar-se a indicar uma possível controvérsia na jurisprudência, e não rediscutir o mérito do recurso. Se o agravo interno for provido, então o recurso terá seguimento.

Um exemplo bastante ilustrativo de tutela jurisdicional sem contraditório encontramos no artigo 285-A do Código de Processo Civil,

---

"processo", é preciso também considerar que a garantia em questão visa a assegurar participação dos sujeitos parciais, para que eles possam influir no resultado. Se este último for favorável a quem não pôde exercer qualquer influência na convicção do juiz, porque indevidamente ausente do processo, significa que o contraditório não fez falta". E, em seguida, aduz irrefutável conclusão: "Então, devemos entender a afirmação de que 'processo sem contraditório não é processo' com ressalvas. Acrescentem-se à expressão 'contraditório' os adjetivos 'real' e 'necessário'. Se, de um lado, mero contraditório formal constitui mais uma das garantias fictícias de que dispomos, de outro, sua ausência somente constitui vício se prejudicial a quem dele ficou privado" (*Efetividade...*, p. 472-473).

122   Esta conclusão é de Bedaque, que soluciona a questão com argumento irrefutável: "Afirmar que o resultado favorável não é apto a eliminar o vício de citação, mas a relação bilateral é suficiente para a validade do pronunciamento judicial em face do autor, significa conferir efeito ao processo inexistente, ainda que apenas quanto a uma das partes – ou seja, aquela que efetivamente participou do contraditório. É isso que importa. (...) E tem mais: admitida essa premissa, teremos que estudar outro fenômeno processual, diverso do processo, mas apto a produzir efeitos imutáveis no plano material. De que ele existe, não pode haver dúvidas" (cf. *Efetividade...*, p. 472-473).

123   O art. 557 do CPC autoriza o julgamento monocrático pelo relator, na hipótese de matéria consolidada no Supremo Tribunal Federal, Tribunais Superiores ou no próprio Tribunal. O agravo interno deve limitar-se a discutir se a jurisprudência encontra-se ou não consolidada. Assim, deve demonstrar, com a indicação de precedentes, que a matéria comporta divergência.

124   Nesse sentido, Nelson Luiz Pinto: "mantendo a decisão agravada, deve o relator apresentar o processo em mesa para julgamento com seu voto, para que o órgão colegiado manifeste-se através de seus componentes, sem a necessidade de se abrir vista à parte contrária para contra-razões, sem que isto acarrete cerceamento do direito de defesa (...)" (*in Código de Processo Civil Interpretado*, Coordenador Antonio Carlos Marcato, São Paulo: Atlas, 2004, p.1660).

acrescentado pela Lei n° 11.277/2006[125]. Esse dispositivo legal autoriza a reproduzir o teor de sentença de improcedência proferida em casos idênticos, desde que não haja a necessidade de dilação probatória. Nessa hipótese, haverá pronunciamento de improcedência do pedido (mérito), produzindo coisa julgada material favorável ao réu, independentemente de sua participação no processo (relação bilateral, sem contraditório)[126].

Ainda nessa linha, prestigiando a consolidação do entendimento na jurisprudência, encontramos de *lege ferenda* o Projeto de Lei n° 134/2004[127] que autoriza o indeferimento da inicial, com resolução do mérito, quando o pedido estiver em confronto com súmula do Supremo Tribunal Federal, dos Tribunais Superiores ou do Tribunal a quem o recurso puder ser interposto[128].

---

125   O citado dispositivo legal tem o seguinte teor: "Art. 285-A. Quando a matéria controvertida for unicamente de direito e no juízo já houver sido proferida sentença de total improcedência em outros casos idênticos, poderá ser dispensada a citação e proferida sentença, reproduzindo-se o teor da anteriormente prolatada. § 1o Se o autor apelar, é facultado ao juiz decidir, no prazo de 5 (cinco) dias, não manter a sentença e determinar o prosseguimento da ação. § 2o Caso seja mantida a sentença, será ordenada a citação do réu para responder ao recurso". Em verdade, essa possibilidade já existia na legislação, ainda que a jurisprudência não a utilizassem como causa de extinção do processo com resolução do mérito, talvez por receio de um pronunciamento de mérito sem contraditório. O art. 295, IV, do CPC, por exemplo, permite o indeferimento da petição inicial na hipótese de prescrição e decadência. Trata-se de verdadeiro pronunciamento de mérito.

126   Foi ajuizada uma Ação Direta de Inconstitucionalidade, que recebeu o n° 3.695, em que a OAB pede a declaração de inconstitucionalidade desse preceito legal. O Instituto Brasileiro de Direito Processual, requereu a sua intervenção como *amicus curiae*, em petição elaborada pelo prof. Cássio Scarpinela Bueno, defendendo a constitucionalidade do citado dispositivo. Porém, parece-nos que a discussão é desnecessária. Primeiro porque já existia a possibilidade de o juiz indeferir a inicial acolhendo a decadência (e, hoje, a prescrição) sem ouvir a parte contrária. Isso é um claro pronunciamento de mérito. Segundo, porque, mesmo declarada a inconstitucionalidade do art. 285-A, não haveria como impedir que os juízes (e tribunais, nas causas de competência originária) continuem a julgar improcedente o pedido sem ouvir o réu. O único que poderia alegar a nulidade, por falta de contraditório, seria o réu, a quem beneficiaria a decisão. Assim, como não há nulidade sem prejuízo, mesmo sem o art. 285-A, o judiciário poderá continuar aplicando esse entendimento. Em verdade, o artigo 285-A é supérfluo, desnecessário, pois o sistema processual já permitia que a improcedência fosse reconhecida. A única virtude do artigo 285-A é a de demonstrar explicitamente essa possibilidade para todos os juízes.

127   O Projeto de Lei n 134/2004 foi elaborado pela AMB e apresentado pelo Senador Pedro Simon. Essa proposta legislativa altera os artigos que especifica para a seguinte redação: "Art. 267. (*omissis*) I - quando o juiz indeferir a petição inicial, salvo na hipótese do § 1° do art. 295;" "Art. 269. (*omissis*) I - quando o juiz acolher ou rejeitar o pedido do autor, ou ainda quando indeferir a inicial com fundamento no § 1° do art. 295." O Projeto prevê, ainda, o acréscimo do parágrafo 1°, renumerando-se o parágrafo único, que será o 2°, para o seguinte teor: "Art. 295. (*omissis*) §1° Poderá o juiz indeferir a inicial quando o pedido estiver em confronto com súmula do Supremo Tribunal Federal, dos Tribunais Superiores ou do Tribunal a quem o recurso será interposto, com ciência à parte contrária."

128   Entendemos que, na hipótese sugerida pelo Projeto de Lei, não apenas o pedido deve ser examinado, mas a própria causa de pedir (*ratio decidendi*), pois os pedidos são

Em todos estes casos, não houve processo em contraditório (dialética), mas adesão do julgador a um argumento da parte. Logo, é inquestionável que o processo existe, válido e eficaz, mesmo na hipótese de inocorrência de contraditório, como demonstrou Bedaque.

Contudo, a possibilidade de se reconhecer a existência de processo sem contraditório, apenas na hipótese de decisão favorável a quem não integrou o contraditório, pode ser muito limitativa. É possível haver processo, sem contraditório, com decisão desfavorável a quem não se defendeu. Vejamos. Se o processo for extinto por inépcia da inicial, antes da citação do réu, o tribunal pode dar provimento a apelação para anular a sentença. Nessa hipótese, a decisão do tribunal será desfavorável a quem deveria estar no pólo passivo, que não teve chance de exercer o contraditório e de influenciar no resultado. Se a inicial for indeferida com fundamento na prescrição ou na decadência (art. 295, IV, CPC), e se o tribunal, em apelação, anular a sentença[129], então haverá, inclusive, pronunciamento de mérito, sem contraditório, desfavorável a quem foi indicado para figurar no pólo passivo[130].

Não estamos sustentando que o contraditório é um princípio irrelevante ou de menor importância. Nem mesmo que é sempre possível julgar sem contraditório com prejuízo a quem não se defendeu. Muito ao contrário. O contraditório é um dos princípios fundamentais do direito processual, que deve ser preservado sempre que for necessário[131]. O

---

individualizados pelos fundamentos de fato e de direito que os informam. As súmulas ou precedentes vinculantes limitam o pedido com base em determinada *causa petendi*. Se não houver coincidência entre os fundamentos de fato (em face de existir circunstância fática não prevista no precedente vinculante) ou entre os fundamentos jurídicos (ante a existência de exceção à aplicação da norma), então não haverá confronto entre o pedido e a súmula, ocorrendo o *distinguishing*. Por sua vez, o autor não poderá alegar prejuízo com o indeferimento da inicial, pois as razões de sua pretensão foram expostas na petição inicial.

129   Observem que, na hipótese de indeferimento da inicial com fundamento no art. 295 do CPC, o autor poderá apelar e o juiz, se não reformar a sentença no prazo de 48, deverá encaminhar os autos imediatamente ao tribunal competente, *sem ouvir o réu* (art. 296, p.u., do CPC). Esse procedimento é diverso daquele previsto no art. 285-A, que determina seja citado o réu.

130   A questão que surge é saber se, após a reforma da sentença pelo tribunal e a conseqüente citação, o réu poderá reabrir a discussão sobre o ponto já decidido pelo tribunal, eis que não pode influir na decisão. Entendemos que o réu somente poderá rediscutir a questão – mesmo que, nesse caso, não tenha havido contraditório –, se invocar uma circunstância, seja fática ou jurídica, não examinada na decisão. Por exemplo. O Réu poderá alegar que o entendimento jurídico já sofreu alteração nos tribunais (*overruling*) ou que a situação de fato apresenta um elemento que não foi considerado na decisão, tornando o caso diferente do entendimento jurisdicional adotado (*distinguishing*).

131   Alvaro de Oliveira destaca a necessidade do contraditório, enquanto diálogo dos sujeitos processuais, como valor essencial para a formação do ato decisório. Nesse sentido: "Recupera-se, assim, o valor essencial do diálogo judicial na formação do juízo, fruto da colaboração e cooperação das partes com o órgão judicial e deste com as partes, segundo as

contraditório representa a realização da própria igualdade, facultando a paridade de armas e a oportunidade de todos os sujeitos do processo contribuírem para a formação da decisão judicial. A ordem jurídica abomina a condenação de qualquer sujeito, sem lhe outorgar a oportunidade de se defender.

O que afirmamos é a existência de situações – excepcionais – em que o contraditório pode não ser observado, em decorrência de um argumento com peso superior – por exemplo, a falta de prejuízo –, nas quais, ainda assim, haverá processo. Em resumo: mesmo não existindo a dialeticidade e, portanto, o contraditório, o processo poderá existir, válida e eficazmente.

Nesse contexto, o elemento essencial para identificar o processo também não é o contraditório. Este é, de fato, de extrema e inquestionável importância, repetimos. Mas, eventualmente, pode ser afastado se houver um argumento mais forte, e, ainda assim, existir processo.

2.2. Processo como método argumentativo de resolução das controvérsias

Se o contraditório, a exemplo do que ocorreu com a relação jurídica, também não é a característica fundamental do processo – em que pese sua inquestionável importância –, resta indagar qual é a propriedade que define a sua natureza. Entendemos que a característica fundamental do processo não é a dialética, mas sua estrutura argumentativa, que demonstra ser o processo apenas um método de argumentação[132] em que se busca resolver o conflito de interesses entre as partes. A idéia de contraditório, que advém da dialética, assegura a garantia constitucional de participação das pessoas no processo, com o escopo de que *elas possam influir no resultado*[133]. As partes podem influir na formação da decisão, aduzindo *argumentos* a favor ou contra o acolhimento do pedido. Se o juiz julga improcedente o pedido sem ouvir o réu,

---

regras formais do processo" (cf. Garantia do contraditório, *in Garantias constitucionais do processo civil*, São Paulo: RT, 1999, p.137)

132   Teresa Arruda Alvim Wambier reconhece que o *raciocínio jurídico* tem natureza argumentativa, embora negue que esta seja exclusivamente a sua estrutura. Assim: "De fato, o raciocínio jurídico é predominantemente retórico-argumentativo, embora não exclusivamente. É argumentativo, na medida em que, através dele, se busca convencer ou persuadir um auditório. Mas não se reduz a uma mera técnica ou arte de conquistar o *assentimento* de um *auditório*, mas é, também, um meio de demonstrar que a tese que se sustenta é verdadeira, e, sob este aspecto, se pode dizer que é demonstrativo. E interessante é que a aprovação deste *auditório* é, justamente, o principal critério de verdade" (cf. *Controle das decisões judiciais por meio de recursos de estrito direito e de ação rescisória*, São Paulo: RT, 2002,p. 48). Não discordamos desse entendimento. Mas sustentamos que a natureza argumentativa não é apenas do raciocínio jurídico, mas caracteriza o próprio método estatal que se propõe a resolver as controvérsias. Ou seja, a argumentação é um elemento essencial para definir o processo.

133   Bedaque, cf. *Efetividade...*, p. 472.

simplesmente refuta os argumentos do autor com base em razões que dispensam a formação do contraditório. Em outras palavras, o juiz entende desnecessário conhecer os argumentos do réu, pois os argumentos do autor não são suficientes para justificar o acolhimento do pedido.

O mesmo ocorre quando a falta de um pressuposto processual é ignorada, em favor de uma sentença de mérito que rejeita o pedido autoral. Neste caso, afasta-se um argumento de extinção do processo, por reconhecer maior força persuasiva a um argumento de mérito. O argumento substancial prevalece sobre o argumento de que a relação jurídica é inexistente ou inválida. Novamente, a estrutura argumentativa se apresenta.

Repetimos que não se pretende, aqui, afastar a exigência do contraditório ou negar completamente a existência de relação jurídica processual entre quem efetivamente participa do processo. O que buscamos é identificar a natureza do fenômeno processual, para explicar um processo válido e eficaz nas hipóteses de inexistência (a) de contraditório ou (b) de relação jurídica processual. Lembramos que não haverá relação jurídica no caso de (b.1) inexistência de citação ou participação do réu (relação bilateral), ou ainda (b.2) na hipótese de sentença de mérito na ausência de um pressuposto da relação processual.

Em verdade, a estrutura dialética identificada por Fazzalari é um elemento de grande importância para compreendermos o processo. Dialética pressupõe diálogo e, portanto, contraditório[134]. Difere da retórica[135], apesar

---

134   Com diversas referências em nota de rodapé relacionando a dialética e o contraditório, inclusive com citação a Comoglio e Giuliani, Elio Fazzalari afirma que: "Occorre qualche cosa di più e di diverso; qualche cosa che l'osservazione degli archetipi del processo consente di cogliere. Ed è la struttura dialettica del procedimento, cioè appunto, il *contraddittorio.*" (*Istituzioni...*, p. 82-83).

135   Dialética e retórica, juntamente com a gramática, integram o *trivium*, que formava originariamente as *artes liberais*. **Dialética**, do grego διαλεκτική, é o confronto de argumentos (teses) e contra-argumentos (antíteses) resultando em uma síntese das asserções opostas, ou, no mínimo, em uma transformação qualitativa no sentido do diálogo. A dialética, assim, consistia no teste e na descoberta de um novo conhecimento através de um método de questionamento. **Retórica**, do grego ρήτωρ (rhêtôr, "orador"), por sua vez, consistia na persuasão de entidades públicas ou políticas, como assembléias ou cortes de justiça. Ou seja, sua característica reside em sua função de persuasão através de um sistema simbólico, como a linguagem. Nessa medida, enquanto a dialética busca a verdade em um contexto teórico, a retórica é utilizada em um contexto prático em uma assembléia deliberativa (sustentando um curso de ação mais adequado) ou em uma corte de justiça (advogando a inocência ou culpa de um acusado). Convém observar que, para Aristóteles, a retórica é a "antistrophe" da dialética, isto é, a retórica tem uma aplicação paralela mas diferente da dialética. Claude Pavur (*in Nietzsche Humanist*, Milwaukee, Marquette University Press, 1998, p. 129) esclarece que "[t]he Greek prefix 'anti' does not merely designate opposition, but it can also mean 'in place of.'" Assim sendo, quando Aristóteles afirma que a retórica é a antístrophe da dialética, ele pretende que a retórica seja usada no lugar da dialética sempre que o debate envolver questões cívicas em uma corte de justiça ou em uma assembléia legislativa. Em outras palavras, "The domain of rhetoric is civic affairs and practical decision making in civic affairs, not theoretical

de a ela estar diretamente vinculada. A argumentação, por seu turno, é um método de verificação da validade do raciocínio, e independe de um diálogo ou de confrontação de um argumento com um contra-argumento. Atualmente[136], a argumentação volta-se ao convencimento – ou persuasão – do destinatário dos argumentos, ou seja, do auditório. Em resumo, na argumentação, o contraditório não é imprescindível, embora recomendável. Teoricamente, é possível, em uma argumentação, verificar a correção do raciocínio sem a formação do contraditório, isto é, sem um contra-argumento. Mas não é possível imaginar a dialética sem a antítese, pois a síntese depende da colisão de argumentos (tese e antítese). A argumentação retórica – pelo menos nas concepções mais atuais – preocupa-se com a adesão do auditório ao discurso, sendo possível admitirmos um convencimento formado sem o contra-argumento.

Uma demonstração clara dessa afirmação obtemos na razão para reconhecermos a validade do processo, mesmo quando não for observado o contraditório. O contraditório é, por si só, um argumento. Na hipótese de se reconhecer a validade do processo sem contraditório, existiu um argumento com força de persuasão superior ao argumento de necessidade do contraditório, como, por exemplo, o argumento do resultado favorável a quem ficou privado de influir na decisão. Se não houver um argumento com peso suficiente para afastar o contraditório – o que normalmente acontece – então todo processo será nulo ou inexistente, se não for concedida a oportunidade de a parte influir no resultado.

Diante do quadro até aqui desenvolvido, a natureza argumentativa do processo fica claramente demonstrada. Processo sem contraditório pode haver, mas se o método de solução das controvérsias não pretender indicar qual argumento prevalece, então esse método não será processo[137]. Assim, não há processo sem argumentação. Ou seja, sem justificação – material ou formal – da conclusão ou dos atos processuais. Não podemos esquecer que um ato processual é o fundamento (justificação) de validade do

---

considerations of operational definitions of terms and clarification of thought -- these, for him, are in the domain of dialectic" (verbete em http://www.wikipedia.com). A **Argumentação**, no contexto da lógica, é uma prova de correção formal do raciocínio: "argumentation is concerned primarily with reaching conclusions through logical reasoning based on certain premises" (wikipedia). No seu sentido retórico atual, substitui as premissas certas ou verdadeiras por verossímeis ou prováveis, e está voltada – tal como na retórica – à persuasão do auditório.

136 A argumentação *lógica* se preocupa com a validade do raciocínio, independentemente do auditório, enquanto a argumentação *retórica* aproxima-se do escopo da dialética, porém sem a pretensão de descobrir a verdade e sem a exigência do diálogo (contraditório).

137 As formas atípicas de sentenças sem fundamentação (homologatória de acordo, de reconhecimento da procedência do pedido *etc.*) somente são válidas porque existe um argumento para dispensar a fundamentação. Segundo afirma Alexy, todos precisam justificar suas ações, exceto se houver um argumento que justifique não justificá-las.

procedimento. Ou seja, o processo será adequado se estiver justificado pelos atos processuais praticados no procedimento. Enquanto o procedimento é uma simples seqüência de atos, o processo justifica-se pelos atos (necessários, adequados e razoáveis), que, por força das garantias constitucionais, outorgam legitimidade à atuação judicial.

Conforme podemos facilmente verificar, o direito processual é o campo onde a argumentação jurídica naturalmente se desenvolve. Geralmente, princípios básicos do direito processual são princípios estruturados para uma argumentação jurídica.

Robert Alexy[138] estabelece diversas regras para a argumentação racional prática geral e – desenvolvendo a tese do caso especial –, também para a argumentação jurídica. Se observarmos com atenção, constataremos que todas as regras da argumentação propostas pelo professor de Kiel têm pertinência com o direito processual[139]. Exemplificando, a regra *"nenhum orador pode se contradizer"* pode ocorrer na denominada preclusão lógica ou até na contradição performativa decorrente da afirmação do próprio mérito[140]; a regra *"qualquer pessoa pode participar de um discurso"*[141] está expressa no contraditório e na ampla defesa, e assim por diante. Logo, a técnica processual tem por função estabelecer as regras necessárias para ordenar o desenvolvimento da argumentação no processo. Com essa visão, a característica fundamental do processo desloca-se da estrutura dialética para a argumentativa.

Mas não é apenas essa a característica que destaca o processo. Outra nota essencial para definir o fenômeno "processo" é o seu escopo de realização do direito material. Incluir na natureza jurídica do processo o seu escopo de compor a lide, permite revelar sua verdadeira função: a de simples instrumento de solução dos conflitos de interesses. Permite, ainda, justificar

---

138   Cf. Teoría de La Argumentación Jurídica. Tradução de Manuel Atienza e Isabel Espejo. Madri: Centro de Estudios Constitucionales, 1997, pp. 185 ss.

139   Ao menos em uma argumentação procedimental, como proposta por Alexy (cf. *Teoría...*, pp. 185 ss. Observem que Alexy, diferentemente de Perelman, sustenta que o resultado da argumentação depende, apenas, da observância de regras formais.

140   Marinoni (cf. *Tutela Antecipatória...*, p. 47) traz um interessante exemplo desse argumento, baseado nas lições de Giuliano Scarselli (cf. *La condanna com riserva*, p. 439). O ilustre professor da Universidade Federal do Paraná esclarece que: "nada impede que o réu conteste os fatos constitutivos e ainda alegue um fato extintivo, modificativo ou impeditivo, mediante uma exceção substancial indireta. Entretanto, a contestação do fato constitutivo pode não se conciliar com a exceção. Assim, por exemplo, **na hipótese em que o réu nega ter recebido a mercadoria e ainda assim alega que a mercadoria apresentava vícios"** (o destaque não consta no original). O exemplo é bastante preciso para ilustrar a incoerência da argumentação utilizada, o que viola a racionalidade do discurso.

141   Naturalmente a participação de "qualquer" pessoa está condicionada à sua pertinência subjetiva com a relação substancial ou à legitimação extraordinária reconhecida por lei. Ou seja, à justificação (existência de argumento favorável) à sua participação no processo.

o afastamento de uma regra processual quando não for necessária ou adequada para a realização dos seus escopos. Em outras palavras, permite compreendermos o processo na sua concepção instrumentalista plena. O perigo de não incluirmos o escopo de realização do direito material, na definição da natureza jurídica, é o de transformar o processo em um fim em si mesmo, já que não buscaria outra coisa a não ser o método pelo qual se desenvolve. Portanto, a definição de processo deve também destacar a sua característica finalística de mero instrumento.

Torna-se imprescindível observar que Bedaque sustenta – buscando afastar qualquer interpretação que justifique o formalismo – que o processo é simplesmente um "método estatal de solução das controvérsias"[142]. Esta definição é bastante elucidativa e deve ser prestigiada. Primeiro, porque ao tratar o processo como "método estatal", reconhece um procedimento desenvolvido mediante a técnica processual escolhida pelo legislador, como sendo a mais adequada. Por fim, quando diz que o método visa à "solução das controvérsias", permite compreender o processo por intermédio de seu escopo, autorizando a revisão do formalismo e a preponderância do direito material sobre o processual. Este é o escopo final do processo: a realização do direito material. Portanto, a definição feita pelo Professor Titular do Largo de São Francisco demonstra as características principais para compreendermos o fenômeno jurídico chamado *processo*.

Embora a definição seja suficiente para demonstrar a essência do processo (técnica acrescida do escopo), entendemos ser possível especificar um pouco mais a sua natureza jurídica. Essa extensão sugerida permite apenas ampliar a compreensão do instituto, mas não contraria o pensamento originário de Bedaque, senão apenas o complementa.

Assim, compreendemos o processo como "método estatal *de argumentação, visando ao resultado justo* na solução das controvérsias". Ao destacar que o método é "argumentativo" (lógico ou retórico), e não necessariamente "dialético", aponta-se a característica fundamental do processo, que o distingue dos demais métodos jurídicos. Invocando-se o "resultado justo", permite-se compreender o processo através de seu escopo, não apenas de composição do conflito de interesses, mas de resolução da controvérsia com o resultado mais justo possível, com maior grau de utilidade[143]. Uma sentença que extingue o processo sem resolução do mérito

---

142   Em sua tese, Bedaque sustenta que "A concepção de *processo* como relação jurídica acaba servindo como justificativa para o formalismo. Tratemo-lo como simples procedimento, previsto em lei, para possibilitar a solução da crise de direito material pela função jurisdicional do Estado. Por isso tem-se insistido na expressão "método estatal de solução de controvérsias". É possível que essa visão do fenômeno facilite a revisão do formalismo, restabelecendo seu verdadeiro papel no sistema processual" (cf. *Efetividade...*, p. 187).
143   Essa exigência de uma tutela justa não escapou a Bedaque que, ao tratar do acesso ao Poder Judiciário, ressalta a necessidade do instrumento de assegurá-la: "Para correta compreensão dessa idéia, necessário destacar seu verdadeiro alcance, que não está limitado a

pode solucionar a controvérsia judicial, mas não pacificou definitivamente o conflito substancial entre as partes. Assim sendo, a definição que propomos mantém a concepção sugerida por Bedaque e destaca, ainda mais, as duas características fundamentais do processo, o método argumentativo e o escopo de maior resultado na solução dos conflitos, permitindo justificar o desprezo de regras processuais desnecessárias ou inadequadas, em favor do direito material e da própria justiça.

2.2.1. Argumentação no processo e controle dos resultados esperados

Com base no esboço até aqui traçado, resta indagar como se desenvolve a justificação das decisões, para que possamos confirmar a utilidade prática da argumentação no processo e na fixação dos limites da instrumentalidade e do direito processual de resultados justos.

A justificação das normas e das decisões jurídicas é um dos problemas de maior relevo para a Ciência do Direito – sendo objeto específico de estudo na Ciência Processual há vários anos antes de despertar o interesse dos demais ramos do direito –, e subdivide-se em dois aspectos: a produção das normas e a aplicação destas ao caso concreto. A justificação de uma proposição está relacionada a uma teoria sobre o raciocínio jurídico, que envolve, além da interpretação, a argumentação e a ponderação como métodos para se formar uma decisão.

No direito processual, é necessário examinar as razões que justificam a decisão. A fundamentação das decisões é um imperativo legal (arts. 131 e 458, II, do CPC) e até mesmo constitucional (art. 93, IX e X, da CF/88). Nessa linha de raciocínio, a fundamentação exigida pelo ordenamento jurídico é a justificação *externa* da decisão, dando a conhecer as razões de decidir e permitindo um controle do ato decisório, e não uma *interna* ou psicológica do juiz. A motivação da decisão não é senão a indicação do argumento que justifica o acolhimento ou a rejeição do pedido. Exige-se a declaração do argumento considerado vitorioso, para permitir o controle da atuação do juiz[144]. Essa é a função da argumentação na ciência processual.

No que concerne à argumentação, é possível distinguir uma justificação *interna* (ou *formal*) e uma *externa* (ou *material*)[145]. A justificação

---

assegurar o acesso ao Poder Judiciário, mas à *ordem jurídica justa*" (cf. *Efetividade...*, p. 46, nota 58).

144   Michele Taruffo observa que: "Tale dimensione presuppone infatti che la motivazione sia controllabile, e quindi comprensibile, potenzialmente da tutti, poiché il suo significato fondamentale sta nell'assicurare il controllo sociale diffuso sulla fondatezza della decisione" (*Il significato costituzionale dell'obbligo di motivazione, in Participação e Processo*, coordenação Ada Pellegrini Grinover, Cândido Dinamarco e Kazuo Watanabe, São Paulo: RT, 1988, p. 50).

145   Robert Alexy, amparado em Jerzy Wrobléwski, denomina justificação interna e justificação externa, respectivamente, para a formal e a material: "En los discursos jurídicos se

formal refere-se à validade dos argumentos[146], que são estudados sob a ótica de uma lógica dedutiva ou formal. A justificação material cuida de argumentos que, em certo domínio, são aceitáveis, e são vistos por uma lógica material ou informal, incluindo-se a tópica e a retórica.

Na justificação formal, alguns compreendem a decisão judicial como a mera dedução lógica[147] operada por intermédio de um silogismo[148]. Contudo, não há consenso, na doutrina, sobre a utilização ou não do silogismo na formação da decisão judicial. Alguns autores refutam plenamente a estrutura silogística da sentença ou de outros atos decisórios[149],

---

trata de la justificación de un caso especial de proposiciones normativas, las decisiones jurídicas. Pueden distinguirse dos aspectos de la justificación: la *justificación interna* (internal justification) y la *justificación externa* (external justification). En la justificación interna se trata de ver si la decisión se sigue lógicamente de las premisas que se aducen como fundamentación; el objeto de la justificación externa es la corrección de estas premisas (Teoría de la Argumentación Jurídica. Madrid: Centro de Estudios Constitucionales, 1997, pp. 213-214). Wróblewski, por sua vez, diz que justificação interna "deals with the validity of inferences from given premisses to legal decision taken as their conclusion", e que a justificação externa "tests not only the validity of inference, but also the soundness of premisses" (cf. *Legal Decision and its Justification*, em Le raisonnement Juridique, Actas del Cogreso mundial de filosofia jurídica y social, Bruxelas: ed. de H. Hubien, 1971, pp. 412). Observem que os vocábulos "interno" e "externo" são usados, no contexto sustentado por Alexy e Wrobléwski, com pertinência ao *argumento*, e não ao *juiz*. Não é *interno* ao juiz (psicológico) ou a ele *externo* (argumentos explicitamente enunciados). Trata-se de *interno* ao *argumento* (correta disposição das premissas para a validade da inferência) ou a ele *externo*, ou seja ao *argumento* (aceitação cultural da justificação).

146   Dos 64 modos de silogismo, apenas 19 são legítimos. São eles, em seus nomes mnemônicos: *Barbara, Darii, Celarent, Ferio* (1ª figura ou sub-prae); *Camestres, Baroco, Cesare, Festino* (2ª figura ou prae-prae); *Darapti, Datisi, Felapton, Ferison, Disamis, Bocardo* (3ª figura ou sub-sub), *Bamalip, Camenes, Fesapo, Fresison e Dimatis* (4ª figura ou prae-sub). Observem que os modos da 2ª, 3ª e 4ª figuras podem ser reduzidos à 1ª figura (Alaôr Caffé Alves, Lógica..., p. 276).

147   Encontramos em Laband a seguinte assertiva: "*Die rechtliche Entscheidung besteht in der Subsumtion eines gegebenen Tatbestandes unter das geltende Recht, sie ist wie jeder logische schluß vom Willen unalbhängig; es besteht keine Freiheit der Entschließung, ob die Golgerung eintreten soll oder nicht*". Em tradução livre: "A decisão judicial consiste na subsunção de um dado caso a uma lei válida; ela é independente da vontade, como qualquer outra conclusão lógica; não há liberdade da resolução se a conseqüência deve ocorrer ou não" (cf. *Staatsrecht des Deutschen Reiches*. I, 5. Aufl., Tüb., 1911, p. 178, citado por Massimo la Torre, *Theories of Legal Argumentation and Concepts of Law. An Approximation*. Ratio Juris 15, Oxford: Blackwell Publishing, 2002, p. 377-402).

148   Alaôr Caffé Alves define silogismo como "uma forma de argumentação **dedutiva**, pela qual de um **antecedente** (duas premissas), relacionando **dois termos** (extremos) a um **terceiro** (o médio), tiramos um **conseqüente** (conclusão) que **une** esses termos (extremos) entre si. **A argumentação é a disposição correta de premissas para uma conclusão** (*in Lógica. Pensamento Formal e Argumentação.* São Paulo: EDIPRO, 2000, p. 264 – o destaque consta no original).

149   Tereza Arruda Alvim Pinto: "A crítica ao esquema silogístico, em nosso sentir, deve situar-se quer a nível ontológico, quer a nível deontológico. Nesta linha, nós diríamos que a sentença *não é, nem deve ser* um silogismo. Que a sentença não é um silogismo tem sido afirmado pelos maiores expoentes da escola realista, tanto americana quanto escandinava. (...) Quase

enquanto outros a defendem[150]. Como fundamento das críticas[151], costuma-se dizer que o silogismo permite apenas que o positivismo prevaleça, com decisões fundadas somente na lei. Outra crítica reside na afirmação de que o juiz primeiro forma o convencimento, para depois escolher as premissas que justificariam a conclusão. Contudo, não vemos, nas críticas, razões suficientes para rejeitar o silogismo[152]. Em verdade, concordamos que uma base teórica

---

todos os autores que tratam da sentença no Direito brasileiro, embora raramente se alonguem sobre o assunto, sustentam, ainda que de passagem, que a sentença não se confunde com silogismo, e que é ato de *inteligência* e de *vontade* " (cf. *Nulidades da Sentença,* 2ª ed., São Paulo: RT, 1990, pp. 143-144). Para Tércio Sampaio Ferraz Jr., o julgador "tende a construir o silogismo jurídico às avessas, criando, intuitivamente, a conclusão a que deve chegar e buscando, regressivamente, para ela, as justificações necessárias " (cf. *A Ciência do Direito*, São Paulo: Atlas, 1977, p. 92).

150   Após ressalvar a formulação mental da decisão pelo juiz, Dinamarco reconhece que a sentença apresenta-se como um silogismo: "A necessária coordenação entre os elementos estruturais da sentença sugeriu à doutrina a fascinante idéia de um *silogismo*, em que (a) a *premissa-maior* reside na norma de direito aceita como pertinente, (b) a *premissa-menor* está nos fatos reconhecidos pelo juiz como ocorridos e (c) a *conclusão* consiste no preceito estabelecido na parte dispositiva. Isso não significa que, no momento em que compõe a sentença, o juiz percorra consciente e racionalmente esse *iter*. A afirmação da *sentença como silogismo* foi muito combatida e perdeu prestígio, porque na realidade o juiz antes *intui* a decisão a tomar, formulando mentalmente sua hipótese de julgamento, para só depois *racionalizar* as intuições, em busca de confirmação na prova e nos conceitos jurídicos. *Depois de redigida*, porém, a sentença apresenta-se realmente como um silogismo e como tal deve guardar coerência lógica entre seus elementos constitutivos, sendo imperfeita quando a decisão da causa não corresponder aos fundamentos adotados na motivação; como em todo silogismo, a conclusão não será legítima se não tiver apoio nas premissas assumidas como corretas (Dinamarco, Instituições de Direito Processual Civil, vol. III, Malheiros: São Paulo, 2004, pp. 658-659). Bedaque fala que "o resultado depende da conclusão a que chegar o julgador sobre a subsunção da situação da vida descrita na inicial à norma de direito material" (cf. *Efetividade*..., pp. 230-231). Trata-se explicitamente de uma operação silogística. Teresa Arruda Alvim Wambier, revendo seu entendimento anterior (vide nota 124), assevera: 'Em casos assim [casos oponíveis aos *hard cases*], nada obsta que o juiz, ao decidir, se sirva com proveito do método silogístico, operando-se a subsunção em seu sentido mais tradicional" (cf. *Controle das Decisões Judiciais por meio de Recursos de Estrito Direito e de Ação Rescisória,* São Paulo: RT, 2002, p. 44).

151   Dentre os críticos, encontramos Bacon, Descartes e Stuart Mill. No presente trabalho, destacamos apenas as críticas pertinentes ao direito processual. Não analisaremos as críticas sob o aspecto formal da construção do silogismo, ou do ponto de vista de seu objetivo, apesar de entendermos passíveis de superação, se utilizarmos as lógicas deviantes (não-clássicas).

152   Entendo que a essência do problema envolvendo a aplicação do silogismo no direito encontra-se principalmente na formação da premissa maior (sem menosprezar o problema da subsunção). Se se admitir apenas regras (lei) na premissa maior, teremos, como resultado, uma dogmática positivista; se se admitir princípios e valores, alés das regras, manteremos a mesma estrutura do raciocínio (silogismo ou entimema), porque esta é a forma do argumento, mas não se estará reduzindo o raciocínio a uma abordagem meramente positivista. A inexistência da indicação de todas as premissas no raciocínio não pode ser considerada como óbice. Conforme demonstrou Peczenik (*On Law*..., pp. 144 ss.), o raciocínio entimemático será dedutivamente perfeito, se acrescentarmos a premissa inexistente. Por fim,

construída apenas com supedâneo nas regras legais, relega a dogmática a um resultado prático empobrecido. A razão prática permite resultados mais satisfatórios, pois não limita completamente a justificação de uma norma. Porém, se incluirmos regras de valor e princípios da razão prática na premissa maior, a conclusão obtida não será mais positivista, e a estrutura do silogismo, como argumento, permanece. Em um cálculo lógico, o argumento sempre é desenvolvido como um silogismo. Do ponto de vista da retórica – que é o que nos interessa no presente trabalho –, o argumento também pode ser elaborado na forma de um silogismo[153]. Se lhe faltar alguma premissa, então estaremos diante de um entimema[154]. A utilização de entimemas como argumentos é bastante comum no domínio jurídico, não obstante entendermos não possa haver entimema com a omissão dos fatos substanciais. Essa assertiva é particularmente importante na hipótese de precedentes vinculantes. Esses precisam ser declarados, pois o juiz não elabora norma abstrata. O juiz julga um caso concreto, e precisa, necessariamente, indicar os fatos relevantes (*substantive facts*). De qualquer modo, um argumento mantém a estrutura formal do silogismo[155].

---

a afirmação de que o julgador primeiro chega à conclusão, para depois construir as premissas, pode ser relevante para explicar o caráter psicológico da decisão, como defendia Bierling (ver, a respeito, Karl Larenz, *Metodologia*..., pp. 44 ss.), ou para demonstrar as verdadeiras razões de uma justifição interna, como demonstra Óscar Correas (cf. *Crítica da Ideologia Jurídica. Ensaio Sócio-Semiológico*. Porto Alegre: Sérgio Antonio Fabris Editor, 1995). Mas não é relevante para aceitar a própria justificação (fundamentação) da decisão. No controle da decisão judicial, a conclusão decorre, sim, das premissas. Tanto é verdade que, se uma premissa da decisão for afastada pelo Tribunal, a conseqüência será diversa, mesmo que, psicologicamente, a "vontade" do juiz, expressada na decisão recorrida, seja outra. No controle da decisão, não se examina a "vontade" – muito embora esta exista –, mas as razões que a justificaram. O que se verifica são as razões declaradas na decisão, e não as razões subjacentes e internas. O Tribunal não pode declarar: "os fundamentos usados são inaplicáveis, no presente caso, mas mantenho a decisão pelas razões *subjacentes*" (sic).

153 É o que Chaïm Perelman denomina de argumento quase-lógico (cf. *Tratado da Argumentação. A Nova Retórica*. São Paulo: Martins Fontes, 1996. pp. 219 ss.). Tércio Sampaio Ferraz Jr refere-se a ele como argumento silogístico (*Introdução ao Estudo do Direito. Técnica, Decisão, Dominação*. São Paulo: Editora Atlas, 1988. p. 343).

154 João Maurício Adeodato esclarece, com muita propriedade, a utilização do entimema no direito (cf. *Ética e Retórica. Para uma teoria da dogmática jurídica*. São Paulo: Saraiva, 2002, p. 261 ss.). Alexander Peczenik sustenta que haverá dedução (no sentido da lógica clássica), se a premissa faltante ao entimema for acrescentada (*On Law*..., p. 144 ss.). Alexy sustenta que as regras são aplicadas por intermédio do silogismo, enquanto os princípios são ponderados por um método matemático ou geométrico (cf. *On Balancing and Subsumption. A Structural Comparison*. In Ratio Juris, vol. 16, n.4, Oxford: Blackwell Publishing, 2003, pp. 433-449).

155 É comum encontrarmos, no discurso jurídico, raciocínios incorretos em sua forma ou em seu conteúdo, que são as falácias. Às vezes, as falácias são cometidas involuntariamente, e são chamadas "paralogismos" ou "equívocos". Quando cometidas voluntariamente, são denominadas "sofismas", buscando iludir o interlocutor com um argumento formal ou materialmente incorreto, com aparência de verdade.

Por sua vez, a constatação de que o juiz chega primeiro à conclusão para depois buscar as premissas que a justificam reflete o caráter psicológico da decisão, que não é exposto na sentença e não se sujeita ao controle. O controle da decisão é feito com base nas razões e nos argumentos declarados, e não em razões subjacentes e internas do julgador. Antes da decisão uniformizadora da Corte Especial, no EResp 492461/MG, de 17.11.2004, o STJ entendia que o recurso interposto antes de publicada a decisão recorrida era intempestivo[156]. Esse entendimento era embasado em precedentes do STF (AG n° 187448-1/SP e AGAED n° 242842/SP, Rel. Min. Maurício Corrêa). Imaginemos – por exercício retórico – que as razões subjacentes para não conhecer do recurso interposto antes da publicação fossem outras, como, *v.g.*, a quantidade excessiva de recursos. Nesse caso, não se examina se as razões subjacentes e não declaradas são ou não legítimas. O que se examina são apenas as razões que constam na decisão, ou seja, que o recurso apresentado antes do início do prazo é extemporâneo[157] porque a parte não poderia praticar o ato antes de instada. Lembramos da época em que a sociedade conjugal de fato não era reconhecida, pelo direito material, como entidade familiar. Juízes de todo o país reconheciam, então, uma sociedade *civil* e, decretando sua dissolução, determinavam a divisão patrimonial[158]. Esse era um subterfúgio, um pretexto para ocultar a verdadeira razão que justificava a procedência do pedido: a existência de uma sociedade conjugal formada sem casamento. Outrossim, o controle continuava sendo exercido sobre as razões declaradas.

Nessa medida, entendemos adequada a utilização do silogismo na

---

156   Atualmente, o STJ modificou seu entendimento para considerar tempestivo o recurso interposto antes da publicação. Optamos por manter o exemplo, pois é adequado para ilustrar o raciocínio.

157   O Ministro José Delgado – demonstrando não existir nenhuma razão oculta, e que a verdadeira razão era a declarada – rendeu-se ao entendimento da Corte Especial, porém destacou, no EAg 522249/RS, que: "1. A extemporaneidade de um recurso não se caracteriza apenas por sua interposição após o término do prazo recursal, mas, também, pela apresentação em data anterior à efetiva intimação das partes interessadas a respeito do teor da decisão a ser combatida. 2. A publicação da decisão que se pretende recorrer é ato indispensável para ensejar e justificar a interposição de novo recurso, sendo intempestivo o recurso manejado antes da publicação das conclusões do aresto no Diário da Justiça (STF, AG n° 187448-1/SP e AGAED n° 242842/SP, Rel. Min. Maurício Corrêa). Precedentes de todas as Turmas e da Corte Especial deste Tribunal Superior. Entendimento deste Relator com base em precedentes desta Casa Julgadora".

158   Sempre reconhecemos, nos processos em que atuamos, a existência de uma verdadeira sociedade conjugal, jamais uma civil. O *animus societatis* não é, e nunca foi, a acumulação de capital. O *animus* na formação da sociedade de fato era, e ainda é, constituir família, com respeito mútuo, afeto e companheirismo entre os cônjuges, assim como as demais características do casamento. Assim, sempre externamos expressamente as verdadeiras razões que formavam nosso convencimento, para permitir o real controle do ato decisório. Recordamos que esse entendimento tem reflexo direto na fixação da competência entre vara cível e vara de família.

ciência processual, como explicitação de relações lógicas, principalmente se considerarmos que o silogismo argumentativo não busca verdades rigorosas, mas conclusões argumentativas prováveis, em razão de zonas de penumbra relativamente extensas.

Na justificação material, busca-se construir o argumento com premissas fundadas em valores, princípios e finalidades, para que o resultado do raciocínio seja aceitável do ponto de vista da moral e da justiça. A Ciência do Direito, insatisfeita com os resultados de uma teoria apenas formal das normas – não com a formulação da teoria em si, mas apenas com a inexistência de justificação do conteúdo da norma jurídica, o que acarreta resultados práticos inaceitáveis –, tem buscado outras perspectivas como solução para o problema. Surgiu, assim, a justificação[159] por intermédio da tópica e da retórica, também com base em um modelo argumentativo[160]. Essa ruptura do paradigma decorre, principalmente, dos problemas de decidibilidade pertinentes ao conteúdo da norma jurídica, e tem por escopo a justificação dos argumentos e, em conseqüência, solucionar questões de produção e de aplicação das normas[161].

Nas abordagens de alguns dos autores citados, a argumentação não se limita ao aspecto formal de validade do raciocínio (justificação formal ou

---

159   Destacando a importância metodológica que a argumentação (justificação) hoje desempenha no domínio jurídico, Alexy faz as seguintes citações: "Não é só Viehweg que acha necessário elaborar "uma teoria da argumentação jurídica como retórica inteiramente desenvolvida e autalizada". Hassemer fala da necessidade de uma teoria da argumentação jurídica como "um dos mais urgentes desejos da ciência jurídica". Rottleuthner defende a opinião de que "como disciplina normativa, a ciência jurídica (deve ser entendida)... como uma teoria da argumentação". Rödig assinala que "os juízes (não são capazes) de decidir... somente com base na capacidade de tirar logicamente conclusões válidas." Eles têm de também entender como argumentar racionalmente em áreas nas quais as condições prévias de provas lógicas não existem. (...) Esser e Kriele em especial advogam a possibilidade da argumentação jurídica racional relevante." (*in Teoria...,* p. 33).   Assim, Alexy procura demonstrar, por intermédio de um argumento *ab auctoritate*, a necessidade da argumentação para a metodologia jurídica.

160   Podemos facilmente constatar que, muito antes do desenvolvimento da argumentação como disciplina autônoma da Ciência do Direito, a Ciência Processual já utilizava a argumentação para justificar e legitimar as decisões judiciais, mesmo sem destacar explicitamente o método argumentativo.

161   Apesar da existência de trabalhos anteriores, o marco inicial dessa mudança de paradigma na Ciência do Direito situa-se na década de 50, com a redescoberta do pensamento tópico em 1953 por Viehweg (cf. *Tópica e Jurisprudencia,* cit.), e em 1958 com a argumentação retórica de Perelman (cf. *Tratado da Argumentação,* cit.), e com a argumentação informal de Toulmin (cf. *The Uses of Argument,* cit.). Nos últimos anos, diversas teorias surgiram, voltadas especificamente para a argumentação jurídica, das quais poderíamos destacar, dentre outras, a de Robert Alexy (cf. *Teoria...*) e a de Neil McCormick (cf. *Legal Reasoning*), ambas de 1978. A referência a apenas estes autores não pretende limitar ou retirar a importância dos demais pesquisadores, que produziram estudos na área tão importantes quanto os citados. O propósito foi, apenas, o de destacar pensamentos com conteúdos substancialmente diversos, que receberam grande destaque nos recentes trabalhos de investigação científica.

interna ao argumento), mas estende-se à correção das premissas e da conclusão (justificação material ou externa ao argumento).

2.2.2. Controle da decisão por intermédio da argumentação

O ordenamento jurídico possui uma *estrutura escalonada de normas*[162] que atribui, a cada nível normativo, um momento adequado para a verificação dos argumentos favoráveis ou contrários à formação da respectiva norma. A elaboração da Constituição, por exemplo, demanda a discussão dos argumentos pelos membros de uma Assembléia Constituinte, no decorrer do processo legislativo. Do mesmo modo, a elaboração de uma lei infraconstitucional (norma abstrata) pressupõe o debate dos parlamentares, que aduzirão argumentos contrários ou favoráveis à aprovação do respectivo projeto de lei. Já na produção de uma decisão judicial (norma concreta), a argumentação ocorre como uma etapa obrigatória do próprio *iter* processual[163]. Ou seja, a observância das regras processuais, ouvindo-se os argumentos de todas as partes no conflito de interesses, é também elemento de legitimação da decisão[164].

A argumentação usada para a produção das normas gerais (Constituição e leis) não sofre delimitação quanto a justificação das normas referidas. É possível construir qualquer tipo de argumento – ético, moral, religioso, político *etc.* – para conseguir a adesão dos parlamentares. A constitucionalidade da lei estabelece, apenas, um limite para a argumentação. Contudo, na produção das normas concretas (sentenças e decisões judiciais), a argumentação está delimitada, por exemplo, pela *causa petendi* ou pela *causa*

---

162   O modelo de estrutura escalonada de normas advém da teoria desenvolvida por Hans Kelsen (*Allgemeine Theorie der Normen*. Manzsche Verlag- und Universitätsbuchhandlung, Wien: 1979). Essa teoria reconhece que apenas uma norma pode ser o fundamento de validade de outra norma. Assim, a estrutura escalonada é formada por níveis distintos, ocupados, respectivamente, pela Norma Fundamental (*Grundnorm*), Constituição, normas abstratas (leis), normas concretas (sentenças, contratos e atos administrativos) e, por fim, os atos concretos de realização do direito.

163   A afirmação incide, precipuamente, nas normas concretas formadas pelo Estado (sentenças e decisões administrativas), por imperativo legal e constitucional. No que tange às normas concretas formadas por particulares (contratos), a justificação não é etapa obrigatória para a validade do ato.

164   Nesse ponto, uma explicação torna-se necessária. Niklas Luhmann defende a legitimação pelo procedimento, enquanto Jürgen Habermas fala em legitimação pelo discurso. Entendemos que, ao menos em termos judiciais, a posição intermediária é mais coerente. Um discurso produzido sem as garantias necessárias de um processo justo e équo não pode ser considerado legítimo. Excluindo, por exemplo, a garantia do contraditório, uma parte seria privada até mesmo de influir no resultado. Por sua vez, um processo – ou procedimento – cujo resultado seja manifestamente inadmissível, do ponto de vista discursivo, também não pode legitimar o ato processual. Parece-nos que um ato jurisdicional se legitima pelo discurso *e* pelo processo.

excipiendi[165]. Há, também, outras delimitações de ordem formal, que vinculam ou excluem alguns argumentos do discurso jurídico, como os pressupostos processuais. Podemos verificar, então, dois níveis de argumentação: um *processual*, com regras sobre o desenvolvimento da argumentação (por exemplo, os pressupostos processuais) e um *substancial*, em que a correção e aceitação dos argumentos são examinadas, do ponto de vista dos valores culturais (resultado *justo*).

O controle da decisão é feito no desenvolvimento do próprio processo, considerando sua natureza, ou seja, através de um método formal de argumentação (método ditado pela técnica processual) e da justificação material da decisão (resultado justo na solução das controvérsias).

Para atingir esse resultado, a argumentação deve ser efetiva, e não aparente. O juiz deve relacionar a decisão com os fundamentos que a motivaram. Não deve, jamais, utilizar uma pseudo-justificação. Não basta citar doutrina ou jurisprudência que nada tem de comum com o caso. Também não é suficiente para fundamentar uma decisão, a referência abstrata e geral, sem pertinência com a questão. O juiz que utiliza esse artifício, comete o grave equívoco de decidir sem fundamentar. Sua decisão é nula, para não dizer arbitrária, pois destituída de razões. Vejamos um exemplo concreto, que serve para ilustrar melhor o desenvolvimento teórico da afirmação. Na qualidade de relator, apreciamos, em agravo por instrumento, uma decisão interlocutória com vinte e oito laudas. Não obstante sua extensão, a decisão foi anulada por absoluta falta de fundamentação. O juiz limitou-se a transcrever doutrina e a conceituar "prova inequívoca" ou "verossimilhança da alegação". Fez um verdadeiro tratado sobre a cognição sumária e a probabilidade, transcrevendo os mais renomados autores. Porém, não apontou qual alegação *concreta* era verossímil, e qual prova efetivamente juntada aos autos era suficiente para corroborar a tutela de urgência. Não descreveu nenhum ato concreto da lide. Pareceu-nos

---

165   Observem que se trata de uma limitação processual. Não obstante, essa limitação não atinge toda a *causa petendi*, pois os fundamentos de fato podem ser conhecidos de ofício (teoria da substanciação). Ademais, entendemos que, em algumas circunstâncias, o julgador pode ultrapassar o limite imposto pela *causa petendi* ou pela *causa excipiendi*, para assegurar efetivamente o resultado do processo, ou seja, para prestar a tutela jurisdicional substancial, com a satisfação plena do direito material. Diz-se, por exemplo, que em controle abstrato de constitucionalidade, a causa de pedir é "aberta", e o STF pode modificar os fundamentos formulados pelas partes. Vejo a hipótese como um falso exemplo da presente questão. No controle abstrato, não há uma situação de fato descrita na causa de pedir, mas apenas uma hipotética situação abstrata. Portanto, a causa de pedir é formada exclusivamente pelos fundamentos jurídicos que, segundo a teoria da substanciação, pode sofrer alteração pelo julgador. Como a vinculação é, apenas, à situação de fato, e inexistindo descrição concreta da situação de fato, então o STF pode modificar à vontade os fundamentos da inicial. Logo, a ADIn e a ADC não são exemplos da assertiva que acabamos de fazer, de que o juiz poderia decidir com elementos fora da causa de pedir, flexibilizando o princípio da correlação ou da adstrição.

que a decisão era um "formulário" pronto, que serviria para qualquer processo. Entretanto, não basta um belo discurso técnico, sem a demonstração de que aquele determinado caso concreto subsume-se à previsão normativa. É preciso justificar – e bem – o porquê da adequação do caso concreto à legislação que autoriza a tutela.

Portanto, a argumentação deve ser efetiva, relacionada ao caso concreto, e não meramente abstrata.

Na mesma linha de raciocínio, cumpre destacar que a argumentação deve ser desenvolvida de modo claro, objetivo, sem floreios ou enfeites retóricos desnecessários ao convencimento. A justificação da decisão deve ser compreensível pelo homem médio. A argumentação deve ser compatível com a linguagem natural, e acessível ao entendimento do de todos, sejam advogados ou partes. O juiz pode utilizar termos técnicos, discretas expressões em latim ou em língua estrangeira. Porém, deve redigir a sentença de forma absolutamente compreensível. A falta de compreensão autorizou, até mesmo, a construção de um recurso: os embargos de declaração, que visam a clareza do julgado, afastando contradições, omissões ou obscuridades. Uma decisão absolutamente incompreensível pode até mesmo ser considerada não fundamentada. A fundamentação exigida nas decisões por imperativo constitucional tem o escopo de legitimar a decisão e permitir o controle do ato judicial. Sem as razões corretamente declaradas, não é possível controlar a correção da decisão. Os tribunais poderão, no máximo, substituir a decisão recorrida. Portanto, se a fundamentação não faz qualquer referência ao caso concreto, ou se é absolutamente incompreensível, houve uma pseudo-fundamentação, houve um arremedo de justificação que não é suficiente para legitimar a decisão. Nessa hipótese, a única solução é reconhecer a invalidade do ato judicial (inexistência, nulidade absoluta *etc.*)[166].

2.3. Argumento *versus* fundamento: a razão da pretensão

A argumentação desenvolvida pelas partes não se confunde com a fundamentação necessária para justificar uma decisão. Toda fundamentação é feita por intermédio da argumentação, mas nem toda argumentação é justificação suficiente para fundamentar a decisão. As partes podem argumentar de modo mais amplo, e, assim, incluir alguns argumentos irrelevantes para o convencimento do juiz[167]. Cumpre, então, distinguir o

---

166   Essa conclusão não impede a substituição da decisão impugnada por outra, exarada pelo órgão revisor. Mesmo na hipótese de invalidade é possível, ao órgão revisor, substituir a decisão, mantendo ou reformando a conclusão da decisão recorrida.

167   Para a exata compreensão dessa afirmação, chamamos a atenção para a doutrina do precedente vinculante *(stare decisis e non quieta movere)*. As razões que formam a base de um

mero argumento daquele que constitui o fundamento da decisão.

Os tribunais têm reconhecido, reiteradamente, que o julgador não se encontra obrigado a julgar as questões enfrentando estritamente todos os argumentos das partes. Deve proferir seu julgamento segundo seu livre convencimento motivado, na forma do artigo 131 do CPC, mesmo que as razões da decisão não coincidam – ou não enfrentem – os argumentos das partes[168].

Esse entendimento parece-nos correto, pois o julgador não se encontra vinculado aos argumentos das partes. O juiz não precisa responder a toda argumentação da parte, porque nem todo argumento justifica a decisão ou impede a justificação. Não é necessário responder, por exemplo, a um argumento fundado na crença religiosa, como a invocação de uma passagem da bíblia para justificar a conduta de um dos sujeitos processuais. O sistema jurídico é diverso do sistema religioso. São sistemas distintos. Nessa linha de raciocínio, se um magistrado não responder a um argumento que não seja pertinente à lide, sua decisão não se encontra viciada. Mas o juiz não estará vinculado, se e somente se os argumentos não guardarem relação de pertinência com a justificação da decisão. Se a crença religiosa for invocada como imperativo de consciência, e for usada como razão para se eximir de atividades essencialmente militares[169], o juiz está obrigado, sim, a analisar o argumento. Neste caso, o argumento é pertinente com a própria causa de pedir.

---

precedente, vinculando os tribunais, são denominadas de *ratio decidendi* (UK) ou *holding* (USA). Essa parte da questão (*issue*) precisa ser identificada e examinada pelo julgador. A parte da questão que não traz nenhuma pertinência com o problema é denominada de *obiter dictum*, e não exige apreciação pelo tribunal. Porém, se o *obiter dictum* for alegado pela parte para excluir a aplicação de um determinado precedente, o tribunal precisa enfrentá-la, para dizer não ser parte da *ratio decidendi*.

168   No AgREsp 721096/MG, o Ministro Francisco Falcão destacou que: "O julgador não está obrigado a discorrer sobre todos os regramentos legais ou todos os argumentos alavancados pelas partes. As proposições poderão ou não ser explicitamente dissecadas pelo magistrado, que só estará obrigado a examinar a contenda nos limites da demanda, fundamentando o seu proceder de acordo com o seu livre convencimento, baseado nos aspectos pertinentes à hipótese sub judice e com a legislação que entender aplicável ao caso concreto" (julgado 20.9.2005, DJ 28.11.2005, pp. 220). Esse entendimento encontra-se consolidado no STJ, que entende não haver violação ao art. 535 do CPC (Ministro Hélio Quaglia Barbosa, AgRg no Ag 526145/RJ, julgado 27.10.2005, DJ 21.11.2005, pp. 316).

169   Os artigos 143, § 1°, e 5°, inciso VIII, da Constituição Federal, permitem substituir a atividade essencialmente militar a todos imposta por serviços alternativos. O art. 5° não se limita ao serviço militar, e a escusa de consciência pode ser alegada em diversas situações. Já tivemos a oportunidade de examinar, por exemplo, ação movida por aluno que, por convicção religiosa, não podia frequentar aulas aos sábados, enquanto a faculdade colocava uma carga horária elevada nesse dia da semana, inclusive as avaliações. O aluno que não frequentasse as aulas aos sábados estaria automaticamente reprovado, pois não lhe era oportunizado repor as aulas ou refazer as provas. Neste exemplo, a convicção religiosa é um argumento que deve ser examinado, pois integra a causa de pedir.

Entretanto, uma indagação surge dessa assertiva. Como reconhecer se um argumento é pertinente ou não? Ou seja, como saber se o juiz está obrigado a enfrentar o argumento formulado pela parte? Se nós aceitarmos irrestritamente a assertiva feita pelos tribunais, sem qualquer delimitação de seu alcance, estaríamos outorgando ao julgador a faculdade de não justificar argumentos essenciais à decisão. Partindo desta premissa, o julgador não precisaria, por exemplo, analisar os argumentos referentes ao exame de DNA em uma investigação de paternidade, ou então não precisaria manifestar-se sobre o período legal da concepção, sobre a *exceptio plurium concubentium*, ou qualquer outro argumento invocado pela parte, cujo enfrentamento é absolutamente necessário. Poderia invocar, meramente, o seu "livre convencimento". Ora, essa ilação é inaceitável, e tampouco é o que o os tribunais pretendem afirmar. Tanto que o Ministro José Delgado procurou delimitar a liberdade decisória do juiz com a expressão *"fatos, provas, jurisprudência, aspectos pertinentes ao tema e da legislação que entender aplicável ao caso"*[170]. Contudo, ainda resta a dúvida em saber quais argumentos devem ser analisados pelo julgador.

Para solucionar a dúvida, invocamos uma decisão também do STJ, da lavra do Ministro Athos Gusmão Carneiro, que materializa, na verdade, o pensamento de Chiovenda. O Superior Tribunal de Justiça proferiu uma interessante decisão fazendo a distinção entre argumentação e razões da decisão. No julgado, o Ministro Athos Carneiro destacou que o juiz não está obrigado a responder aos argumentos da parte, mas apenas às razões da pretensão[171].

Nessa medida, os argumentos que o julgador se encontra obrigado a enfrentar são aqueles que formam a razão da pretensão, ou seja, são os fundamentos de fato e de direito que formam a *causa petendi* e a *causa excipiendi*. Logo, a fundamentação de uma decisão deve, obrigatoriamente, analisar os fatos constitutivos e os fatos lesivos[172] (causa de pedir remota) e a qualificação

---

170   O Superior Tribunal de Justiça, por exemplo, decidiu nos Edcl no AgRg no REsp 611.260/RS (Relator Ministro José Delgado, DJ 13.12.2004, p. 236) que: "(...) O não-acatamento das argumentações deduzidas no recurso não implica cerceamento de defesa. Ao julgador cumpre apreciar o tema de acordo com o que reputar atinente à lide. Não está obrigado o magistrado a julgar questão posta a seu exame de acordo com o pleiteado pelas partes, mas sim com o seu livre convencimento (art. 131 do CPC), utilizando-se dos fatos, provas, jurisprudência, aspectos pertinentes ao tema e da legislação que entender aplicável ao caso (...)".

171   O STJ reiteradamente manifesta-se nesse sentido: "AGRAVO REGIMENTAL. A Invocação desta ou daquela regra jurídica é argumento, e não razão da pretensão. A decisão deve responder às razões das pretensões – porque transformadas em questões, mas não necessariamente à argumentação das partes. 'Jura novit curia'. Recurso desprovido" (AgRg no AG 5540/MG, Relator Ministro Athos Gusmão Carneiro, 4ª Turma, DJ 11.03.1991, p. 2397).

172   A denominação pode mudar, conforme o autor. Barbosa Moreira, inspirado em Zanzucchi, fala em aspecto ativo e aspecto passivo da *causa petendi;* Nelton dos Santos descreve como fato fundante e fato contrário (A técnica de Elaboração da Sentença Civil. 2ª São Paulo:

jurídica dos fatos (causa de pedir próxima), bem como os fatos modificativos, impeditivos e extintivos do direito (*causa excipiendi*) e sua respectiva qualificação jurídica.

Estes são os argumentos essenciais que o magistrado deve analisar, pois formam a razão da pretensão. A necessidade de enfrentar os demais argumentos decorre da pertinência destes com as razões da pretensão. Por exemplo. O argumento que, em uma ação de reparação de danos, sustenta a ocorrência do fato danoso em um sábado é irrelevante para formar o convencimento do juiz. Porém, se o fato foi imputado a alguém que, por convicção religiosa, guarda o sábado e não se ausenta de sua residência, então o argumento tem correlação com a causa de pedir, e deve ser enfrentado. Logo, todo argumento que pode embasar ou então refutar a *causa petendi* ou a *causa excipiendi*, deve ser examinado pelo juiz.

O mesmo se aplica às matérias processuais. Um recurso pode ser julgado monocraticamente, com base no art. 557 do CPC[173], *mesmo que a parte indique jurisprudência contrária* de tribunal superior ou do próprio tribunal que proferiu o julgado usado como referência. As razões que justificariam uma decisão como essa podem ser as mais diversas (cancelamento da súmula, alteração do entendimento por outro já consolidado *etc*.). Entretanto, para que o julgamento monocrático esteja justificado, é necessário constar obrigatoriamente a jurisprudência divergente invocada pela parte, e o motivo pelo qual considerou que a jurisprudência estava consolidada, apesar da divergência apontada. Por exemplo. A jurisprudência do STJ já estava consolidada no sentido de que o Valor Residual Garantido – VRG, descaracterizava o contrato de arrendamento mercantil (*leasing*) para compra e venda. Sobre a matéria, havia, inclusive, o enunciado n° 263[174] da súmula do STJ. Contudo, a Segunda Seção do STJ revogou a citada súmula ao julgar os RESPs 443.143/GO e 470.632/SP e a substituiu pelo enunciado n° 293[175], em sentido contrário. Logo, ainda que a parte sustente a aplicação da súmula

Assim sendo, os argumentos que devem ser examinados são aqueles

---

Saraiva, 1997); José Rogério Cruz e Tucci, na mais profunda obra sobre causa de pedir, utiliza a denominação que adotamos: fato constitutivo e fato lesivo (Causa Petendi no Processo Civil. São Paulo: Editora Revista dos Tribunais, 1993).

173   Esse dispositivo legal permite ao relator julgar o recurso monocraticamente, desde que a matéria esteja consolidada nos tribunais superiores ou no respectivo tribunal. O teor do citado preceito legal é o seguinte: "Art. 557. O relator negará seguimento a recurso manifestamente inadmissível, improcedente, prejudicado ou em confronto com súmula ou com jurisprudência dominante do respectivo tribunal, do Supremo Tribunal Federal, ou de Tribunal Superior. § 1o-A Se a decisão recorrida estiver em manifesto confronto com súmula ou com jurisprudência dominante do Supremo Tribunal Federal, ou de Tribunal Superior, o relator poderá dar provimento ao recurso".

174   STJ, Súmula 263: A cobrança antecipada do valor residual (VRG) descaracteriza o contrato de arrendamento mercantil, transformando-o em compra e venda a prestação.

175   STJ, Súmula 293: A cobrança antecipada do valor residual garantido (VRG) não descaracteriza o contrato de arrendamento mercantil.

(i) necessários ou suficientes para justificar a decisão; e (ii) parte integrante do discurso, que precisam ser citados para serem refutados (lei, precedente, doutrina). Esses argumentos incluem as razões processuais e as razões da pretensão: *causa petendi* remota ou próxima e *causa excipiendi*.

Por seu turno, os argumentos desempenham uma função relevante na instrumentalidade. Permitem justificar a superação de regras processuais em três níveis: (i) com argumentos processuais (instrumentalidade formal); (ii) com argumentos de direito material (instrumentalidade substancial); e (iii) com argumentos axiológicos, visando a ordem jurídica justa (direito processual de resultados). Examinaremos cada hipótese separadamente, em seção própria.

2.3.1. Instrumentalidade formal: argumentos processuais na superação de regras processuais

A aceitação da argumentação[176] como método de justificação das decisões judiciais, remete a questão a outro problema, a saber, a identificação dos argumentos que podem ser aceitos no discurso processual. Quando o juiz aprecia uma questão processual, os argumentos para o acolhimento ou rejeição de uma preliminar devem ser examinados. São argumentos fundados em regras meramente processuais. No momento em que se discute o mérito, os argumentos referentes ao direito substancial constantes na *causa petendi* e os desenvolvidos pelo réu na *causa excipiendi*, também devem ser, naturalmente, ponderados. Nessa hipótese, os argumentos se baseiam em regras substanciais. O que acabamos de descrever é o que normalmente ocorre em qualquer análise das questões a serem enfrentadas pelo magistrado. Examina-se as preliminares, com os argumentos processuais, e o mérito, com os argumentos substanciais.

A instrumentalidade permite afastar a aplicação de uma regra processual, quando o escopo do ato for atingido e quando não houver prejuízo. O confronto, nessa hipótese, é entre regras processuais, sem qualquer argumento de direito material. Nem por isso o resultado pode ser

---

176   Teresa Arruda Alvim Wambier demonstra sua adesão à utilização do método *tópico*: "Aludimos, de modo quase que insistente, às características que, a nosso ver, imprimem, de modo marcante, as feições predominantes da nossa época, porque, ao que nos parece, essa forma de pensar o *Direito* é, de fato, a mais *adequada ao tempo em que vivemos*" (Controle das Decisões Judiciais por meio de Recursos de Estrito Direito e de Ação Rescisória. São Paulo: RT, 2002, p. 48). Observem que o método tópico de Aristóteles, cuja redescoberta é tributada a Theodor Viehweg (*Topica y Jurisprudencia*, trad. Luis Díez-Picazo Ponce de León, Madri: Altea, 1986), significa "pensar orientado a problemas", constituindo modernamente uma teoria sobre as premissas do raciocínio (silogístico). A tópica tem quatro fases: (i) problematização; (ii) escolha dos *topoi*; (iii) movimentação constante, por intermédio da (iv) **argumentação jurídica**.

considerado tímido. Muito ao contrário. Mesmo situando o discurso no âmbito meramente processual, a aplicação da instrumentalidade pode conduzir a resultados até mesmo ousados, quando confrontada com a técnica processual ordinária.

Trabalhemos com um exemplo, para ilustrar o alcance do presente raciocínio. Ao apreciar um agravo por instrumento, interposto após a Emenda Constitucional n° 45, de 8.12.2004, a 2ª Câmara Cível do Tribunal de Justiça do Espírito Santo reexaminou a questão envolvendo a competência para processar e julgar uma ação com pretensão de indenização por danos morais, em razão de um acidente ocorrido em uma relação de trabalho. Fundamentando a decisão no entendimento do Supremo Tribunal Federal, o relator negou provimento ao agravo, declarando a competência da Justiça Comum Estadual. Opostos embargos de declaração, e considerando a modificação do entendimento do Supremo Tribunal Federal (posterior ao julgamento do recurso), a Câmara reformulou o julgado e declarou a competência da Justiça do Trabalho.

Posteriormente, o Supremo modificou o entendimento novamente, entendendo que a competência era da Justiça Obreira apenas nas hipóteses de ações ajuizadas antes da Emenda Constitucional n° 45/04[177]. Novos embargos de declaração foram opostos, sob o argumento de que a modificação do entendimento do STF não poderia alterar a competência, por força do princípio da *perpetuatio jurisdictionis*. Justificando a decisão no novo entendimento do Supremo (e não nas razões aduzidas no recurso), a Câmara deu provimento aos embargos declaratórios, argumentando que a ação fora ajuizada antes da vigência da EC 45/04. Declarou a competência da Justiça Estadual.

Novos embargos declaratórios foram opostos, agora pela parte contrária. A Câmara precisou pronunciar-se novamente sobre a matéria. E mais uma vez o Supremo Tribunal Federal modificou seu entendimento e, por razões – legítimas, a nosso ver – de segurança jurídica e de estrutura organizacional e administrativa das respectivas Justiças[178], entendeu que a

---

177 Nesse contexto, a alteração da competência produz efeitos *ex nunc*, ou seja, não retroage para atingir as ações ajuizadas antes da Emenda Constitucional 45/2004. Nesse sentido: "CONSTITUCIONAL. COMPETÊNCIA. ACIDENTE DO TRABALHO. AÇÃO DE INDENIZAÇÃO: DANOS MORAIS E PATRIMONIAIS. EC 45/2004. CF, art. 114, VI. JUSTIÇA DO TRABALHO. ORIENTAÇÃO FIRMADA PELO PLENÁRIO DO SUPREMO TRIBUNAL FEDERAL NO JULGAMENTO DO CC 7.204/MG: EFEITOS PARA O FUTURO. I. - Compete à Justiça do Trabalho o julgamento das ações de indenização por danos morais e patrimoniais decorrentes de acidente de trabalho. CC 7.204/MG, Plenário, Relator Ministro Carlos Britto. II. - **Atribuição de efeito ex nunc à nova orientação, que somente será aplicada às causas ajuizadas após a vigência da EC 45/2004, iniciada em 31.12.2004.** III. - Agravo não provido" (AI 540190 AgR/SP, relator Ministro Carlos Velloso, julgado em 18.10.2005, DJ 25.11.2005, pp. 26 – o destaque não consta no original).

178 Outras razões foram invocadas, como, *v.g.*, a competência recursal funcional *etc.*

competência da Justiça Trabalhista somente deve ser reconhecida nas causas ainda não julgadas, por sentença de mérito, até o advento da Emenda Constitucional n° 45/2004[179]. Por fim, a Câmara deu provimento mais uma vez aos Embargos, para declarar a competência da Justiça Estadual, eis que a ação, embora ajuizada antes da respectiva Emenda Constitucional, não havia sido julgada por sentença de mérito[180].

---

179   Nesse sentido, o CC 7204/MG, relator Ministro Carlos Britto, julgado 29.6.2005, DJ 9.12.2005, pp. 5. Considerando que a ementa faz referência à evolução temporal do entendimento do Supremo Tribunal Federal, optamos por reproduzi-la integralmente: "CONSTITUCIONAL. COMPETÊNCIA JUDICANTE EM RAZÃO DA MATÉRIA. AÇÃO DE INDENIZAÇÃO POR DANOS MORAIS E PATRIMONIAIS DECORRENTES DE ACIDENTE DO TRABALHO, PROPOSTA PELO EMPREGADO EM FACE DE SEU (EX-)EMPREGADOR. COMPETÊNCIA DA JUSTIÇA DO TRABALHO. ART. 114 DA MAGNA CARTA. REDAÇÃO ANTERIOR E POSTERIOR À EMENDA CONSTITUCIONAL N° 45/04. EVOLUÇÃO DA JURISPRUDÊNCIA DO SUPREMO TRIBUNAL FEDERAL. PROCESSOS EM CURSO NA JUSTIÇA COMUM DOS ESTADOS. IMPERATIVO DE POLÍTICA JUDICIÁRIA. Numa primeira interpretação do inciso I do art. 109 da Carta de Outubro, o Supremo Tribunal Federal entendeu que as ações de indenização por danos morais e patrimoniais decorrentes de acidente do trabalho, ainda que movidas pelo empregado contra seu (ex-)empregador, eram da competência da Justiça comum dos Estados-Membros. 2. Revisando a matéria, porém, o Plenário concluiu que a Lei Republicana de 1988 conferiu tal competência à Justiça do Trabalho. Seja porque o art. 114, já em sua redação originária, assim deixava transparecer, seja porque aquela primeira interpretação do mencionado inciso I do art. 109 estava, em boa verdade, influenciada pela jurisprudência que se firmou na Corte sob a égide das Constituições anteriores. 3. Nada obstante, como imperativo de política judiciária -- haja vista o significativo número de ações que já tramitaram e ainda tramitam nas instâncias ordinárias, bem como o relevante interesse social em causa --, o Plenário decidiu, por maioria, que o marco temporal da competência da Justiça trabalhista é o advento da EC 45/04. Emenda que explicitou a competência da Justiça Laboral na matéria em apreço. 4. A nova orientação alcança os processos em trâmite pela Justiça comum estadual, **desde que pendentes de julgamento de mérito. É dizer: as ações que tramitam perante a Justiça comum dos Estados, com sentença de mérito anterior à promulgação da EC 45/04, lá continuam até o trânsito em julgado e correspondente execução. Quanto àquelas cujo mérito ainda não foi apreciado, hão de ser remetidas à Justiça do Trabalho, no estado em que se encontram, com total aproveitamento dos atos praticados até então**. A medida se impõe, em razão das características que distinguem a Justiça comum estadual e a Justiça do Trabalho, cujos sistemas recursais, órgãos e instâncias não guardam exata correlação. 5. O Supremo Tribunal Federal, guardião-mor da Constituição Republicana, pode e deve, em prol da segurança jurídica, atribuir eficácia prospectiva às suas decisões, com a delimitação precisa dos respectivos efeitos, toda vez que proceder a revisões de jurisprudência definidora de competência ex ratione materiae. O escopo é preservar os jurisdicionados de alterações jurisprudenciais que ocorram sem mudança formal do Magno Texto. 6. Aplicação do precedente consubstanciado no julgamento do Inquérito 687, Sessão Plenária de 25.08.99, ocasião em que foi cancelada a Súmula 394 do STF, por incompatível com a Constituição de 1988, ressalvadas as decisões proferidas na vigência do verbete. 7. Conflito de competência que se resolve, no caso, com o retorno dos autos ao Tribunal Superior do Trabalho" (o destaque não consta no original).

180   Nos embargos de declaração n° 048059000520, em que funcionei como relator, versando exatamente sobre competência da justiça trabalhista após a EC 45/2004, destaquei

Este exemplo é bastante oportuno para demonstrar um importante aspecto da instrumentalidade. Três embargos de declaração foram opostos, e em nenhum deles os pressupostos de admissibilidade do recurso se apresentavam. Não havia contradição entre as razões do julgado. Não havia omissão no enfrentamento das questões. Não havia sequer obscuridade na decisão e tampouco erro material. Todas as decisões foram tomadas com fundamento no entendimento mais atual do Supremo Tribunal Federal, na época de cada decisão. A verdade é que, até se encontrar o ponto de equilíbrio, houve uma constante alteração no entendimento do STF, em um intervalo temporal muito pequeno.

A pergunta é a seguinte: o que o relator dos embargos de declaração deveria fazer? Dizer que os pressupostos de admissibilidade dos embargos declaratórios não estavam presentes, não admitir os embargos e esperar um eventual recurso especial ou extraordinário? Admitir que um processo tramite em juízo absolutamente incompetente, inclusive com dilação probatória, enquanto se aguarda o julgamento do recurso especial para, depois, anular todos os atos praticados no juízo incompetente? Ou ignorar os pressupostos de admissibilidade dos embargos de declaração, e adequar o julgado ao entendimento (agora consolidado) do Supremo Tribunal Federal? Entendemos que a última opção é a mais acertada, pois prestigia os princípios da celeridade, da economia e da razoável duração do processo. O relator não alterou o julgado por modificar subjetivamente seu entendimento. E nem poderia. Essa conduta seria inaceitável, pois não há margem na lei para o relator rever seu posicionamento, seja em razão de dúvida pessoal, de insegurança em decidir ou de incerteza na formação do convencimento. O que efetivamente ocorreu foi a adequação do julgado ao entendimento do Supremo Tribunal Federal.

E mais, poderíamos indagar, ainda, o que o Superior Tribunal de Justiça ou o Supremo Tribunal Federal fariam, na eventualidade de um recurso especial ou extraordinário, respectivamente, da decisão dos embargos de declaração que modificou o acórdão para adequá-lo à jurisprudência dos tribunais de superposição? Anulariam a decisão dos embargos declaratórios, porque não era caso de cabimento do recurso, e manteriam a decisão

---

que: "Logo, somente nos resta seguir – mais uma vez – a orientação da Suprema Corte, para dar provimento aos embargos, e declarar a competência da Justiça Estadual. Apenas observo que restou caracterizada uma situação interessante. (...) As hipóteses de cabimento dos Embargos são: (i) omissão; (ii) contradição; (iii) obscuridade; e – acrescentado pela doutrina e jurisprudência – (iv) erro material. No presente caso, os Embargos devem ser providos, muito embora não seja caso de nenhuma hipótese legal. Há um provimento em razão da alteração do entendimento consolidado dos Tribunais Superiores. Se, por um lado, a hipótese é bastante razoável, pois prestigia o princípio da duração razoável do processo, da economia e da celeridade, e até mesmo o do devido processo legal substancial, por outro lado amplia sobremaneira o âmbito de decisão em sede de embargos. Porém, fica a reflexão para outro momento".

originária, que é contrária à jurisprudência do próprio Supremo Tribunal Federal? Essa conseqüência não é razoável, e refoge à qualquer racionalidade do processo, cujo escopo é o de solucionar o conflito, com soluções justas, no menor intervalo temporal possível e livre de dilações indevidas.

Imaginemos, agora, uma situação que não ocorreu no caso citado, mas que seria plenamente passível de acontecer. Trabalhemos com a hipótese de um dos embargos de declaração haver sido oposto um dia após o prazo. O tribunal poderia conhecer do recurso, alegando tratar-se de matéria de ordem pública – competência constitucional – e, assim, dar provimento a um recurso intempestivo? Ou deveria alegar que, por não ter sido provocado, e o acórdão ter transitado em julgado, a parte deverá manifestar seu inconformismo em sede de recurso especial ou extraordinário, e aguardar o julgamento da questão da competência pelos tribunais superiores? Imaginem, agora, que após um ano – ou mais, considerando as pautas dos tribunais de todo o país –, o recurso especial (ou o extraordinário) seja provido, o que implicaria a anulação de todos os atos decisórios, reiniciando-se o processo, a dano da celeridade, da economia processual e de um incontável número de outros princípios processuais.

Parece-nos que a razoabilidade até mesmo recomenda o conhecimento – de modo excepcional – do recurso[181]. Portanto, entendemos que um recurso intempestivo pode ser conhecido (excepcionalmente), mas se, e somente se, houver o risco de o não conhecimento acarretar o sacrifício de garantias constitucionais (contraditório, devido processo legal, razoável duração do processo *etc*) ou de um direito com peso superior.

O problema torna-se maior quando pretendemos estender essa tese a outras situações, envolvendo a modificação do entendimento dos tribunais superiores sobre o próprio direito material. Nesse caso, um cuidado muito grande deve ser tomado, pois o juiz esgota seu ofício judicante quando se pronuncia sobre a questão, não podendo modificar sua decisão. Como regra geral, não é possível aplicarmos o raciocínio para a hipótese de modificação da jurisprudência quanto ao direito substancial, embora não neguemos que, em caráter excepcional, e conforme situações especialíssimas do caso concreto, isso possa acontecer.

2.3.2. Instrumentalidade substancial: a prevalência de argumentos de direito material sobre argumentos processuais

Não raro, é possível ocorrer a necessidade de examinar uma questão processual que esteja em confronto com uma norma substancial.

---

181   Poderíamos invocar o art. 462 do CPC para conhecermos da modificação superveniente do entendimento do STF e do STJ. Contudo, o citado dispositivo legal refere-se a fato constitutivo, modificativo ou extintivo do direito. Não se aplica exatamente à modificação dos fundamentos jurídicos da demanda.

Considerando o caráter de instrumento que a norma processual tem, cujo escopo é a realização do direito material, não podemos excluir da perspectiva do julgador a possibilidade de fazer prevalecer o próprio direito material. Surge, assim, a instrumentalidade substancial e a necessidade de relativização do binômio direito e processo[182].

Vejamos uma hipótese em que se pretende fazer prevalecer a instrumentalidade substancial em detrimento de regras processuais[183]. Um casal – ela, brasileira; ele, inglês – pediu judicialmente a averbação do registro, no Brasil, de seu casamento celebrado na Inglaterra. A esposa juntou farta documentação, demonstrando não apenas o casamento, mas uma sentença prévia de divórcio, proferida por juiz brasileiro. O juiz julgou improcedente o pedido, aduzindo que os requerentes celebraram matrimônio 6 (seis) meses antes da sentença de divórcio, e que a legislação brasileira considera nulo de pleno direito o matrimônio contraído por pessoas casadas. O culto magistrado determinou, ainda, a remessa dos autos ao Ministério Público, para propor ação penal por violação ao tipo penal que proibe a bigamia[184], bem como para propor ação de anulação do casamento.

A requerente apelou, requerendo, desesperadamente, a reforma da sentença. Porém, limitou-se a pedir fosse negada a remessa ao MP, silenciando-se quanto a pretensão de registro do casamento. Assim, a requerente buscou evitar responder a uma ação penal. Na oportunidade, a Câmara deu provimento ao recurso, manifestando-se no sentido de não apenas afastar a remessa ao Ministério Público, mas também o de reconhecer a própria validade do casamento. Dentre outros argumentos utilizados para fundamentar o voto (princípio do *favor matrimonii* etc.), destacou-se que o casamento fora celebrado, de fato, seis meses antes da dissolução do vínculo conjugal anterior, porém, a ação fora ajuizada após significativo intervalo temporal da sentença de divórcio. Assim, na eventualidade de se negar a inexistência do segundo casamento, haveria, no mínimo, uma união estável, com filhos, cuja conversão em casamento a Constituição recomenda seja

---

182   Essa é a tese central do pensamento de Bedaque, que defende, com argumentos absolutamente irrefutáveis, a necessidade de relativização do binômio direito-processo (cf. *Direito e Processo...*; *Efetividade...*,). Procuramos destacar, neste trabalho, que o método para se obter a pretendida relativização, bem como para instituir seu controle, é a argumentação jurídica, desenvolvida na justificação das decisões.

183   Embora o caso tenha concretamente ocorrido, os fatos foram sensivelmente alterados – sem comprometer a substância da situação –, simplesmente para demonstrar a possibilidade de uma norma de direito material prevalecer sobre uma regra de direito processual.

184   Código Penal Brasileiro, Art. 235 - Contrair alguém, sendo casado, novo casamento: Pena - reclusão, de dois a seis anos. § 1º - Aquele que, não sendo casado, contrai casamento com pessoa casada, conhecendo essa circunstância, é punido com reclusão ou detenção, de um a três anos. § 2º - Anulado por qualquer motivo o primeiro casamento, ou o outro por motivo que não a bigamia, considera-se inexistente o crime.

facilitada. Assim, a Câmara[185] entendeu não haver razão suficiente para impedir o reconhecimento da validade do casamento[186].

Mas a questão mais pertinente ao tema ora desenvolvido, diz respeito à possibilidade de superação das regras processuais com argumentos de direito material. A apelante requereu, apenas, a reforma do capítulo da sentença que determinou a remessa ao Ministério Público. Não requereu a declaração de validade do segundo casamento. Considerando que a extensão da devolução do conhecimento ao tribunal limita-se à matéria *impugnada*, na forma do art. 515, *caput*, do CPC, a Câmara não poderia pronunciar-se sobre a validade do casamento (*tantum devolutum quantum appellatum*). Contudo, a Câmara relativizou o binômio direito-processo, afastando a incidência do art. 515, *caput*, do CPC, para reconhecer o próprio direito material[187].

---

185   O precedente ocorreu na Apelação n° 035.04.000907-4, julgado em 21.12.2004, DJ 13.4.2005, relator substituto designado Samuel Meira Brasil Jr. Na oportunidade, foi lavrado o seguinte acórdão: "EMENTA: DIREITO DE FAMÍLIA E PROCESSUAL CIVIL. IMPOSSIBILIDADE JURÍDICA DO PEDIDO. TEORIA DA ASSERÇÃO. MÉRITO. ART. 515, § 3°, DO CPC. CASAMENTO CONTRAÍDO POR INFRINGÊNCIA DE IMPEDIMENTO. PESSOAS CASADAS. NULIDADE ABSOLUTA ESCOIMADA PELO TEMPO. SENTENÇA DE DIVÓRCIO POSTERIOR AO NOVO CASAMENTO. PRINCÍPO "FAVOR MATRIMONII". PROTEÇÃO CONSTITUCIONAL DE PRESERVAÇÃO DO CASAMENTO. BIGAMIA. TIPO PENAL DESTITUÍDO DE EFICÁCIA. RECURSO PROVIDO. l- O exame concreto da relação jurídica substancial, mediante o exame das provas dos autos, refere-se ao mérito (teoria da asserção), e não à impossibilidade jurídica do pedido. Assim, a extinção do processo com fundamento no art. 267, VI, do CPC não impede o conhecimento do mérito pelo Tribunal de Justiça, notadamente após o advento da nova redação do § 3° do art. 515 do CPC. O sistema jurídico prestigia um direito processual de resultados. II- O casamento contraído por pessoas casadas é nulo de pleno direito, por infringência de impedimento (art. 1.548, II c/c 1.521, VI, CC/2002). Contudo, vigora em nosso ordenamento o princípio do "*favor matrimonii*", com a proteção constitucional de preservação do casamento. Assim, mesmo contraído o 2° casamento seis meses antes da sentença de divórcio do 1° casamento, não se deve declarar a nulidade absoluta do segundo vínculo conjugal. As nulidade absolutas, em matéria de casamento, divergem sensivelmente, não podendo ser declaradas de ofício (art. 1.549, CC/2002), admitindo, em situações excepcionais, a sanação do vício pelo decurso do tempo. III- Refoge à "Lógica do Razoável" (Siches) anular-se um casamento que perdura por um ano e meio, com prole, por ter sido contraído seis meses antes da sentença de divórcio, em que já não havia convivência conjugal do primeiro vínculo há bem mais de dois anos. Se não houvesse casamento entre as partes, haveria, no mínimo, uma união estável, que a Constituição protege e recomenda seja convertida em casamento. IV- Não se pode esquecer que "a vida não é o conceito; os conceitos é que existem por causa da vida. Não é o que a lógica postula que tem de acontecer, o que a vida, o comércio, o sentimento jurídico postulam é que tem de acontecer, seja logicamente necessário ou logicamente impossível" (Jhering, *Geist des romischen Rechts*, vol. IV, 1864). V- Recurso provido para declarar válido o segundo casamento, após a sentença de divórcio".

186   No exemplo, até mesmo uma norma de direito material foi relativizada, invocando-se, porém, outras normas substanciais – proibição de conhecer de ofício nulidade absoluta em relação matrimonial e norma constitucional que determina seja facilitada a conversão da união estável em casamento – para justificar a decisão de mérito.

187   A questão que se impõe é saber se, *em qualquer circunstância*, o art. 515, *caput*, do CPC, pode ser afastado em favor de uma regra de direito material. Imaginemos, por exemplo, uma

O escopo do processo consiste na realização do direito substancial da parte, conforme correta e insistentemente defende José Roberto dos Santos Bedaque[188]. Não é razoável impor o sacrifício do direito material em favor de uma regra processual, que foi editada com o escopo de realizar o próprio direito material.

2.3.3. Processo de resultados justos: argumentos de valor no processo civil

A tutela jurisdicional é o ato judicial adequado para restabelecer (em graus) a utilidade do direito da parte. A tutela jurisdicional deve assegurar o maior grau possível de utilidade, ou seja, a maior coincidência possível entre o estado anterior à lesão e a situação de fato que restabeleça o direito lesado[189]. O juiz deve aplicar o direito, sempre visando a atingir esse ideal. Deve procurar, em todos os casos, um resultado útil do processo.

Segundo vimos nos tópicos anteriores, um argumento fundado em um texto legal (processual ou substancial), sem dúvida alguma, deve ser aceito nos debates jurídicos. Mas, e um argumento fundado em uma obrigação moral ou ética, que contraria disposição legal? É possível considerá-lo na elaboração de uma decisão judicial? É possível usar, no discurso processual, um argumento fundado na iniqüidade ou injustiça de um determinado resultado? Com as devidas limitações do discurso jurídico, não vemos razão para excluir essa possibilidade. O processo visa a um resultado *justo*. Não é qualquer resultado que irá satisfazer a pretensão de resolução da controvérsia, mas sim aquele que restaura, com o maior grau de utilidade possível, o bem jurídico lesionado. É a máxima chiovendiana do "*tutto quello e proprio quello*", de que já nos referimos. Assim sendo, uma decisão *justa* é o resultado pretendido pelas partes e, principalmente, pelo Estado-juiz que presta a tutela jurisdicional.

Um debate acirrado na Teoria Geral do Direito, com reflexos

---

ação de reparação de danos materiais e morais, em que o autor, sucumbindo, recorra apenas no que tange aos danos materiais, não se insurgindo sobre a improcedência referente aos danos morais. Nessa hipótese, a regra do art. 515, *caput*, poderia ser afastada? Entendemos que não, por não existir uma razão (argumento) suficiente para justificar a pretendida ineficácia da norma. É necessário registrar que as normas jurídicas – processuais ou materiais – devem ser aplicadas. A ineficácia da norma somente pode ocorrer se houver uma razão jurídica (fundada em regras ou princípios de valor) protegendo bem jurídico com peso superior.
188   Cf. *Efetividade...; Direito e Processo... etc.*
189   A hipótese refere-se a sentenças condenatórias e constitutivas negativas. A parte pode buscar, também, a constituição de uma situação nova, para trazer a coincidência entre a situação prevista em lei e aquela pretendida pelo requerente da ação (constitutiva positiva). No primeiro caso, pretende-se alterar a situação presente para coincidir com o estado anterior (v.g., na reparação de danos, anulação de ato jurídico com o retorno ao *status quo ante*); no segundo caso, busca-se alterar a situação presente para coincidir com a que deveria ser (v.g., na renovatória de aluguel).

imediatos na Ciência Processual, consiste na separação, ou não, do Direito e a Moral. Quem afirma a tese separatista, entende não ser possível usar uma regra moral como fundamento de validade da norma jurídica. As normas jurídicas são, em uma concepção científica pura, aquelas formalmente elaboradas (processo de elaboração e autoridade competente), independentemente do conteúdo de valor (moral ou justiça).

Os defensores da tese conexionista[190] sustentam não ser concebível pensar o Direito separado da moral. Afirmam que sempre haverá uma pretensão de correção (moral) em cada norma jurídica. Uma interpretação bastante consistente da tese conexionista encontramos na Teoria Tridimensional do Direito[191], onde o fenômeno jurídico se expressa por intermédio de três planos, a saber, o fático, o axiológico e o normativo. Assim, o Direito decorre da conjugação de três elementos essenciais: fato, valor e norma.

O juiz que substancialmente – e não apenas formalmente – estiver investido de seu *munus* e for consciente de seus atos, deve procurar decidir sempre buscando o resultado mais justo. Não deve, jamais, resignar-se em aplicar uma regra injusta, pretensamente justificando seu comportamento iníquo sob o pretexto de que nada há a fazer, senão entregar a vítima imolada da iniqüidade a uma regulação indevida que não se aplica, ou não se deve aplicar, ao caso concreto[192]. O ato de julgar, para aqueles que realmente são

---

190   Um defensor da tese conexionista é Robert Alexy (The Argument from Injustice. A Reply to Legal Positivism. Tradução para o inglês B. Litschewski Paulson e S. L. Paulson, Oxford: Claredon Press, 2002).

191   Miguel Reale (cf. Lições Preliminares de Direito. São Paulo: Saraiva, 2004).

192   Cardozo faz aguda crítica ao comportamento mecânico dos juízes, que se limitam a aplicar a lei sem questionar o conteúdo de valor da decisão. Dada a força dos argumentos, reproduzimos, na íntegra, o texto: "Os juízes marcham, algumas vezes, para conclusões impiedosas, sob o incitamento de uma lógica inexorável, supondo que ela não lhes deixa outra alternativa. Deploram o rito sacrificatório. Executam-no, com os olhos cheios de espanto e desviados, convencidos de que ao enterrar a faca estão obedecendo aos imperativos de sua função. A vítima é oferecida aos deuses da jurisprudência, sobre o altar da regularidade. Aquele que buscar exemplos vê-los-á referidos no brilhante artigo do Decano Pound sobre a "Jurisprudência Mecânica" (Mechanical Jurisprudence, 8 Col. L. R. 603). Suspeito que muitos desses sacrifícios seriam reconhecidos como desnecessários se uma análise mais profunda e verdadeira de seus métodos, [houvesse] aberto os ouvidos sacerdotais ao apelo de outras vozes. Saberíamos, se assim fossemos informados, que as palavras mágicas e as encantações são tão fatais à nossa ciência quanto a quaisquer outras. Os métodos, quando classificados e separados, adquirem sua verdadeira importância e perspectiva como meios destinados a um fim, e não como fins em si mesmos. Procuramos encontrar paz de espírito nas palavras, nas fórmulas, no ritual. Esta esperança é ilusória. Pensamos que nos satisfaremos casando a situação com a regra e, em encontrando correspondência, declarando-a sem tergiversação. A tinta mal acabará de secar sobre a nossa fórmula antes que o apelo de uma equidade insuspeita, a apresentação de um novo grupo de fatos, uma nova combinação de acontecimentos, nos convide a obscurecer e a borrar, a modificar e, talvez, até, a apagar o que ficou escrito. O impulso, a força da emoção é demasiado forte para ser resistida" (*A Natureza do Processo e a Evolução do Direito*, Companhia Editora Nacional, 1943, p. 144-145).

cônscios de suas responsabilidades, deve ter um único propósito: o de fazer a justiça prevalecer. Assim, o julgador não deve ser tímido e hesitar diante de uma regra legal absolutamente injusta. Deve ousar para fazer a justiça prevalecer. No processo, estão depositadas todas as angústias, esperanças, frustrações e pretensões das partes, que clamam, com a indisfarçável sede dos necessitados, por justiça efetiva, por justiça real.

Já não mais satisfaz às partes, nem mesmo à sociedade, uma bela sentença ou então um bem elaborado acórdão, que se revela um primor literário, encantando-nos pela erudição do julgador, mas decepcionando-nos pelo resultado injusto e pelas conseqüências iníqüas que produzirão. A estética do direito está no resultado, a poesia da sentença está na justiça, a beleza de um julgado está nos olhos de quem recebe uma tutela justa, fitando o julgador com a gratidão de quem teve protegido seu último resquício de dignidade. Que o direito deriva de normas formalmente editadas, não negamos. Mas não vemos como excluir do núcleo de validade do direito o valor que forma sua razão de ser: a justiça.

2.3.4. A fórmula da justiça de Radbruch

Antes de o Nacional Socialismo chegar ao poder na Alemanha, por intermédio de Adolf Hitler, o professor Gustav Radbruch era um defensor do positivismo. Após 1945, Radbruch mudou de pensamento e defendeu que o positivismo jurídico *"rendered both jurist and the people defenceless against arbitrary, cruel, criminal statutes, however extreme"*[193].

Radbruch elaborou, então, a sua famosa fórmula para solucionar o problema da lei injusta, enunciada nos seguintes termos:

O conflito entre a justiça e a segurança jurídica pode resolver-se da seguinte forma: o direito positivo, assegurado pela promulgação da legislação, tem precedência mesmo se seu conteúdo for injusto e não razoável, exceto quando o conflito entre a lei e a justiça atingir um grau tão intolerável que a lei, enquanto "direito incorreto", tenha que ceder à justiça[194].

A fórmula de Radbruch é um importante passo em direção a uma ordem jurídica justa. Destaca a necessidade de se obedecer a legislação, mas ressalta a possibilidade de privilegiar a justiça, quando houver manifesto

---

193   Gustav Radbruch, *Five Minutes in Legal Philosophy*, 1986, p. 109.
194   Tradução livre de: *"The conflict between justice and legal certainty may well be resolved in this way: The positive law, secured by legislation and power, takes precedence even when its contents is unjust and inexpedient, unless the conflict between statute and justice reaches such an intolerable degree that the statute, as 'lawless law', must yield to justice"* (GUR 107, RGA 3 89, citado por Alexy, cf. The Argument from Injustice. A Reply to Legal Positivism. Tradução para o inglês B. Litschewski Paulson e S. L. Paulson, Oxford: Claredon Press, 2002, p. 28).

confronto – e em grau insuportável – com o conteúdo da lei. Mas o problema não se encontra definitivamente solucionado. Não é fácil definir o que vem a ser "grau intolerável" de injustiça.

A questão é bastante profunda. Já ocupou inúmeros pesquisadores, desde as tentativas iniciais de se definir o que é *direito*. E, com certeza, não pretendemos solucioná-la no presente trabalho. O que poderia agravar a questão seria a existência de um grau *tolerável* de injustiça[195]. É bem verdade que o titular de um direito poderia pensar que, embora vítima de uma injustiça, seria preferível suportá-la, dado o seu grau mínimo, do que dispor de recursos (tempo, dinheiro, desgaste psicológico e emocional *etc.*) para tentar repará-la, principalmente ante a possibilidade de não obter sucesso em seu pleito. Parece-nos, entretanto, que, para o Estado-juiz, todo resultado considerado injusto será em grau intolerável. Não há como o Estado-juiz reconhecer uma injustiça e afirmar que a parte deve suportá-la, pois se trata de uma "injustiça tolerável". Entendemos que um juiz não pode alegar que, embora o resultado seja injusto, a parte deverá conformar-se com ele, pois se trata de um grau tolerável de injustiça. Não vemos como justificar uma decisão desse jaez. Nessa medida, toda e qualquer injustiça identificada pelo Estado-juiz será em grau intolerável, e deverá ser corrigida.

Uma proposta que fazemos para identificar o chamado grau tolerável ou intolerável de injustiça consiste em verificar se existe, ou não, um ou mais argumentos que justifiquem o ato considerado injusto. Se houver um argumento aceitável (em favor do ato injusto) para tentar justificar a tolerância do resultado, então não haverá "grau intolerável de injustiça". O argumento *razoável* que seja favorável ao ato "injusto", mesmo que seja vencido, reduziria o grau de injustiça, em razão da razoabilidade do

---

195   O prof. Carmona levantou a questão durante a defesa do presente trabalho. Em verdade, o problema é bastante complexo. Afirmar que não existe grau tolerável de injustiça é muito forte. É possível imaginarmos inúmeras situações em que o titular de um direito, apesar de sofrer uma "injustiça" (violação ao direito), opte por tolerá-la, ao invés de buscar a sua reparação. Nesse ponto, concordamos integralmente com o professor das Arcadas, que tem absoluta razão. A observação foi bastante precisa, como sempre, e encontra apoio inclusive na fórmula de Radbruch, que admite a inobservância da lei apenas nas hipóteses de grau intolerável de injustiça. Não obstante a nossa concordância, entendemos também ser muito forte afirmar simplesmente a existência trivial de injustiça tolerável, e reconhecer ao Estado-juiz a possibilidade de dizer que a parte deve conformar-se com a injustiça, pois trata-se de um grau tolerável. Se o juiz verificar uma injustiça, deve repará-la, a não ser que a própria parte opte por aceitá-la. É, na essência, o que orienta um processo de resultados justos. O que sustentamos no presente trabalho é que nem toda violação a direito implica uma injustiça. Se a injustiça for tolerável, não será propriamente ato injusto, mas ato injustificável, pois não haverá argumento suficientemente forte para justificá-lo. Contudo, ainda assim a oportuna questão posta pelo prof. Carmona não se encontra definitivamente solucionada, em razão da profundidade do argumento. Para resolvê-la, seria necessário proceder a uma investigação própria para conhecer os diversos graus de injustiça, e até que ponto seria razoável considerá-la tolerável. Mas isso vai além do escopo da presente obra.

argumento. Nessa hipótese, talvez não haja sequer "grau tolerável de injustiça", mas apenas violação a direito subjetivo[196]. Nem toda violação a direito subjetivo implica injustiça.

Se aceitarmos esse raciocínio, e se o resultado dito injusto admitir argumentos a seu favor – mesmo que fundados em razões refutáveis mas não insustentáveis –, não se pode falar em *resultado com grau tolerável de injustiça*, mas apenas em *resultado injustificável*. Será injustificável por existirem argumentos que retiram a força da pretendida justificação do ato injusto. Entendemos que um resultado será injustificável quando não for adequado ou necessário para realizar o valor pretendido (princípio), e será considerado injusto quando exigir o sacrifício de um bem com valor jurídico superior, sem qualquer razão que justifique esse sacrifício.

2.3.5. Alexy e o Argumento da Injustiça

Robert Alexy parte da tese de Radbruch para identificar a conexão entre o direito e a moral. Essa conexão, para Alexy, é obtida através de uma Pretensão de Correção (*Anspruch auf Richtigkeit*) que ele desenvolve a partir de uma teoria dos atos de fala (*speech act theory*)[197]. Afirmar alguma coisa tem algumas conseqüências. Uma condição necessária de afirmar – que é um ato de fala – é crer no que afirma. Trata-se de uma *afirmação performativa* (*performative utterance*), cuja função é praticar a ação mencionada no ato de fala[198]. Assim, afirmar que algo acontece e simultaneamente afirmar que não acredita no que afirmou acarreta uma *contradição performativa* (*performative contradiction*)[199]. Uma afirmação performativa usualmente encontrada no direito é a manifestação de vontade para a formação de um ato jurídico. Essa manifestação de vontade pressupõe a crença no ato por aquele que o enuncia. Assim, haverá contradição performativa se o ato for negado por outro ato que negou o primeiro.

---

196   Nesse contexto, o que pretendemos afirmar não é a inexistência do chamado 'grau tolerável de injustiça'. Sustentamos, apenas, que o chamado 'grau tolerável de injustiça' não representa, na verdade, um ato *injusto*, mas apenas um ato *injustificável*, ou seja, uma violação a direito subjetivo que não se subsume ao conceito de injustiça.

197   John Langshaw Austin (*How to do things with words*, Oxford: Oxford University Press, 1962) e John Rogers Searle (*Speech Acts: An Essay in the Philosophy of Language*, Cambridge University Press, 1969).

198   Um exemplo de afirmação performativa ocorre na declaração "está aberta a Audiência" ou, então, o indeferimento oral de um requerimento feito pelo advogado. Observem que se trata de praticar um ato e não apenas a descrição de um ato.

199   Assim, contradição performativa ocorre quando o ato de fala (crença) é negado pelo ato de negar a fala (crença), pois toda afirmação pressupõe a crença no que enuncia. No contexto utilizado por Jürgen Habermas, a contradição performativa ocorre quando não houver coincidência entre o conteúdo e o cumprimento (execução) do ato de fala. Um exemplo de contradição performativa encontramos na frase "eu estou mentindo" (paradoxo do mentiroso).

Alexy sustenta que o ato de promulgar uma norma jurídica implica afirmar a crença de correção moral da norma jurídica então enunciada. O ato de prescrever uma conduta consiste *necessariamente* no ato de crer na correção moral dessa conduta[200]. Assim, se a prescrição legal ou judicial não contiver essa correção moral, haverá uma *contradição performativa*, de natureza pragmática[201]. Essa crença na correção moral das normas jurídicas enunciadas reflete a pretensão de correção, e é um elemento necessário ao conceito do direito, que estabelece a conexão entre a moral e o direito[202]. Nessa linha de raciocínio, se a norma jurídica não formula ou não satisfaz a *pretensão de correção*, por existir uma contradição performativa entre a norma enunciada e a correção moral (justiça) da prescrição, então a norma será juridicamente deficiente (inválida)[203]. Logo, será possível reconhecer a deficiência (invalidade) da norma, para construir outra mais justa (moralmente correta), que satisfaça a pretensão de correção do Estado.

2.3.6. A Pretensão de Correção e o Processo de Resultados Justos

Aceita essa premissa, resta examinar como ocorreria a invocação da pretensão de correção – que forma o argumento da injustiça de Alexy – no direito processual civil, para que se possa assegurar um processo de resultados justos. O escopo do Estado, em sua atuação por intermédio do

---

200   Muito embora o argumento tenha como fundamento uma posição fundada na teoria geral do direito, essa característica das normas jurídicas não passou despercebida pelo direito processual. Cândido Rangel Dinamarco faz a seguinte observação em sua inigualável tese: "a *mens legis* corresponde, assim, ao juízo axiológico que razoavelmente se pode considerar como instalado no texto legal (...)" (cfr. *A Instrumentalidade...*, p. 360).

201   A contradição performativa, de natureza pragmática, não é aceita por todos os autores. Bulygin, por exemplo, nega a existência de uma contradição pragmática, afirmando que haverá, nessa hipótese, confusão entre o plano descritivo e o prescritivo. Sustenta, contrariando Alexy, que é contraditório afirmar que (i) as normas jurídicas têm uma relação *necessária* com a moral, e (ii) as normas jurídicas que não formulam ou não satisfazem a pretensão de correção mantêm sua juridicidade. Assim, para Bulygin, não existe falha *conceitual* (a conexão não é necessária), mas apenas *fática* (a conexão é *contingente*). Contrapondo-se à tese da pretensão de correção, Bulygin afirma não existir garantia de que a correção moral terá o mesmo significado para todos (cf. *Alexy und das...*, p. 382 ss.). Não obstante o poder de persuasão das críticas, entendemos que as questões podem ser superadas, mesmo a nível lógico, mantendo o resultado proposto por Alexy.

202   Segundo Alexy, "a pretensão de correção é um elemento necessário do conceito do direito". No original: "Der Anspruch auf Richtigkeit ist ein notwendiges Element des Begriff des Rechts" (cf. *Begriff und Gettung des Rechts*, Freiburg/München, 1992, p. 62).

203   Alexy faz uma distinção entre conexão classificatória e qualificadora. A conexão classificatória é conceitual, e se os sistemas normativos não formulam a pretensão de correção, não são sistema jurídicos; a conexão qualificadora é fática, e os sistemas normativos que não satisfazerm e as normas jurídicas que não formulam nem satisfazem a pretensão de correção são normas (ou sistemas) deficientes.

processo, é a resolução definitiva das controvérsias. Para tanto, exige-se, ainda, que essa solução seja a mais justa possível. Ou seja, toda atuação do Estado – não apenas na formulação de normas abstratas (leis) mas, principalmente, na composição da lide, através da jurisdição – contém uma *pretensão de correção* (*Anspruch auf Richtigkeit*), de que nos fala Alexy. Se essa pretensão de correção não for satisfeita quando a tutela jurisdicional for prestada, ou seja, se a decisão judicial for injusta, então haverá uma *contradição performativa* entre aquilo que afirma o Estado-juiz e o que ele próprio acredita. Nessa hipótese, por mais que as garantias constitucionais tenham sido observadas (processo justo e équo), não podemos falar em resultado satisfatório da atividade jurisdicional. Mais do que um *processo justo e équo*, o acesso à ordem jurídica justa exige um *processo de **resultado** justo e équo*. Nesse contexto, a *contradição performativa* pode ser invocada, no direito processual, para justificar atos processuais e decisões judiciais, afastando prescrições normativas injustas e assegurando um processo de resultados justos.

Um exemplo que nos parece claro, dentre inúmeros outros, consiste no conhecimento dos recursos especial e extraordinário, por *contradição performativa*. A admissibilidade do recurso especial e do extraordinário, como se sabe, condiciona-se à violação, respectivamente, da lei federal ou da Constituição. A lei federal e, com maior razão, a própria Constituição têm uma pretensão de correção, pois o legislador agiu afirmando que a prescrição normativa é moralmente correta ou justa. Nesse diapasão, a sentença, ao aplicar a norma jurídica, deve estar conforme a lei ou a Constituição, inclusive no que tange à pretensão de correção. Portanto, se houver uma contradição performativa entre a crença afirmada na lei ou na Constituição e a sentença que se propõe a aplicá-las, então haverá uma violação à pretensão de correção da referida norma jurídica. Assim, o Superior Tribunal de Justiça e o Supremo Tribunal Federal, respectivamente, poderão conhecer do recurso especial ou do extraordinário, para adequar a sentença à pretensão de correção contida na norma jurídica.

Apesar de a tese ser inovadora, o STJ já a utiliza, muito embora não declare ser essa a razão do conhecimento do recurso especial. No REsp 825.371/SP[204], por exemplo, o STJ conheceu e deu provimento a recurso

---

204   No REsp 825.371/SP, DJ 28.6.2006, p. 254, o Ministro João Otávio de Noronha redigiu a seguinte ementa: "PROCESSO CIVIL. EMBARGOS DECLARATÓRIOS. VIOLAÇÃO DO ART. 535 DO CPC. NÃO-OCORRÊNCIA. HONORÁRIOS ADVOCATÍCIOS. FIXAÇÃO. VALOR IRRISÓRIO. ART. 20, § 3º e 4º, DO CPC. 1. Afigura-se escorreita a rejeição dos embargos declaratórios quando, no acórdão embargado, não se apresenta nenhum dos vícios inscritos no art. 535, I e II, do CPC. 2. O STJ tem conhecido de recurso especial quando se trata de rever a fixação de verba honorária em valores considerados irrisórios ou excessivos, situação em que a decisão recorrida se afasta do **juízo de eqüidade preconizado na lei processual**. 3. A fixação da verba honorária há de ser feita com base em critérios que guardem a mínima correspondência com a responsabilidade assumida pelo advogado, sob pena de violação do princípio da justa remuneração do trabalho

especial para adequar o valor dos honorários advocatícios ao "*juízo de eqüidade preconizado na lei processual*". Ora, a contradição à lei federal que autorizou o conhecimento do recurso, segundo o culto Ministro relator, foi entre a decisão e a *pretensão de correção* (*Anspruch auf Richtigkeit*) da norma processual. Não houve violação do lei, mas uma *contradição performativa* entre a decisão e a *pretensão de correção* da norma processual. O mesmo raciocínio se aplica às hipóteses em que o Superior Tribunal de Justiça conhece recurso especial para modificar o valor da indenização por danos morais, ao argumento de o mesmo ser excessivo ou insuficiente. Nada mais é que a aplicação do argumento de injustiça, que se desenvolve em razão de uma contradição performativa entre o ato enunciado e a crença na correção moral (justiça) do ato.

2.4. Controle da extensão da argumentação

Um problema que sempre preocupou a metodologia jurídica, no que tange à argumentação, consiste na identificação do argumento vitorioso. Ou seja, como saber qual argumento prepondera? Perelman[205] relegou o problema ao conceito de auditório. Assim, para o professor belga, o argumento que obtém a adesão do auditório é o que prevalece. Em sentido diverso, Alexy[206] sustenta que a argumentação deve fundar-se apenas em regras processuais, sem qualquer exigência de adesão ao auditório. Assim, podemos ter dois critérios distintos para a argumentação, uma forma (regras processuais) e um substancial (adesão do auditório). Iniciaremos investigando o conceito de auditório (destinatário da argumentação) no processo civil, e depois prosseguiremos buscando critérios para identificar o argumento vitorioso, sejam formais ou substanciais.

2.4.1. Motivação das decisões: a argumentação como função do auditório

A teoria da argumentação de Chaïm Perelman[207] gira em torno do conceito de auditório (*auditoire*). O auditório é o conjunto de pessoas cuja adesão (*adhésion*) é buscada pelo orador, por intermédio da argumentação. Para obter essa adesão, o discurso precisa ser adaptado ao auditório[208].

---

profissional. 4. Acórdão recorrido reformado quanto ao valor da verba honorária, ora fixada em 5% sobre o valor da condenação. 5. Recurso especial parcialmente provido" (grifamos).
205   Cf. *Tratado...*, pp. 34 ss.
206   Cf. *Teoria...*, pp. 205 ss.
207   Cf. *Tratado...*, pp. 34 ss.
208   Como diz Perelman: "*l'adaptation du discours à l'auditoire, quel qu'il soit*" (cf. *Tratado...*, p. 33).

Como a teoria se apóia no conceito de auditório ("*l'argumentation est function de l'auditoire*"), deve ser feita uma distinção entre a argumentação e a demonstração. A demonstração é, para Perelman, a dedução lógica[209]. A argumentação, por sua vez, não se restringe à dedução lógica, mas aceita, como critério de prevalência, a mera aceitação do auditório a que a argumentação é dirigida.

O auditório é, segundo Perelman, dividido em universal e particular. O auditório *universal*[210] consiste no conjunto de pessoas que somente podem ser *convencidas* por meio de argumento *válido* (*valable*). Fala-se, então, em *convencer* (*convaicre*) o auditório universal. Auditório *particular* é o conjunto de pessoas que podem ser *persuadidas* por intermédio de argumento *eficaz* (*efficace*). O que o orador busca, nesse caso, é *persuadir* (*persuader*) o auditório particular.

Definir o auditório universal não é tarefa simples, porque não é simples obter o consenso de todos os ouvintes. Perelman fala em um auditório formado por "todos [os] homens racionais", ou seja, é a "humanidade iluminada"[211]. A expressão ainda não diz muito, e o problema fica ainda mais complexo quando Perelman sustenta que o auditório universal deve ser formado por pessoas de "diferentes culturas ou crenças"[212].

Como foi explicado, para se obter o auditório universal, exigem-se dois pressupostos: (i) possuir as informações necessárias, e (ii) ter a capacidade de processar essas informações. Um cientista do direito não teria as informações (técnicas) necessárias para analisar uma questão de física nuclear, de matemática, de genética *etc*. Para tanto, um juiz utiliza um técnico habilitado como perito. E, ainda que obtenha essas informações em livros, internet ou outro meio qualquer, poderíamos duvidar de sua capacidade de

---

209   A argumentação, em um cálculo lógico, consiste em derivar uma fórmula de um conjunto de premissas, por intermédio de regras de inferência, independentemente da aceitação do resultado pelo auditório. Esse conceito de argumentação encontra-se relacionado às matemáticas, em que a argumentação é prova de validade do raciocínio. No domínio jurídico, a argumentação tem uma acepção retórica, isto é, visa à persuasão do destinatário do argumento.

210   Esse conceito corresponde ao que Habermas chama de "situação de discurso ideal" (cf. Alexy, *Teoria...*, p. 163).

211   Como observa Alexy: "Puede aceptarse que la siguiente constatación hace justicia a la teoría perelmaniana: "ilustrados" y "racionales" son quienes entran en el juego de la argumentación. Presupuesto para ello son la posesión de informaciones y la competencia en el tratamiento de las informaciones. Todo hombre tiene básicamente la posibilidad de adquirir ambas. Ciertamente es posible que distintos hombres, a pesar del mismo esfuerzo subjetivo y la misma promoción objetiva, puedan desarrollar distintas capacidades de argumentar. Además hay que conceder que el que sólo adquiere uma menor capacidad más bien obstaculizará que fomentará muchas argumentaciones" (cf. *Teoría...*, pp. 162-163).

212   Essa assertiva, contudo, pode ser verdadeira para as ciências exatas, mas não se aplica para o Direito. Não podemos esquecer que o Direito é um fenômeno social, e os valores podem modificar conforme o elemento cultural de cada sociedade. Veja, a propósito, o trabalho de Miguel Reale (*Lições Preliminares de Direito. São Paulo: Saraiva, 2004*). Na mesma linha, Emil Lask, Heinrich Rickert e Gustav Radbruch (cf. Larenz, *Metodologia...*, pp. 139 ss.).

processamento das informações, pois precisaria confrontá-las com regras específicas daquele domínio ou com outras informações que sequer saberia necessárias. Da mesma forma, um médico, um físico ou um matemático não teria as informações necessárias para a solução de um problema jurídico ou sequer a capacidade de processá-las.

Nessa linha de raciocínio, poderíamos definir o auditório universal como o conjunto de pessoas de posse das *informações necessárias*[213] e com a *capacidade de processamento*[214] dessas informações. Portanto, o destinatário da argumentação desenvolvida na sentença (auditório universal) também inclui a doutrina. Não é possível imaginar uma decisão judicial absolutamente contrária a uma doutrina consolidada, sem dar uma razão coerente para deixar de adotar aquele posicionamento[215].

Não obstante, o processo define-se, também, por seu escopo, que é o resultado mais justo na solução das controvérsias. A aceitação do resultado não advém, apenas, de informações técnicas ou da aptidão para tratar essas informações. O resultado mais justo decorre do aspecto cultural de um respectivo grupo social. O direito é um fenômeno cultural. Com essa análise,

---

213   Em uma análise mais técnica, poderíamos dizer que possuir as informações necessárias é imprescindível ao conceito de auditório universal por uma razão que entendemos inafastável. É comum o argumento ser desenvolvido como um *entimema*, ou seja, sem a enunciação de uma premissa. Assim, aquele que vai examinar o argumento (*v.g.*, o juiz) deve ser capaz de acrescentar a premissa faltante no raciocínio, e somente poderá fazer isso se possuir as *informações necessárias*. Vejamos um exemplo bastante simples para ilustrar a presente assertiva (muito embora possa ocorrer em hipóteses mais complexas). Se temos as premissas: (i) matar alguém é crime, e (ii) Caio matou em legítima defesa, somente podemos derivar que Caio não cometeu crime se adicionarmos a premissa (iii) matar em legítima defesa não é crime. Essa premissa faltante é uma *informação* (técnica) *necessária*, que o conjunto de pessoas que formam o auditório universal deve ter.

214   A *capacidade de processamento* das informações necessárias também parece-nos essencial ao conceito de auditório universal. Cada domínio técnico tem – além das regras de inferência próprias do raciocínio (lógica) – regras específicas típicas de sua área. Essas regras não se confundem com as *informações necessárias*, pois são utilizadas para conduzir o raciocínio. Formam, assim, um raciocínio *axiomático* que impede ou autoriza a inferência. Nesse contexto, podemos considerar, por exemplo, a regra *lex specialis derogat legi generalis*, ou a regra *tempus regit actum* ou ainda, mais pertinente ao tema de nosso trabalho, a regra *não há nulidade sem prejuízo*. São verdadeiros *postulados*, próprios do respectivo campo de conhecimento que, em nosso caso, é o jurídico.

215   Nessa visão, a doutrina passa a ser considerada como fonte do direito. Um argumento doutrinário, plenamente aceito no auditório universal, deve obrigatoriamente estar incluído na justificação da decisão, mesmo que para ser afastado. Ou seja, a doutrina não pode ser ignorada como se fosse um nada. A racionalidade de uma decisão está precisamente na inexistência de argumentos contrários ou na força prevalecente do argumento, ainda que o argumento seja proveniente da doutrina. Se a doutrina indica um argumento racional, não é possível ignorá-lo, argumentando não se tratar de lei ou jurisprudência dominante. Um exemplo claro dessa assertiva encontramos na conhecida *fungibilidade recursal*. Muito embora não exista previsão legal, a doutrina sustenta sua aplicação há bastante tempo, e hoje encontra plena aceitação na jurisprudência.

o conceito de auditório universal deve ser ampliado para incluir também o homem médio, capaz de discernir sobre o argumento mais justo. A motivação deve ser capaz de convencer o homem médio[216] por seu conteúdo social ou moral (axiológico).

No âmbito do direito processual, o juiz é o representante do auditório universal, e não do particular. O juiz deve fundamentar sua decisão em razões suficientes para convencer por um argumento técnico (em termos jurídicos) e um cultural (em termos de justiça ou valores culturais). Sua decisão deve ser racional (justificada formalmente) e razoável (substancialmente justificável). Os oradores, as partes, são aqueles que deduzem argumentos, buscando convencer o julgador. Quando o juiz expõe as "razões de seu convencimento", ele declara premissas que autorizaram (fundamentaram, motivaram, justificaram) sua decisão (conclusão, dispositivo). O juiz indica o argumento vitorioso. A exigência de fundamentação das decisões decorre da necessidade de controle (limite) das decisões. Assim, o tribunal *ad quem* pode verificar se o argumento é válido e aceitável para convencer o auditório universal. Ou seja, para convencer inclusive a doutrina (argumentos técnicos) e o homem médio (justiça da decisão).

Para se obter o consenso quando todas as informações estão disponíveis, torna-se necessário identificar qual argumento deve prevalecer. Há dois modos de se tentar alcançar esse resultado: (i) através da *validade* formal do argumento (plano sintático), obtida mediante a adequação a um procedimento (regras formais de argumentação), e (ii) através da *aceitação* substancial (planos semântico e pragmático), verificável através do conteúdo do argumento.

Na primeira hipótese, o argumento vitorioso será aquele que, observadas as regras formais (procedimentais), não for refutado por nenhum outro argumento. No segundo caso, a prevalência de um argumento será obtida pela imposição de pesos pelo destinatário da argumentação. Analisaremos, em seguida, cada uma das duas técnicas.

---

216   Michele Taruffo tem essa concepção de auditório universal: "Ne deriva allora che il significato costituzionale dell'obbligo di motivazione non può non incidere anche sullo stile della motivazione. Questa non può essere diretta solo ai soggetti tecnici del processo (ossia difensori e giudici), e neppure all'uditorio specializzato costituito dai professionisti del diritto. La motivazione deve essere invece potenzialmente diretta all' "uditorio universale" in un'accezione concreta e storicizzata del termine, ossia al cittadino di media cultura nel luogo, nel tempo e nel contesto socio-culturale nel quale la decisione viene pronunciata. Ciò equivale a dire che nel motivare il giudice non deve comportarsi come organo burocratico che redige formalmente uno *Staatsakt*, o come giurista che si rivolge esclusivamente al ceto dei giuristi, ma come uomo medio del suo tempo, all'ambiente sociale nel quale la decisione è destinata ad operare" (*Il significato costituzionale dell'obbligo di motivazione, in Participação e Processo*, coordenação Ada Pellegrini Grinover, Cândido Dinamarco e Kazuo Watanabe, São Paulo: RT, 1988, p. 50).

2.4.2. Argumentação Interna ou Formal: A tese do argumento não refutado

Dung[217], inspirado em Pollock[218], utiliza, como critério de preponderância entre argumentos, a regra (do senso comum) da "última palavra", ou seja, aquele que sustentar o argumento não refutado. Assim, será vitorioso em uma argumentação quem enunciar um argumento que, refutando os argumentos de seu adversário, não for refutado[219].

A tese estabelece um critério meramente formal de prevalência de um argumento, sem qualquer análise de seu conteúdo ou substância. Nem por isso deve ser completamente desprezada. Com efeito, a técnica pode ser usada amplamente. Vejamos um exemplo para ilustrar o raciocínio. Imaginemos que uma ação tenha sido julgada sem a defesa do réu, por inexistência de citação. Em seguida, o réu apela, alegando cerceamento de defesa, por violação do contraditório. O autor, em contra-razões, não apresenta nenhum argumento para afastar a violação do contraditório (ciência inequívoca, comparecimento espontâneo *etc.*). Logo, como o argumento do réu não foi refutado, deve prevalecer. Mas se o autor apresenta um outro argumento, por exemplo, o de que a decisão foi favorável ao réu – o que retiraria até mesmo o interesse recursal –, cumpre ao réu apresentar razões para refutar o suscitado pelo autor. Se não as apresentar, prevalece o argumento do autor.

Outro exemplo de prevalência do argumento não refutado encontramos no denominado *fato incontroverso*, ou ainda no *trânsito em julgado do capítulo de sentença não impugnado no recurso*. Não se pode esquecer que são fixados momentos específicos para as partes formularem seus argumentos em uma relação jurídica processual. Assim, uma parte poderá não ter a oportunidade de formular um argumento, refutando o de seu *ex adverso*. Mas isso não significa, porém, que o argumento não refutado deve ser sempre o argumento vitorioso. É possível que o argumento não refutado não tenha força de convencimento – ou peso – suficiente para conseguir a adesão do julgador à sua tese[220].

---

217 Cf. *On the acceptability of arguments and its fundamental role in nonmonotonic reasoning and logic programming*. IJCAI-93. Proceedings of the 13th International Joint Conference on Artificial Intelligence (ed. RuzenaBajcsy). San Mateo: Morgan Kaufmann Publishers, San Mateo, 1993, pp. 852-857.

218 Cf. Self-defeating arguments. In Minds and Machines. 1, 1991, pp. 367-392.

219 O conceito é recursivo, baseado na inclusão, em um conjunto, de todos os argumentos que suportam ou são suportados pelo argumento não refutado. Em razão da recursividade, é necessário estabelecer um ponto fixo na argumentação. Dung estabelece, como ponto fixo, o conjunto de todos os argumentos aceitáveis. Para um entendimento mais aprofundado da teoria de Dung, ver Brasil Jr. *(A Mathematical...*, p. 55).

220 Essa hipótese pode ocorrer no denominado "diamante de Nixon", em que existem dois argumentos não refutados, que justificam conclusões contrárias ou contraditórias.

2.4.3. Ainda a Argumentação Formal: as regras de racionalidade do discurso jurídico processual

Conforme vimos, a justificação formal tem, como método, o já referenciado silogismo jurídico. Assim, busca estabelecer a coerência da fundamentação através da constatação de que a conclusão segue logicamente das premissas. Ao lado dessa justificação (validade do argumento do ponto de vista da dedução lógica), também há a chamada justificação substancial, que pretende justificar – ou legitimar – as premissas usadas na justificação formal. As premissas usadas na justificação interna podem ser (i) regras da lei positiva; (ii) enunciados empíricos; e (iii) regras morais e juízos de valor[221]. Podemos constatar, aqui, uma clara alusão à teoria de Reale[222].

Ao propor regras formais (procedimentais) para a argumentação, Alexy pretende estabelecer as condições de racionalidade do discurso. Verificando a ocorrência destas regras, o controle da argumentação torna-se possível, mediante a construção de um discurso jurídico que pode ser considerado válido e racional. Assim, para Alexy, basta seguirmos as regras apresentadas que teremos uma argumentação racional. E mais, como as regras estabelecem a condição ideal do discurso jurídico, podemos identificar nelas as diretrizes para um processo *justo e équo.*

Como condição prévia comunicação lingüística, Alexy propõe algumas regras básicas do discurso prático geral, que transcrevemos, adaptando-as à argumentação processual:

(1.1) Ninguém pode se contradizer;

(1.2) A parte somente pode afirmar aquilo em que ela mesma crê;

(1.3') A parte somente pode afirmar um juízo de valor e de dever que afirmaria em todas as situações assemelhadas em seus fatos relevantes[223].

(1.4) As partes não podem usar a mesma expressão com significados

---

221   Alexy fala em "premisas que no son ni enunciados empíricos ni reglas de Derecho positivo" (Teoria..., p. 222). Segue aduzindo que tais regras advém de seis grupos de regras e formas de justificação externa, a saber, (i) interpretação (lei), (ii) argumentação dogmática (dogmática jurídica), (iii) uso de precedentes (precedente vinculante), (iv) argumentação prática geral (razão), (v) argumentação empírica (fatos) e (vi) formas especiais de argumentos jurídicos (*v.g., argumentum a fortiori, ad absurdum, e contrario etc.*). Notem que, das seis regras ditadas por Alexy, algumas são regras empíricas e da lei positiva. Assim, as únicas regras que atendem a esta última prescrição (que não são nem afirmações empíricas nem regras da lei positiva) são as regras morais ou culturais, que expressam valores não normatizados.

222   A referência é manifesta aos três fenômenos que integram o direito, respectivamente, na ordem do texto, norma, fato e valor. Cf. Reale, *Lições...*

223   A semelhança ocorre entre os *substantive facts*, que identificam um precedente vinculante. Esse é princípio da universalidade de Hare (cf. Alexy, *Teoría...*, p. 73 ss.). Transcrevemos já a regra 1.3' e não a 1.3, para obter um resultado mais prático no presente trabalho. Substancialmente, não há diferença entre as regras. O interessado poderá verificar em Teoria..., p. 188.

diferentes.

Estas regras são básicas para ordenar uma argumentação. Além destas regras, há, ainda, as regras da racionalidade, podendo ser destacada a que Alexy chama de *"regra geral de justificação"*:

(2) Todo orador deve, quando lhe pedem, dar razões para justificar o que afirma, exceto se der razões que justifiquem a recusa em justificar.

Esta regra é particularmente interessante, pois forma a base da justificação. É, em verdade, a razão da pretensão que, no tocante ao mérito, forma a *causa petendi* remota (fundamentos de fato) e próxima (fundamentos jurídicos), bem como a *causa excipiendi* (fato constitutivo, modificativo ou extintivo). Não é necessário justificar cada afirmação, cada proposição, cada argumento, a todo momento. Mas, se se recusar a justificar, quando for necessário, a parte deve dar uma razão para tanto. Essa regra desdobra-se em mais três[224].

As outras quatro regras visam, segundo o professor de Kiel, a partilhar a carga da argumentação. São elas:

(3.1) Quem pretende tratar uma pessoa A de modo diferente de uma pessoa B é obrigado a fundamentar[225];

(3.2) Quem ataca uma proposição ou uma norma que não é objeto da discussão, deve dar uma razão para isso[226];

(3.3) Quem aduziu um argumento só é obrigado a apresentar outros argumentos se surgirem argumentos contrários[227];

(3.4) Quem introduzir um argumento que não se refira a uma manifestação anterior, deve justificar.

Estas são, em um breve resumo, as regras da argumentação estabelecidas por Alexy, que limitam o discurso e possibilitam um controle sobre o ato decisório. Podemos observar que, essencialmente, as regras

---

224   As três regras são as seguintes: "(2.1) Quien pueda hablar puede tomar parte en el discurso. (...) (2.2) (a) Todos pueden problematizar cualquier aserción. (b) Todos pueden introducir cualquier aserción en el discurso. (c) Todos pueden expresar sus opiniones, deseos y necesidades. (...) (2.3) A ningún hablante puede impedírsele ejercer sus derechos fijados en (2.1) y (2.2), mediante coerción interna o externa al discurso". Embora esta última regra estabeleça o contraditório, não podemos excluir a existência de uma argumentação sem contraditório. O próprio Alexy considera sua condição especial para realizar as outras duas regras, admitindo que se pode questionar se é efetivamente uma regra do discurso. (Teoria..., p. 190).

225   Essa regra visa a manter a igualdade entre as partes.

226   Essa regra exige a pertinência do argumento com a controvérsia.

227   Esta regra reflete a técnica do argumento não refutado. Porém, deve ser considerada com um certo cuidado. Primeiro, porque a parte deve indicar as razões da pretensão (causa de pedir). Segundo, porque é possível haver cumulação de argumentos *(accrual of reasons)* para aumentar o poder de persuasão. Por fim – e principalmente –, porque esta regra é adequada para a tese do argumento não refutado, mas não se aplica à tese do peso dos argumentos. É possível que não haja contra-argumento e, ainda assim, o argumento sustentado não tenha 'peso' suficiente para conseguir a adesão do juiz.

buscam assegurar que a argumentação se desenvolva (i) com universalidade e igualdade entre as partes, (ii) livre de coerção que impeça a formulação de argumentos, e (iii) exigindo, sempre, a justificação dos argumentos.

Ao lado destas regras, torna-se necessário acrescentar uma importante regra, que consideramos essencial para manter a consistência do ordenamento jurídico. A lei é um argumento com grande poder de convencimento. É dotada de coercitividade, aplicando-se indistintamente a todos[228]. A lei cogente deve ser aplicada, e não pode ser ignorada, como se não existisse. Em situações especiais, a lei pode deixar de ser aplicada[229], como estamos demonstrando no decorrer de todo o trabalho. Porém, o juiz não pode simplesmente "fingir" que não há lei, ou que é onipotente para sobrepor-se ao legislador, este o verdadeiro legitimado pela Constituição Federal para regular as condutas sociais, por intermédio de normas abstratas. Parafraseando mais uma vez o professor Bedaque, o juiz não pode deixar de aplicar uma norma jurídica com o único argumento de que "não gostou da lei". Então, como solucionar o problema, inclusive para permitir o controle da instrumentalidade?

Entendemos que a exigência de inclusão da lei (ou de um precedente vinculante) no discurso – ainda que seja para afastá-la –, se conjugada com as demais regras de racionalidade (Alexy), permitirá este controle. Assim, podemos elaborar uma regra do tipo:

Def. 1. Se uma norma legal (lei ou precedente, seja vinculante ou consolidado) regulamenta a matéria, então esta norma deve necessariamente ser usada na justificação (argumentação) de uma decisão judicial.

Ou seja, se existe uma lei regulando a questão, então a lei deve necessariamente constar na decisão[230]. Naturalmente, poderíamos pensar que, exigindo-se a utilização da lei na decisão, a conclusão seria, sempre, a

---

228   No concurso público para provimento do cargo de professor titular de processo civil da Faculdade de Direito do Largo de São Francisco (USP), o qual estávamos presente, o professor Botelho de Mesquita, ao indagar o candidato aprovado (Bedaque), afirmou que "confesso sentir dificuldades em superar o texto da lei, considerando a sua clareza". Com absoluta razão o emérito professor das Arcadas, pois a lei não pode simplesmente ser ignorada, a bel prazer do julgador. A lei impõe a sua obediência, inclusive ao juiz, que deve aplicá-la ao caso concreto. Excepcionalmente, a lei pode não ser aplicada, desde que exista uma razão suficiente para isso. Caso contrário, não há como fugir de sua incidência. O juiz não pode deixar de aplicar a lei, simplesmente porque dela não gostou.

229   Essa assertiva não pretende aderir ao movimento conhecido como *Freie Rechtsfindung* (Livre busca do direito), de Hermann Kantorowicz (Gnaeus Flavius), que, de tão liberal quanto ao poder criativo do juiz, não conseguiu se impor nem mesmo no local onde foi desenvolvido.

230   Notem que se exige a referência à *norma*, e não à *lei*. Isto é, ainda que a citação dos fundamentos *legais* (artigos de lei) seja recomendada, não é essencial. Todavia, a referência aos fundamentos *jurídicos* é essencial.

aplicação da lei. Mas não é assim.

Conjugando esta regra com as demais apresentadas por Alexy[231], torna-se possível inferir uma nova regra e excepcionar a aplicação da lei, sem ignorá-la. Seguindo esse raciocínio, pode ser introduzido um argumento refutando a aplicação da lei. Porém, um argumento desse jaez precisa ser justificado, para se evitar a arbitrariedade na aplicação da norma. Trata-se de introduzir uma verdadeira cláusula de exceção. Assim:

Def. 2. Um argumento usado para refutar uma norma legal (lei ou precedente), precisa ser justificado.

Nessa linha de entendimento, ao construir seu argumento, a parte deverá indicar expressamente o texto legal ou o precedente vinculante, e somente poderá negar sua aplicação, se apresentar um argumento para justificar a não-aplicação da referida norma. Em suma, deve apresentar uma exceção à aplicação da lei ou do precedente. Um tal argumento pode basear-se, *v.g.*, em circunstâncias fáticas específicas do caso, que o tornam único e diverso da situação prevista abstratamente pela lei (*distinguishing*)[232]. Ao assim fazer, torna-se possível controlar as razões dadas visando a afastar a lei, sem permitir uma ineficácia arbitrária da norma. Se o tribunal considerar legítimas as razões, então estará justificada a decisão. Caso contrário, reforma-se o julgado.

Vejamos um exemplo, com o intuito de demonstrar essa assertiva de modo concreto. O DL 911, de 1º.10.1969, estabelece em seu artigo 3º que, se comprovada a mora ou o inadimplemento do devedor, a busca e apreensão do bem alienado fiduciariamente deve ser concedida liminarmente[233]. O STJ não nega a aplicação desse texto legal[234]. Porém, o próprio STJ já negou a

---

231   Principalmente as regras (1.3') ("A parte somente pode aduzir um argumento que afirmaria em todas as situações assemelhadas em seus fatos relevantes") e (3.4) ("quem introduzir um argumento que refuta um argumento anterior, precisa justificá-lo").

232   Não se pode negar a possibilidade de existirem casos únicos, com características próprias e diversas das situações previstas abstratamente pela lei. Uma fundamentação teórica para esta assertiva encontramos em Heinrich Rickert (cf. Larenz, *Metodologia*..., pp. 139 ss.). Podemos visualisar este fenômeno, com maior clareza, na técnica do *distinguishing*, que advém da teoria dos precedentes vinculantes.

233   DL 911/69, Art. 3º. "O proprietário fiduciário ou credor poderá requerer contra o devedor ou terceiro a busca e apreensão do bem alienado fiduciariamente, a qual será concedida liminarmente, desde que comprovada a mora ou o inadimplemento do devedor".

234   No REsp. 579314/SC, julgado em 18.10.2005, DJ 19.12.2005, p. 415, o Ministro Barros Monteiro consignou que: "MEDIDA CAUTELAR. LIMINAR. DEFERIMENTO PARA OBSTAR O AJUIZAMENTO DO PEDIDO DE BUSCA E APREENSÃO DE BEM OBJETO DA GARANTIA DE ALIENAÇÃO FIDUCIÁRIA. ART. 3º DO DECRETO-LEI N. 911, DE 1º.10.1969. – É direito do credor fiduciário, uma vez comprovada a mora do devedor fiduciante, postular a busca e apreensão do bem dado em garantia de alienação fiduciária, não sendo permitido ao Juiz, no exercício do poder geral de

liminar em ação de busca e apreensão, mesmo reconhecendo ter havido mora do devedor. Não há contradição entre os julgados, pois o STJ deixou de aplicar a regra legal, invocando razões para justificar o tratamento diferenciado. Posteriormente, o mesmo tratamento jurídico foi dado às situações assemelhadas nos fatos relevantes, como exige a regra (1.3'), formulada por Alexy. Por exemplo, o STJ já entendeu que a liminar não deve ser concedida, na hipótese de o bem – alienado fiduciariamente – ser destinado à subsistência do devedor[235], como no caso de maquinário agrícola[236], ou de bem de produção, indispensável à empresa de pequeno porte. Na eventualidade de um recurso, o órgão revisor examinará apenas a razão apresentada para negar a eficácia da lei *naquele caso*. Assim, o controle da racionalidade formal da decisão pode ser feito satisfatoriamente.

Os limites impostos por uma argumentação formal, entretanto, não são suficientes para resolver todos os problemas[237]. Apesar da validade formal do discurso, torna-se necessário, ainda, examinar o conteúdo ou substância do próprio argumento. Para tanto, exige-se, também, conhecer como ocorre o controle em uma argumentação substancial.

2.4.4. Argumentação Substancial: Prevalência pelo peso dos argumentos

Conforme afirmamos, a técnica do argumento não refutado pode não solucionar a argumentação em alguns casos[238], não indicando qual

---

cautela, obstar-lhe o acesso à tutela jurisdicional. Precedentes. Recurso especial conhecido e provido".

235   Em um bem fundamentado voto, a Ministra Nancy Andrighi afirma: "AGRAVO NO AGRAVO DE INSTRUMENTO - ALIENAÇÃO FIDUCIÁRIA - BUSCA E APREENSÃO - PERMANÊNCIA DOS BENS EM POSSE DO DEVEDOR. Em se tratando de maquinaria indispensável à atividade do devedor, porquanto meios necessários à obtenção de recursos para seu sustento, bem como para o pagamento do débito, é lícito que tais bens permaneçam em sua posse, enquanto se discute questões de fundo, tanto em ação revisional ou como matéria de defesa. Inexiste, no caso, ofensa ao art. 3.º do Decreto-Lei n.º 911/69" (AgRg no Ag 225784/RS, julgado em 21.9.2000, DJ 23.10.2000, p. 135).

236   REsp. 128048/RS, relator Ministro Aldir Passarinho, julgado em 26.10.1999, DJ 24.9.2001, p. 307. No acórdão, o eminente relator destacou que: "Merece tempero a concessão da medida liminar prevista no art. 3° do Decreto-Lei n. 922/69, quando se trate de bem necessário ao sustento do réu, caso do maquinário agrícola fiduciariamente alienado".

237   O próprio Alexy reconhece que, apesar da relevância do procedimento na concretização constitucional, não é todo problema constitucional pode ser solucionado com a utilização de uma teoria procedimental. Não é possível satisfazer-se com o simples cumprimento dos procedimentos previstos, pois tudo cabe em um processo. (cf. Theorie der Grundrechte. 2ª ed., Frankfurt am Main: Suhrkamp, 1994, pp. 428-430).

238   Não afirmamos que a argumentação *formal* (técnica do argumento não refutado) seja inadequada. Muito ao contrário. Em inúmeras argumentações, essa técnica prevalece. O

argumento deve prevalecer, como, por exemplo, quando houver dois argumentos contrários, porém não refutados[239]. Portanto, devemos procurar um critério que forneça uma solução para essas hipóteses. Para tanto, utilizaremos a "metáfora da balança", que tem acompanhado toda a cultura jurídica. Heinrich Hubmann[240] ressalta a comparação entre dois interesses ou entre duas circunstâncias, segundo a importância de cada uma, destacando que os tribunais utilizam a expressão 'peso' (*Gewicht*) para determinar a grandeza:

> "Os tribunais verificam se um interesse deve ser mais protegido do que o outro, ou se a importância de uma circunstância – freqüentemente os tribunais falam em 'peso' [da circunstância] – é maior para este caso específico do que a de uma outra circunstância"[241].

Assim, se a avaliação de um argumento for expressa em grandezas – ou 'peso', mesmo que metaforicamente –, será possível identificar o argumento que prepondera sobre o argumento contrário e, assim, o argumento que justifica a decisão. Logo, com base na "metáfora da balança", entendemos que a identificação do argumento preponderante pode também advir da atribuição de "pesos" ou atribuição da maior importância aos argumentos. Portanto, cada argumento possui um determinado "peso", dependendo do contexto da argumentação em que for utilizado. A atribuição de pesos permite o controle na argumentação, pois o exame de correção poderá incidir na verificação do peso ou importância da justificação.

Essa abordagem parece-nos adequada para solucionar as questões que não são resolvidas pela técnica do argumento não refutado, pois mesmo um argumento não refutado pode ter um peso inferior a um argumento refutado[242].

---

que sustentamos é a existência de situações em que a argumentação formal não apresenta uma solução, admitindo inúmeros argumentos de igual hierarquia. Para esses casos, a única alternativa é utilizar uma argumentação *substancial* (técnica dos *pesos* dos argumentos).

239   No campo da lógica e da inteligência artificial, esse dilema geralmente recebe o nome de "Diamante de Nixon". O próprio Alexy reconhece que as regras da argumentação que estabeleceu em sua obra não oferece uma única resposta. Notem que não sustentamos, no presente trabalho, a existência de uma única resposta correta, como a do "Juiz Hércules" de Dworkin. O que pretendemos é observar que, a despeito de se admitir mais de uma resposta correta, o juiz deverá obrigatoriamente solucionar a controvérsia, pois lhe é vedado o *"non liquet"*. Se esse é o caso, então o juiz deverá optar por um argumento, o que tiver maior peso, muito embora os demais sejam admissíveis.

240   Cf. *Die Methode...*, p. 178.

241   Tradução livre de: *"So prüfen die Gerichte etwa, ob die Schutzwürdigkeit eines Interesses oder die Bedeutung – vielfach sprechen die Gerichte vom Gewicht – eines Umstandes für die zu entscheidende Frage Größer oder geringer als die eines anderen ist"* (cf. *Die Methode...*, p. 176).

242   Não podemos esquecer que a própria técnica do argumento não refutado implica atribuição de pesos: o argumento refutado tem menor peso que o argumento não refutado.

2.4.4. A atribuição de pesos aos argumentos

Uma dúvida ainda persiste: como atribuir pesos aos argumentos? Hubmann faz a seguinte observação:

> "De fato, parece que o ser humano possui algum órgão interno – geralmente chamado de sentimento de justiça – capaz de sentir o <u>peso</u> diferente dos diversos aspectos, de ponderá-los e de constatar a predominância de um dos lados. Porém, este órgão não é mais exato do que o sentido de tato, com o qual podemos tentar medir pesos diferentes com as nossas mãos. Com ele, somos capazes de detectar se há uma grande diferença entre pesos, mas no caso das divergências menores este método fracassa"[243].

Segundo Perelman, a atribuição de pesos depende do auditório, isto é, do destinatário da argumentação. É possível que um argumento, mesmo considerado racional, não obtenha a adesão do auditório que busca persuadir. Mas não se pode deixar a atribuição de pesos exclusivamente para o auditório, pois poderíamos obter resultados não desejados na argumentação. Principalmente se o auditório não for o universal. Logo, deve ser buscado um método que permita "reconstruir" ou "prever" os pesos dos argumentos, possibilitando, respectivamente, um "controle" do ato decisório e uma "segurança jurídica" do que o direito é. A reconstrução, contudo, não precisa observar o mesmo *iter* percorrido pelo juiz. É possível que o órgão revisor afaste – ou minimize – o peso de uma razão considerada relevante pelo juiz, o que mudará o resultado da decisão. Segundo entendemos, a única forma possível de limitar *substancialmente* um processo de resultado justo ocorre pela reconstrução da decisão. Nesse caso, estaremos diante de um *controle substancial* do ato (revisão), e não de previsibilidade dos pesos para antecipar o ato.

No domínio jurídico – que é o que interessa à presente investigação - um modo de se atribuir pesos aos argumentos ocorre por intermédio da teoria dos princípios. Uma regra legal (lei) tem um peso elevado. Para sobrepujar esse peso elevado, é necessário um argumento com um peso superior. Ou seja, uma regra legal somente pode ser afastada com um argumento formado por outra regra legal ou por um princípio com peso superior ao da regra.

---

243   Tradução livre do original: *"In der Tat scheint der Mensch in sich ein Organ zu besitzen – es wird vielfach als Rechtsgefühl bezeichnet –, das in der Lage ist, das unterschiedliche Gewicht mehrerer Gesichtspunkte zu spüren, gegeneinander abzuwägen und das Übergewicht einer Seite festzustellen. Doch ist dieses Organ nicht genauer als der Tastsinn, mit dessen Hilfe man verschiedene Gewichte in den Händen abzuwägen versucht. Zwar können auf diese Weise erhebliche Gewichtsunterschiede festgestellt werden, bei geringeren dagegen versagt die Methode"* (cf. *Die Methode...*, p. 177 - O destaque é nosso).

Resta-nos, então, examinar a teoria dos princípios, como parâmetro para atribuição de pesos na argumentação, sendo que o faremos em capítulo próprio.

3
OS PRINCÍPIOS JURÍDICOS
NO DIREITO PROCESSUAL

3.1. Regras e princípios na estrutura normativa. 3.2. Critérios para distinguir regras e princípios. 3.3. Princípios do direito processual. 3.4. Controle da extensão e aplicação de um princípio. 3.4.1. Critérios para solução da colisão de princípios. 3.5. O postulado da proporcionalidade. 3.5.1. Adequação. 3.5.2. Necessidade. 3.5.3. Proporcionalidade em sentido estrito. 3.5.4. Proporcionalidade e instrumentalidade. 3.5.5. Razoabilidade..

3.1. Regras e princípios na estrutura normativa

O debate que mobiliza a Teoria Geral do Direito nos últimos anos gira em torno da existência dos princípios jurídicos, como espécie normativa distinta das regras jurídicas. No Direito Processual[244] não é diferente, e os princípios desempenham uma função essencial tanto na ciência do direito processual, quanto no sistema do direito positivo processual. Recente obra de Dinamarco[245] procura, inclusive, destacar sua importância para a coerência

---

244   Vejam o interessante trabalho de José Cretella Neto (cf. *Fundamentos Principiológicos do Processo Civil*. Rio de Janeiro: Forense, 2002), que faz uma oportuna análise dos princípios que norteiam a técnica processual.

245   Dinamarco esclarece que "Reserve-se sempre aos princípios político-

de um sistema normativo.

Em verdade, os princípios são essenciais para o próprio raciocínio jurídico visando à obtenção de uma conseqüência jurídica. Logo, devemos examinar o comportamento dos princípios jurídicos, substanciais ou processuais, como espécies normativas que regulam a aplicação e a própria interpretação das demais normas jurídicas.

A referência a princípios (*Prinzip*) no direito não é recente. Já no início do século XX, John Salmond[246] enxergava o direito como um "corpo de princípios". E antes mesmo deste autor, a palavra princípio já era conhecida e utilizada no domínio jurídico. Por exemplo, por volta de 1773 Diderot[247] publicava seu '*Entretien d'um père avec sés enfants, ou du danger de se mettre au-dessus des lois*', narrando a conversa de um pai com seus filhos em uma tranqüila tarde de inverno, em que discutia sobre a relação entre lei escrita e princípios morais. Até mesmo Aristóteles[248] já se referia aos princípios do Direito, quando distinguia a norma particular da geral, compreendendo esta como os princípios morais e aquela como as regras legais.

Contudo, a divisão da norma jurídica em regras e princípios ainda hoje encontra resistência em parte da doutrina, embora em menor intensidade. E, mais, a aplicação de princípios morais em detrimento de regras jurídicas sempre foi objeto de, no mínimo, desconfiança ou ceticismo por parte de renomados cientistas do direito.

Em função da incerteza sobre a existência de princípios como figura normativa autônoma, o tema acabou suscitando acalorados debates e profunda investigação científica. Hans Kelsen[249] afirmava que o fundamento de validade de uma norma jurídica somente pode ser uma outra norma jurídica. Portanto, os chamados *princípios* do direito não teriam validade *jurídica*, se não tivessem, como fundamento de validade, outra norma jurídica; na hipótese de existir uma norma jurídica como fundamento de validade, o *princípio* seria, apenas, outra norma jurídica. Kelsen alertava, ainda, que, partindo da premissa de que Esser falava em "normas e princípios", então princípio não é norma, e não poderia ser o fundamento de validade de uma

---

constitucionais o seu posto de fatores responsáveis pela consistência, harmonia e legitimidade do sistema; eles são seguros 'pontos de partida', ou momentos de inserção de uma ciência na grande árvore do conhecimento humano (Reale), sem os quais sequer uma interpretação segura é possível. (...) Os princípios devem conviver harmoniosamente na ordem constitucional e na processual, em busca de soluções equilibradas" (cf. *A nova era do processo Civil*, São Paulo: Malheiros, 2003, p. 14).

246   Cf. *Jurisprudence*. 1 a ed. de 1902, 7a ed. 1924.
247   Cf. *Occhiacci di legno*, Milão: Feltrinelli, 1998.
248   Cf. *Ethica Nicomachean*. Há tradução para o português: *Ética a Nicômacos*. 2ª ed., tradução do grego, introdução e notas de Mário da Gama Kury. Brasília: Edunb, c1985, 1992.
249   Cf. *Allgemeine Theorie der Normen*. Manzsche Verlag- und Universitätsbuchhandlung, Wien: 1979.

norma jurídica. Contudo, apesar da resistência de diversos teóricos, notadamente de tendência positivista, que refutam a tese conexionista entre o direito e a moral, os princípios jurídicos atualmente são aceitos por grande parte dos autores e foram incorporados em diversas teorias jurídicas. Mas nem sempre este reconhecimento estabelecia as características dos princípios de forma inquestionável.

Ronald Dworkin[250] foi um dos primeiros autores a procurar estabelecer um critério científico para a distinção. Dworkin reconhece, além das regras (*rules*), não apenas princípios (*principles*), mas também políticas (*policies*). Princípios são padrões (*standard*) que devem ser observados como pressupostos de justiça ou outra dimensão da moralidade, enquanto políticas são definidas como fins (*goals*) que devem ser atingidos, geralmente como melhoria de alguma característica social, política ou econômica. Dworkin afirmou o critério do tudo-ou-nada (*all-or-nothing, alles-oder-nicht*) para distinguir as regras dos princípios, mas não forneceu uma clara definição da estrutura dos princípios. Robert Alexy[251] sustenta que princípios são mandamentos de otimização (*Optimierungsgebote*) realizáveis em diferentes graus. Posteriormente modificou sua definição originária, pois tais mandamentos são estritamente válidos e não podem ser ponderados contra outros requerimentos. Assim, reestruturou sua definição de princípios como sendo normas a serem otimizadas. O professor Alexander Peczenik[252] reconhece que um princípio expressa um ideal, i.e., um valor (critério de avaliação). O ideal estabelece, por exemplo, que a igualdade, a liberdade e a dignidade têm um valor, que é preenchido em um certo grau. Reproduzindo suas palavras, um princípio "*estabelece um ideal que pode ser levado a efeito em um certo grau, mais ou menos. Isto qualifica uma ação, uma pessoa etc., como mais ou menos perfeita à luz do princípio*"[253]. As regras, para este autor, não admitem uma gradação, possuindo uma característica binária 0-ou-1, que qualifica uma conduta como violadora ou concretizadora de seu conteúdo[254]. Neil McCormick[255] considera os princípios como razões subjacentes a um conjunto de regras (*underlying reason for a set of rules*), e sustenta que explicar os princípios significa racionalizar as regras, muito embora negue, como Josef

---

250   Cf. *Is Law a System of Rules?* In The Philosophy of Law. Org. Ronald Dworkin. Oxford University Press, New York: 1977.

251   Cf. *Theorie der Grundrechte*. 2ª ed., Frankfurt am Main: Suhrkamp, 1994, pp. 75 ss.

252   Cf. *On Law...*, pp. 76 ss.

253   Tradução livre do original: "[A value principle, on the other hand,] establishes an ideal that can be carried into effect to a certain degree, more or less. It qualifies an action, a person *etc*. As more or less perfect in the light of the principle" (cf. *On Law...*, p. 76).

254   No original: "A rule qualifies a human action as conforming to or violating the rule. An important property of this mode of qualification is its binary, either-or, 0-or-1 character" (cf. *On Law...*, p. 76).

255   Cf. *Legal Reasoning and Legal Theory*. New York: Oxford University Press, 1994 p. 156.

Raz, uma distinção qualitativa entre regras e princípios.

Enfim, muito se discute sobre as características próprias dos princípios, e sobre sua distinção das regras jurídicas.

3.2. Critérios para distinguir regras e princípios

Há uma convergência na doutrina - ainda que mantendo certa imprecisão - para algumas propriedades que podem ser atribuídas aos princípios, de forma a distingui-los das regras.

A primeira consiste na generalização da norma. A regra mantém a generalidade porque regula um número indeterminado de atos ou fatos, porém possui uma situação jurídica determinada (pelos atos ou fatos regulados). Tais atos ou fatos são indeterminados, contudo a situação é aquela prevista nos atos ou fatos. Os princípios, por sua vez, não dispõem de uma situação jurídica determinada, pois não há atos ou fatos previstos para sua realização. Assim, o conteúdo de um princípio é estabelecido em uma dinâmica de complementação e limitação com outros princípios, que lhes impõem limites e delimitam seu campo de atuação[256]. Essa característica é aceita por praticamente todos os que reconhecem a existência de princípios do direito. Assim, os princípios têm alto grau de vagueza, e.g., o princípio que assegura a liberdade de crença. As regras, por sua vez, têm baixo grau de vagueza, e.g., uma regra estabelecendo que o preso tem o direito de se separar de outros presos com crenças diversas

Outro critério é o do tudo-ou-nada (*all-or-nothing*) de Dworkin, ou seja, regras e princípios são diferenciados segundo seu comportamento em um conflito normativo. O conflito entre regras resolve-se no plano da validade. Assim, uma regra que prepondera em um conflito será válida para todas as situações que regula, enquanto a outra regra será considerada inválida, não se aplicando a mais nenhuma situação. O critério do tudo-ou-nada se aplica somente às regras, pois dado o antecedente (suposto de fato), ou a regra é válida e devemos aceitar a conseqüência, ou a regra não é válida, e a conseqüência não será juridicamente aceita. Os princípios não se sujeitam ao critério, pois mesmo quando um princípio for aplicável, este não determina a decisão, apenas proporciona *razões* em favor da decisão. Assim, o princípio excluído não é considerado inválido, podendo ser aplicado em outro contexto.

Por fim, uma terceira característica identificada por praticamente toda a doutrina que adota essa dualidade normativa é a dimensão própria dos princípios e que diz respeito ao peso ou importância, dimensão esta que as regras não possuem. Não se pode afirmar que uma regra é mais importante

---

256   Cf. Cristiane Derani. *Direito Ambiental Econômico*. São Paulo: Max Limonad, 1997, p. 150.

ou que tem maior peso que outra. Se uma regra entra em conflito com outra regra, a solução é ditada por uma cláusula de exceção ou pela invalidade de uma das regras. No tocante aos princípios, a solução é atingida pelo peso que cada princípio possui, segundo o conteúdo (*Sinngehalt*) estabelecido na dinâmica de recíproca complementação (*Ergänzung*). A aplicação das regras não é definida pelo peso ou importância. Na hipótese de conflito, sem cláusula de exceção, uma regra será sempre inválida. Os princípios, por sua vez, são aplicados segundo o seu peso. No caso de colisão, prevalece o que tem *maior peso*.

Em resumo, os critérios para distinguir regras e princípios atualmente defendidos são três (Alexy, 1993): (i) vagueza; (ii) tudo-ou-nada; (iii) dimensão do peso ou importância.

O professor Alexy[257] afirma que as teses (i) e (ii) são fracas e não podem – sem um critério auxiliar – ser utilizadas para distinguir as regras dos princípios. Com razão o professor da Universidade de Kiel. O critério da vagueza é questionável, pois esse defeito semântico pode atingir tanto os princípios quanto as regras, considerando que as duas figuras normativas se manifestam por intermédio da linguagem. Podemos ter princípios com menor grau de vagueza e podemos ter regras com alto grau de vagueza. A afirmada identificação dos atos e fatos para a realização da regra não elimina a vagueza, pois remete a questão para o problema da subsunção (inclusão dos fatos na classe da previsão legal). Por sua vez, o critério do tudo-ou-nada é, também, questionável. A própria regra jurídica pode trazer uma nova *exceção* até então desconhecida. Por exemplo, segundo o critério cronológico (*Lex posterior derogat legi priori*), quando o Código Civil de 2002 conflitar com o Código de Defesa do Consumidor, deve prevalecer o Código Civil de 2002. Porém, segundo o critério da especialidade (*Lex specialis derogat legi generalis*), em um conflito desse jaez, prevalece o Código de Defesa do Consumidor, pois a regra regula situação mais específica. Ocorre que o Código de Defesa do Consumidor não "revoga" o Código Civil de 2002, e este ainda será aplicado para as relações jurídicas que não são de consumo. O que houve foi apenas a criação de uma cláusula de exceção (*Lex specialis*). Portanto, o critério do tudo-ou-nada não é o melhor critério para definir a diferença entre regras e princípios.

Assim, o núcleo da diferença entre regras e princípios encontra-se em outra característica. Segundo Alexy, esta característica decorre do modo com que cada espécie normativa estabelece a "medida possível de cumprimento". Os princípios podem ser cumpridos em diversos graus e o meio ordenado para seu cumprimento depende das possibilidades fáticas e das jurídicas (ponderação com as regras e com os princípios que orientam em sentido contrário). As regras somente possuem uma medida possível de

---

257   Cf. *Derecho y Razón...*,p. 12.

cumprimento, com a *determinação* no campo do fático ou juridicamente possível. Assim, os princípios são *mandamentos de otimização* ("*optimierungsgebote*") enquanto as regras podem apenas ser cumpridas ou descumpridas[258].

Uma forma interessante de distinguir regras e princípios foi feita pelos professores Aleksander Peczenik e Aulis Aarnio, respectivamente das Universidades de Lund (Suécia) e de Helsink (Finlândia). Esta definição, contudo, é bem próxima da realizada por Alexy. Segundo Peczenik[259], a situação regulada por uma regra admite apenas duas possibilidades: obedecer a regra, ou não. A regra estabelece, assim, uma linha limítrofe – seja ela precisa ou vaga – entre o obrigatório e o não obrigatório, entre o proibido e o permitido *etc.* Se alguém se encontra do lado, digamos, direito da linha, então a regra foi obedecida, não importa o quão próximo da linha se encontra. Peczenik[260] cita, como exemplo, uma regra que estabeleça o limite de velocidade em 80 km/h. Se alguém estiver a 30 km/h ou a 75 km/h, então estará obedecendo a regra. Portanto, a regra somente qualifica a ação humana como *conforme* ou *violadora* da própria regra. É, assim, binário: ou-ou, 0-ou-1, sim-não. Já o princípio estabelece um ideal que pode ser atingido em um certo grau, mais ou menos perfeito à luz do princípio. É um medidor de qualificação em graus, e não binário. Nesse contexto, um princípio estabelece um *ideal*, um *standard*, um *padrão de comportamento desejado*. O *ideal* pode ser atingido em diversos graus. Quanto mais alto o grau, melhor do ponto de vista dos princípios. É o *optimierungsgebote* de Alexy.

Esse *ideal* é, na essência, um *valor*. O princípio da igualdade estabelece que o *valor* igualdade é um ideal a ser atingido. *Dignidade* e *liberdade*, da mesma forma, são ideais a serem atingidos pelo aplicador do direito. E o *ideal* pode ser atingido em maior ou menor grau. Por exemplo, a igualdade pode ser

---

258   Segundo o professor da Universidade de Kiel, "El punto decisivo para la distinción tre reglas y principios es que los principios son normas que ordenan que se realice algo en la mayor medida posible, en relación con las posibilidades jurídicas y fácticas. Los principios son, por consiguiente, mandatos de optimización que se caracterizan por que pueden ser cumplidos en diversos grados y porque la medida ordenada de su cumplimiento no sólo depende de las posibilidades fácticas, sino también de las posibilidades jurídicas. El campo de las posibilidades jurídicas está determinado a través de principios y reglas que juegan en sentido contrario. En cambio, las reglas son normas que exigen un cumplimiento pleno y, en esa medida, pueden siempre ser sólo o cumplidas o incumplidas. Si una regla es válida, entonces es oblicatoria hacer precisamente lo que ordena, ni más ni menos. Las reglas contienen por ello determinaciones en el campo de lo posible fáctica y jurídicamente. Lo importante por ello no es si la manera de actuar a que se refiere la regla puede o no ser realizada en distintos grados. Hay por tanto distintos grados de cumplimiento. Si se exige la mayor medida posible de cumplimiento en relación con las posibilidades jurídicas y fácticas, se trata de un principio. Si sólo se exige una determinada medida de cumplimiento, se trata de una regla" (cf. *Derecho y Razón*..., p. 12).

259   Cf. *On Law*..., p. 418-421.

260   Cf. *On Law*..., p. 419.

atingida em alto ou baixo grau, como, e.g., o sistema de cotas nas universidades, a reserva de vagas para deficientes físicos *etc*. Dessa forma, um princípio pode ser uma razão *prima-facie* para agir (*prima facie reason for action*).

A diferença entre *princípio* e *valor* é apenas a seguinte: o princípio diz o que é *prima facie* obrigatório, o valor diz o que é *prima facie* o melhor[261].

Destacando os pontos de convergência da doutrina, podemos dizer que os princípios são normas que estabelecem obrigações *prima facie* graduais, ou seja, normas com diversos graus de concretização. Admitem uma tensão em uma eventual coexistência conflituosa com ideais estabelecidos por outros princípios, que se resolve através de uma ponderação segundo o peso das condições de aplicação e do ideal[262] estabelecido no princípio. As regras, entretanto, prescrevem obrigações limítrofes, que devem ser cumpridas na exata medida da imposição modalizada, sem a existência de graus. Em tese, não admitem coexistência conflituosa com outras regras, resolvendo-se o conflito pela adoção de uma cláusula de exceção (*lex specialis*) ou por normas excludentes do sistema (*lex posterior* e *lex superior*).

Feito este rápido intróito sobre os princípios, nas Seções seguintes analisaremos alguns princípios específicos do direito processual, para, em seguida, discorrer sobre uma técnica de ponderação para a solução de uma eventual colisão de princípios.

3.3. Princípios do direito processual

Parte da doutrina distingue os princípios do direito processual civil em informativos e fundamentais[263]. Outros autores apresentam uma classificação distinta[264]. Contudo, todas permitem identificar, no direito positivo processual, a existência de normas com conteúdo ideológico (valores), regulando a própria coerência do sistema. Conforme já afirmamos, os princípios são estados ideais, que o aplicador do direito deve buscar atingir, para otimizar a norma jurídica.

---

261   Cf. Alexy, *Theorie der...*, p. 133.

262   Lembramos que um ideal é apenas um valor modalizado deonticamente, ou seja, um valor em que há um mandamento de otimização (que ocorre em graus) .

263   Nesse contexto, ver Marcelo Abelha Rodrigues, que esclarece: "Os princípios informativos (lógicos; jurídicos; políticos e econômicos) são aqueles que não sofrem de influência ideológica, são eminentemente técnicos e praticamente universais. Por isso dispensam demonstrações. Já os princípios fundamentais (pelo seu próprio nome percebe-se a sua importância) são aqueles que, ao contrário dos anteriores, são diretrizes nitidamente inspiradas por características políticas, trazendo em si carga ideológica significativa e, por isso, válidos para o sistema ideologicamente afeiçoado a esses princípios fundamentais" (cf. *Elementos...*, p. 97).

264   Cretella Neto (cf. *Fundamentos Principiológicos...*), faz uma interessante classificação dos princípios em onivalentes (universais), plurivalentes (regionais), monovalentes e setoriais.

3.4. Controle da extensão e aplicação de um princípio

Partindo da premissa de que um princípio contém uma norma a ser otimizada ou um ideal que pode ser concretizado em diversos graus, é possível haver uma colisão entre princípios. Como um princípio pode ser a razão subjacente a uma regra jurídica (McCormick), ou mesmo uma razão para uma decisão judicial, um princípio processual pode colidir com outro também processual, ou então com um princípio do direito substancial. A concretização do princípio da correlação ou da congruência pode trazer uma solução incompatível com aquela ditada pelo princípio da indenização integral, quando não houver pedido de reparação do dano em sua integralidade, mesmo quando a demanda for proposta por um incapaz. O princípio da inércia dos órgãos jurisdicionais pode colidir com o princípio da busca da verdade real, autorizando o juiz a produzir provas de ofício. O princípio da segurança jurídica que destaca a proteção da coisa julgada pode estar em confronto com o princípio da dignidade da pessoa humana, quando prestigia a paternidade biológica identificada por um exame de impressões do DNA.

Quando dois princípios conduzem à concreção de dois juízos inconciliáveis, um princípio deve ser aplicado em detrimento do outro. Mas esta preponderância de um princípio sobre o outro não significa que o princípio excluído é inválido, nem que foi criada uma exceção a uma norma jurídica. Não é correto dizer que, nos exemplos acima, o princípio da dignidade da pessoa humana tornou inválido o princípio da segurança jurídica que afirma a coisa julgada, ou vice-versa. Muito ao contrário, o princípio da coisa julgada permanece válido e, mesmo tendo sido afastado em determinadas circunstâncias, pode até mesmo vir a ter precedência sobre o princípio da dignidade da pessoa humana em outras situações concretas. Por exemplo, o STJ tem negado a relativização da coisa julgada, quando a sentença transitada em julgado declara a paternidade e o exame de DNA for excludente do vínculo. Nessa hipótese, o STJ tem prestigiado o princípio da certeza do direito (segurança jurídica), que justifica a coisa julgada. Portanto, a colisão de princípios se resolve em uma dimensão diversa do conflito entre regras, i.e., resolve-se na dimensão dos pesos, ou, nas palavras de Alexy, "*se no caso concreto um outro princípio não obtiver maior peso*".

As regras que operam a concreção dos princípios, por sua vez, podem aparentemente conflitar com outros princípios. Assim, uma regra que limita o prazo para contestar a ação, em razão do princípio da celeridade processual, pode ser incompatível com o princípio da ampla defesa. Digo aparentemente, pois este conflito será quase sempre apenas em aparência entre uma regra e um princípio. Convém observar que, geralmente, não haverá conflito entre uma regra e um princípio, mas sim uma colisão entre o princípio subjacente à regra (princípio da celeridade) e o outro princípio (ampla defesa).

Com efeito, uma regra opera a concreção de um princípio, e na existência de um eventual confronto entre uma regra e um princípio, não há propriamente uma antinomia entre eles, mas, ao contrário, o confronto ocorre entre o princípio subjacente à regra e o outro princípio[265]. Há, assim, uma colisão entre dois princípios e, na hipótese de o princípio subjacente à regra não prevalecer, afasta-se a própria regra que lhe deu concreção. Nessa linha, as palavras do professor Eros Roberto Grau são profundas, e merecem atenção. Isso ocorre porque, sendo a regra a concreção do princípio, e sendo o princípio uma gradação de um ideal – ou um mandamento de otimização –, a regra estará concretizando, em uma certa medida, o próprio princípio, e será este princípio que estará em colisão com o outro, e não a regra em si mesma. Portanto, com razão o emérito professor da USP.

Porém, esse ponto chama a atenção na doutrina dos princípios, de modo a transformar-se em questão. Entendemos que não se deve excluir completamente a possibilidade de ocorrer uma antinomia entre um princípio e uma regra. Esta hipótese pode ocorrer, por exemplo, entre o princípio e a própria regra que lhe busca atribuir concreção, e não entre a regra e um princípio diverso.

Como foi destacado, uma regra concretiza o princípio que lhe é subjacente. Assim, a regra estipula, no âmbito do fático, a concreção do princípio. Por sua vez, um princípio, na feliz expressão de Peczenik, *"estabelece um ideal que pode ser levado a efeito em um certo grau, mais ou menos. Isto qualifica uma ação, uma pessoa etc., como mais ou menos perfeita à luz do princípio"*[266].

Ora, é bem possível que uma regra possa ser qualificada por um princípio como imperfeita – ou menos perfeita no seu grau mais elevado –, resultando, assim, uma antinomia entre o comando da regra que busca concretizar o princípio, e o próprio ideal do princípio que é subjacente à regra. Neste caso haverá, quer nos parecer, uma antinomia entre a regra e o próprio princípio que lhe é subjacente. Tomemos o seguinte exemplo para demonstrar esta assertiva. O princípio da liberdade, como *standard* ou modelo de otimização, estabelece um ideal que pode ser atingido em um certo grau. Este princípio pode ter uma concreção em uma regra que estipula, no âmbito do fático, a conduta reguladora da liberdade. Assim, uma regra jurídica pode

---

265   O professor Eros Roberto Grau assevera que: "Cumpre observar também que não se manifesta jamais antinomia jurídica entre princípios e regras jurídicas. Estas operam a concreção daqueles. Assim, quando em confronto dois princípios, um prevalece sobre o outro, as regras que dão concreção ao que foi desprezado são afastadas; não se dá a sua aplicação a determinada hipótese, ainda que permaneçam integradas, validamente, no ordenamento jurídico" (cf. *A Ordem...*, p. 134).
266   No original: "establishes an ideal that can be carried into effect to a certain degree, more or less. It qualifies an action, a person etc. as more or less perfect in the light of the principle" (cf. *On Law...*, p. 76).

dispor sobre os limites do princípio da liberdade, buscando qualificá-lo em um certo grau. É o que ocorre com uma regra jurídica que, por exemplo, estabelece uma concreção ao princípio da livre iniciativa, limitando o exercício de determinadas profissões. Não se pode negar que uma regra deste jaez não ofende o princípio da liberdade de iniciativa, pois é possível conter a eficácia de um princípio, quando em confronto com outros princípios. Contudo, se a contenção dos efeitos for excessiva, a ponto de impedir qualquer atividade produtiva por parte do particular, não haverá propriamente uma concreção do princípio da livre iniciativa por uma suposta regra que visa regulamentar o exercício de certas profissões, mas uma exclusão da própria eficácia do princípio da livre iniciativa, excluindo-o da esfera jurídica do particular. Nesta hipótese, haverá uma colisão entre o princípio da livre iniciativa e a suposta regra que buscava concretizá-lo. Não se pode dizer que, neste caso, o princípio subjacente à regra é que estaria em conflito com outro princípio, pois a regra conflita com o próprio princípio que lhe é subjacente. Essa hipótese já ocorreu mais de uma vez em nosso ordenamento jurídico, e pode ocorrer sempre que uma regra buscar conter de forma excessiva a eficácia de um princípio. Outro exemplo, até mais claro do que esse, encontramos no art. 275 do CPC, que determina a designação de audiência de conciliação, na hipótese de procedimento sumário. Se não for obtida a conciliação, o réu deve contestar na própria audiência. Lembramos que o procedimento sumário tem por escopo agilizar a resolução das controvérsias, ou seja, o princípio subjacente à regra é o da celeridade. Imaginemos que, apesar dos esforços do juiz, a única pauta livre para a designação de audiência de conciliação seria, no mínimo, para oito meses ou um ano do ajuizamento da ação. Nesse contexto fático, o procedimento sumário seria mais demorado que o procedimento ordinário, cujo prazo para contestar é de quinze dias[267]. Logo, a regra editada para concretizar o princípio da celeridade estaria contrariando o próprio princípio que lhe é subjacente. Notem que a regra não tem outro princípio subjacente para colidir com o da celeridade. É a própria regra que conflita com o princípio que busca concretizar.

Portanto, se uma regra acarretar a contenção excessiva dos efeitos do princípio que busca concretizar, i.e., se a regra reduzir demasiadamente o grau de aplicação do princípio, pode ser considerada completamente inválida ou ineficaz – obviamente dependendo do grau de redução da aplicação – em razão do próprio princípio que lhe é subjacente. E esta invalidade levará naturalmente à antinomia. Em outras palavras, uma regra pode excluir – por ser excessiva – o próprio princípio que lhe é subjacente, e que busca

---

267   Nessa hipótese, entendemos ser claramente possível ao juiz não designar a audiência e determinar a citação para contestar. Trata-se, em verdade, da aplicação do princípio da adaptabilidade referido por Calamandrei (cf. *Istituzioni di diritto processuale civile*, I, § 54, p. 198, cit. por Dinamarco, *A instrumentalidade...*, p. 356, nota 79).

concretizar. Recordo que essa hipótese não ocorre entre uma regra e um princípio diverso do que a regra busca concretizar, como demonstrou brilhantemente o professor Eros Roberto Grau.

Outra hipótese de trabalho a ser considerada é a de não haver um princípio subjacente a uma regra. Por exemplo, não há um princípio subjacente à regra legal que exige seja a reconvenção ajuizada em peça autônoma à contestação[268]. Não há princípio que justifique a exigência de reconvenção em algumas ações, admitindo o pedido contraposto em outras. Também não há princípio subjacente à regra que exige seja a incompetência relativa argüida em exceção[269], e não na própria contestação, a exemplo do que ocorre com a incompetência absoluta. Permitir o reexame da decisão pelo tribunal sem precisar remeter os autos não justifica, pois o agravo pode formar um instrumento próprio. Também não há princípio que ampare a regra que exige sejam contestação e reconvenção apresentadas simultaneamente, recusando-se a reconvenção se apresentada após a contestação, porém no prazo da defesa. A reconvenção tem natureza de ação, e o direito de ação está condicionado à legitimidade, ao interesse e à possibilidade jurídica do pedido. Não há condição da ação que exija o ajuizamento no prazo da defesa de uma ação conexa. A reconvenção ajuizada após o prazo de defesa não deve nem mesmo ser extinta, pois tem natureza da ação. Deve ser desentranhada (alguns Estados autuam em apenso, o que dispensaria o desentranhamento) e autuada como ação autônoma. Por sua vez, deverá ser reunida à primeira ação por conexão, mesmo que tenha sido ajuizada após o prazo do art. 299 do CPC! Então, qual é o princípio subjacente à regra que exige o ajuizamento da reconvenção simultaneamente ao oferecimento da contestação?

São regras legais destituídas de um princípio que lhes justifique. Entretanto, tais regras podem conflitar diretamente com outros princípios, que recomendam um resultado diverso. O postulado da instrumentalidade, por exemplo, exige o aproveitamento de todos os atos praticados em discordância com as citadas regras, posição que a jurisprudência e a doutrina têm adotado.

Assim, apesar do acerto das lições do professor Eros Grau – de que há conflito entre um princípio subjacente a uma regra e outro princípio –

---

268   A questão foi identificada por José Roberto dos Santos Bedaque, que afirma a existência de "formas completamente inúteis, porque destituídas de qualquer finalidade" (cf. *Efetividade...*, p. 411). Considerando que o princípio estabelece um ideal a ser alcançado – ou seja, uma finalidade –, uma regra sem finalidade equivale a uma regra sem princípio subjacente. Leonardo Greco, citado por Bedaque na mesma obra, refere-se a tais normas como "corpo sem alma" e que seu respeito se deve exclusivamente à "força do hábito" (Greco, "As invalidades processuais e a execução", *Revista de Ciências Sociais*, 2-5/7).

269   A exigência de a incompetência relativa ser argüida em exceção e não em contestação poderia justificar-se antes de 1994, quando o agravo de instrumento era oposto em primeiro grau, e não diretamente no tribunal. Porém, atualmente não mais se justifica.

entendemos ser possível também existir o conflito entre uma regra e um princípio. Uma análise mais acurada desta questão, inclusive a partir de uma metodologia com base epistemológica, demandaria uma investigação própria, o que não é o propósito deste trabalho. Neste trabalho a colisão entre regras e princípios – na hipótese de trabalho identificada no texto – é aceita, inclusive com o escopo de se estudar o comportamento das duas espécies de conflito, pois os critérios de solução que serão oferecidos são distintos.

3.4.1. Critérios para solução da colisão de princípios

O conflito entre duas regras resolve-se no plano da validade, seja através de uma cláusula de exceção[270], seja por intermédio de meta-regras (critério cronológico, hierárquico, ou de especificidade), que afastam permanentemente a aplicação de uma das regras em conflito (critério do tudo-ou-nada).

A colisão entre princípios, porém, resolve-se no plano do valor, ou, mais precisamente, na dimensão do peso de cada princípio, segundo o contexto de concreção.

Torna-se essencial, portanto, estabelecer os critérios de prioridade entre os princípios jurídicos, na hipótese de colisão. Em outras palavras, é necessário estabelecer como um princípio terá precedência a outro.

A doutrina e a jurisprudência - principalmente do *Bundesverfassungsgericht* - têm procurado estabelecer a medida adequada para a colisão entre princípios. Um critério para solucionar a colisão ocorre pelo postulado da proporcionalidade ou da vedação do excesso. Entretanto, essa abordagem trata o problema da ponderação como uma instância da proporcionalidade, a saber, a proporcionalidade em sentido estrito. Dessa forma, o juízo de ponderação é relegado a um nível intuitivo, sem a indicação de um método coerente para a verificação de uma necessária racionalidade na aferição da própria ponderação.

No presente trabalho, trataremos em primeiro lugar do postulado da proporcionalidade e, em seguida, analisaremos especificamente o juízo de ponderação de valores, muito embora seja freqüente a absorção de um ao outro.

3.5. O postulado da proporcionalidade

A proporcionalidade (*Verhältnismässigkeit*), também conhecido por vedação do excesso (*Übermassverbot*), surgiu como mecanismo de limitação do poder público[271]. Em outras palavras, a proporcionalidade – que não é um

---

270   Alexy, *Derecho...*, p. 12 ss.
271   Paulo Henrique dos Santos Lucon nos lembra que o fundamento normativo da

princípio *(Prinzip)*[272] mas, antes, um postulado *(Grundsatz)*[273] normativo – representa um controle sobre a aplicação de uma regra ao concretizar um princípio ou na relação entre princípios colidentes.

Esse controle decorre da relação meio-fim ou do grau de interferência em um princípio, e estabelece o alcance do *ideal* (valor jurídico) previsto em um princípio. Assim, na aplicação de uma regra jurídica, o postulado da proporcionalidade deve ser observado para evitar que os efeitos de um princípio normativo sejam excessivamente afastados. Nesta medida, mesmo que uma regra legal seja formalmente válida, ainda assim pode ser considerada desproporcional na contenção dos efeitos de um princípio constitucional.

No início, a doutrina alemã não era pacífica sobre os elementos que compõem o postulado da proporcionalidade. Atualmente, os seguintes

---

proporcionalidade no Brasil é o princípio do devido processo legal substancial (cf. *Devido...,*).

272   O prof. Eros Grau destaca, com muita propriedade, que a proporcionalidade não é um princípio, mas um postulado normativo (cf. *Ensaio e discurso...,* pp. 183 e ss.) Em seu voto-vista na Ação Direta de Inconstitucionalidade 2.591-1, destacou o citado autor: "Como observei em outra oportunidade, uma e outra, *razoabilidade e proporcionalidade* são postulados normativos da interpretação/aplicação do direito – um novo nome dado aos velhos cânones da interpretação, que a nova hermenêutica despreza – e não princípios. E assim é ainda que a nossa doutrina e certa jurisprudência pretendam aplicá-los, como se princípios fossem, a casos concretos, de modo a atribuir ao Poder Judiciário capacidade de "corrigir" o legislador. Isso me parece inteiramente equivocado, mesmo porque importa desataviada afronta ao princípio – este sim, princípio – da harmonia e equilíbrio entre os Poderes. (...) O que se admite, unicamente, é a aplicação, pelo Judiciário, da razoabilidade como instrumento de eqüidade. Mas isso não no momento da produção da norma jurídica, porém no instante da norma de decisão". Luis Virgílio Afonso da Silva (cf. *O proporcional...,* pp. 25 ss.), com bastante brilho, diz que o termo "princípio", quando referido à proporcionalidade, não tem o mesmo significado de "norma-princípio" usada para contrapor-se à "norma-regra". Diz que a ingênua ambição de uniformizar a utilização do termo princípio não é tão importante, pois o uso já consagrado da expressão (como, *e.g.*, no "princípio da legalidade") impede seja abandonado esse uso não técnico. Assim, o eminente professor usa a expressão "regra da proporcionalidade".

273   O postulado é um axioma não-lógico. Assim, para compreendermos o que é um postulado, precisamos entender o axioma. **Axioma** é a verdade auto-evidente (atualmente alguns autores refutam essa definição), sem nenhuma necessidade de prova, sobre a qual as demais proposições podem ser derivadas; são sentenças universalmente válidas, i.e., verdadeiras em qualquer interpretação possível. Essencialmente, um *axioma* é um elemento da lógica formal que, junto com as *regras de inferência*, formam um *sistema dedutivo*. Um exemplo de axioma encontramos na frase "o todo é maior que suas partes", ou então no axioma da identidade, ou seja, x = x. **Postulado**, por sua vez, são proposições não tão evidentes mas que também são aceitas sem prova. São regras que formam a base de um sistema dedutível, arbitrariamente estabelecidas. Exemplo de um postulado seria a sentença "existem ponto infinitos". Alguns autores entendem o postulado como um axioma destinado a capturar um aspecto especial da estrutura de um sistema específico. Entendemos que a proporcionalidade é um postulado, porque consiste em um conjunto de proposições não tão evidentes, mas que são aceitas sem prova. São destinadas a estabelecer um raciocínio axiomático sobre a aplicação de normas jurídicas.

postulados - ou elementos - costumam ser identificados como componentes do postulado da proporcionalidade: a adequação, a necessidade e a proporcionalidade em sentido estrito.

3.5.1. Adequação

O postulado da adequação (*Grundsatz der Geeignetheit*), também chamado de pertinência ou aptidão, exige que a relação meio-fim seja adequada, i.e., que o meio possua aptidão ou conformidade para atingir o fim subjacente à norma. Se a medida não for adequada, então a relação meio-fim estará comprometida, e haverá um excesso na restrição de direitos. Como exemplo, poderíamos invocar o artigo 557 do CPC, que autoriza o julgamento monocrático pelo relator, com a imediata publicação da decisão, na hipótese de jurisprudência consolidada. Nesse caso, a regra (julgamento monocrático) é adequada para atingir o fim (celeridade processual, preservando-se a certeza jurídica). Porém, uma regra que imponha, e.g., o mesmo julgamento monocrático, mas proferido apenas em Sessão de Julgamento da Câmara para prestigiar a oralidade, não seria um meio adequado para atingir o escopo da celeridade processual. Pode ter outro propósito ou outra finalidade qualquer (oralidade, publicidade *etc.*), mas não atingirá o escopo de celeridade processual[274]. Neste caso, a medida não será adequada para atingir o fim, e uma regra desse jaez contraria, se não houver outra razão que a justifique, o postulado da proporcionalidade.

O professor Alexy[275] modifica sensivelmente o critério de identificação da adequação, evitando uma referência direta à relação meio-fim. Segundo o citado autor, a adequação pode ser verificada mediante o grau de interferência entre os princípios. Imaginemos dois princípios *P1* e *P2*. Suponhamos, agora, uma regra[276] *R* que não é adequada para promover *P1* e infringe *P2*. Assim, em razão da inadequação de *R* em promover *P1* e, ainda, a violação a *P2*, ambos os princípios devem ser cumpridos em maior grau, declarando R inválida. Como um princípio estabelece um *ideal* a ser atingido em graus, podemos afirmar que o *ideal* constitui a *finalidade* do princípio, sendo, portanto, uma razão para agir[277].

---

274   Observem que um princípio é sempre concretizado em graus. No citado exemplo, poderá haver uma celeridade, com a exclusão da manifestação dos demais integrantes da Câmara, evitando-se pedidos de vista. Mas este grau de redução seria mínimo, de forma a não ser considerado adequado para incrementar a própria celeridade.

275   Cf. *Derecho y Razón...*, pp. 30/31.

276   Originariamente, o prof. Alexy utilizou, na obra pesquisada, a denominação "norma N" para promover um princípio "P". Porém, lembramos que os princípios também são normas. Em verdade, o professor de Kiel refere-se às regras. Como no presente trabalho adotamos a distinção entre regras e princípios, utilizamos as expressões "regra R" e "princípio P" para manter coerência com o texto.

277   Alguns autores fazem uma distinção entre *finalidade* (goal) e *princípio* (principle) (cf.

O direito processual sempre reconheceu a exigência da *adequação* do ato ao escopo (resultado pretendido)[278], até mesmo como requisito de validade do ato. O professor Dinamarco afirma ser preciso, como "requisito não-formal" do ato processual, *"que o próprio ato seja **adequado**, segundo o direito, à produção do resultado pretendido"*[279]. Logo, segundo o professor das Arcadas, se o ato não for *adequado* para produzir o resultado esperado (promover um determinado princípio), então o ato será considerado inválido.

3.5.2. Necessidade

Outro postulado que rege a proporcionalidade é o da necessidade (*Grundsatz der Erforderlichkeit*), que também atinge a relação meio-fim da mesma forma que o anterior. Aristóteles já se referia a esta importante característica, segundo os escolásticos, na máxima *"non sunt formanda entia sine necessitate"*, ou seja, *"não devem ser formados entes sem necessidade"*. João Mendes de Almeida Júnior reconhecia que este princípio aristotélico é mais preciso que o seu correspondente mais moderno do *"máximo resultado com o mínimo esforço"*, pois sempre haveria o risco de um resultado "máximo na quantidade e mínimo na qualidade por deficiência no esforço"[280].

O postulado da necessidade permite a seleção do meio mais suave (*der Grundsatz der Wahl des mildestem Mittels*) para a realização do fim. Esta hipótese pressupõe uma escolha, ou seja, mesmo quando a regra estabelece um determinado meio, é possível indagar sobre a necessidade daquele meio para obter o resultado previsto, ou se existiria outro meio mais suave que, da mesma forma, também atingiria o fim. Podemos encontrar um exemplo desse critério em uma decisão judicial que, aplicando o art. 461 do CPC, determine a interdição de uma empresa como meio coercitivo para o cumprimento da decisão, quando a imposição de multas seria suficiente para compelir o responsável a acatar a respectiva decisão. Neste exemplo, as duas medidas são adequadas, porém a *astreinte* é mais branda que a interdição da fábrica, o que tornaria desnecessário impor a segunda medida, por ser mais restritiva de direitos que a primeira. Assim, existindo um meio mais suave (a imposição de multa), a medida escolhida pela hipotética decisão (a interdição da fábrica) revela-se excessiva e, portanto, ofende o postulado da

---

Jaap Hage, *Reasoning with Rules*, Dordrecht/Boston/London: Kluwer, 1997, pp. 110 §).

278   Bedaque reconhece a exigência de adequação em diversas passagens de sua obra: "Aliás, o princípio da adequação ou adaptação do procedimento é fundamental à correta aplicação da técnica processual. Os modelos procedimentais e os poderes, deveres e faculdades dos susjeitos do processo devem, na medida do possível, adequar-se às peculiaridades do fenômeno jurídico material e ser compatíveis com a natureza da tutela jurisdicional pleiteada" (cf. *Efetividade...*, p. 41). Ainda: "É preciso encontrar a técnica mais adequada a que o instrumento produza o resultado desejado" (cf. *Efetividade...*, p. 16).

279   Cf. *Instituições...*, vol. II, p. 537.

280   Cf. *Direito...*, p. 278).

proporcionalidade.

Observe que, aqui, existe a possibilidade de se substituir uma medida por outra, considerada mais suave, e da mesma forma, adequada a atingir o escopo, qual seja, compelir ao cumprimento da decisão judicial. Um ponto importante consiste na exigência de que o meio mais suave seja igualmente adequado a promover o respectivo princípio (produzir o fim) buscado pela medida mais severa. Se o meio oferecido alternativamente não tiver aptidão - ou adequação - para atingir aquele fim, então, é óbvio, mesmo sendo mais suave, não poderá ser invocado. No exemplo descrito, com certeza uma simples admoestação para cumprir a decisão seria mais suave que a imposição de multa. Contudo, essa medida pode não ser adequada (suficiente) para atingir a finalidade de compelir ao cumprimento da decisão. Assim, o meio, além de necessário, deve ser adequado para atingir o fim, o que revela uma correlação entre o critério da necessidade com o da adequação.

Alexy também reinterpreta este critério, através do grau de satisfação do princípio[281]. Imaginemos, por exemplo, que uma decisão R seja adequada para promover P1, e que outra decisão R' também seja adequada. Contudo, a regra R' infringe o princípio P2 menos que a regra R. Assim, os princípios P1 e P2 proibem conjuntamente R, pois P1 pode ser cumprido com um custo menor, ou seja, com uma violação de P2 em menor grau.

O Código de Processo Civil também vincula a prática dos atos processuais à necessidade do respectivo ato. O artigo 250 do CPC[282] dispõe que devem ser praticados os atos que "forem necessários", observando-se o "quanto possível" as prescrições legais. Ou seja, se estiver prescrito determinado ato que **não for necessário** para o resultado pretendido (promover o princípio), então sua exigência é juridicamente desproporcional. Observe que o citado preceito legal autoriza a inobservância de uma regra legal, se a mesma não for necessária. Encontramos, assim, uma referência legislativa ao postulado da necessidade.

3.5.3. Proporcionalidade em sentido estrito

Por fim, o postulado da proporcionalidade em sentido estrito (*Grundsatz der Verhaltnismassigkeit im engeren Sinne*) envolve a própria ponderação dos bens em colisão. Segundo este critério, não se admite o

---

281   O método proposto por Alexy não modifica substancialmente o método tradicional. Em verdade, houve apenas a utilização da relação *regra-princípio* no lugar da já conhecida *meio-fim*. Se considerarmos que os princípios são ideais que devem ser atingidos, como propõe o próprio Alexy, haverá uma aproximação entre as duas abordagens. Não obstante isso, o método de Alexy é bastante ilustrativo e permite explicar com maior precisão os postulados que formam a proporcionalidade.

282   CPC, "art. 250. O erro de forma do processo acarreta unicamente a anulação dos atos que não possam ser aproveitados, devendo praticar-se **os que forem necessários**, a fim de se observarem, **quanto possível**, as prescrições legais" (grifamos).

sacrifício de um bem jurídico, como meio para se atingir um fim que tenha menor peso do que o bem jurídico sacrificado. Assim, deve ser realizada uma ponderação entre duas finalidades, ou dois princípios jurídicos.

O professor Alexy define a proporcionalidade em sentido estrito no seguinte contexto: quanto maior for a interferência em um princípio $P2$, mais importante deve ser a realização do outro princípio, digamos $P1$. Como exemplo[283], poderíamos imaginar o confinamento de um portador de AIDS por toda a vida, como forma de evitar a disseminação da doença, promovendo o princípio que protege a saúde pública. Mesmo supondo que esta medida fosse adequada (com o confinamento evita-se a disseminação da doença) e necessária (não haveria outro meio mais brando de evitar a disseminação da doença), ainda assim seria completamente desproporcional, pois causaria uma interferência no princípio da dignidade da pessoa humana em um grau absolutamente intolerável. A medida visa a uma conseqüência que não pode ser qualificada como mais importante que o outro princípio.

3.5.4. Proporcionalidade e instrumentalidade

Muito embora não existisse uma referência direta à proporcionalidade para a superação de regras processuais que não atingissem o escopo do ato, a ciência processual já reconhecia esse postulado, relacionando-o à liberdade ou legalidade das formas, atribuindo-lhe, porém, outro nome: instrumentalidade. Carnelutti destacava que o modo de realização de um ato processual relaciona-se com sua indispensabilidade para alcançar uma finalidade, ou seja, para promover um princípio[284]. Também Bedaque reconhece a relação meio (técnica processual) e fim (realização de direitos)[285] que orienta a aplicação das normas processuais.

Os professores Cintra, Grinover e Dinamarco[286], já reconheciam, com bastante precisão, o problema da *necessidade* e *adequação* da forma. Reproduzimos o excerto em que a referência é feita, dada a sua grande importância histórica e científica:

---

283   O exemplo é de Robert Alexy (cf. *Derecho y...*, p. 31).
284   "(...) por isso, o princípio da liberdade de modo resolve-se no princípio da congruência (do modo ao conteúdo) do ato ou princípio da correspondência (do modo) do ato ao objeto, o qual se aplica, como veremos, no art. 156 em que valem como prescritos pela lei aqueles modos que são "indispensáveis para alcançar a finalidade" (Carnelutti, *Instituições...*, p. 527).
285   Nota-se uma clara e constante alusão à relação meio-fim em Bedaque: "A técnica processual está, portanto, a serviço de um fim. Por isso, o processo deve ser concebido como instrumento de realização de direitos" (cf. *Efetividade...*, p. 38). Também: "A extinção do processo sem julgamento de mérito – isto é, sem solução da controvérsia – é alternativa absolutamente excepcional e frustrante, pois representa o fracasso do meio, que não conseguiu atingir seu fim" (cf. *Efetividade...*, p. 40).
286   Cf. *Teoria Geral do Processo.* 12 ed., São Paulo: Malheiros, 1996,p. 285.

"Dada essa unidade, o problema da forma pela qual deve ser celebrado cada ato processual passa a ser um problema das formas do próprio procedimento, o qual se desdobra em duas questões distintas: a) são **necessárias** as formas procedimentais? b) em caso de resposta afirmativa, qual a forma mais **adequada** para atingir o escopo do processo, em uma época determinada e segundo dadas condições?" (o destaque não consta no original)

Podemos observar, no texto citado, uma alusão direta aos elementos ou subpostulados que formam o postulado da proporcionalidade (necessidade e adequação). Na mesma linha, Bedaque destaca o papel da adequação no processo, para que seja permitida adaptação da tutela ao fenômeno[287]. Logo, não nos parece exagero afirmar que a instrumentalidade nada mais é do que o postulado da proporcionalidade, que ocorre com a relação existente entre regras e princípios processuais. Muito embora não existisse uma referência direta à denominação 'proporcionalidade', a ciência processual já conhecia, com bastante antecedência, os componentes da hoje denominada proporcionalidade, como os postulados da *necessidade* e da *adequação*.

Segundo constatamos no Capítulo Primeiro, a instrumentalidade decorre da ausência de prejuízo e da obtenção do escopo pretendido. A ausência de prejuízo significa o grau de interferência em um princípio contrário (ou o princípio *"P2"*, no exemplo de Alexy), como, v.g., o da ampla defesa ou do contraditório. A obtenção do escopo do ato processual - ou finalidade da norma - significa promover o princípio cuja realização a norma tem por escopo (ou princípio *"P1"*, na explicação de Alexy). Nessa linha, se a instrumentalidade é a proporcionalidade aplicada ao processo, então não é correto falarmos em *princípio*, mas sim em *postulado* da instrumentalidade[288].

3.5.5. Razoabilidade

Alguns autores incluem a razoabilidade (*Zumutbarkeitsgrundsatz*) no critério da proporcionalidade em sentido estrito, enquanto outros como Rüdiger Konradin Albrecht, citado por Humberto Ávila[289], tratam a

---

287   "Aliás, o princípio da adequação ou adaptação do procedimento é fundamental à correta aplicação da técnica processual. Os modelos procedimentais e os poderes, deveres e faculdades dos sujeitos do processo devem, na medida do possível, adequar-se às peculiaridades da tutela jurisdicional pleiteada" (cf. Bedaque, *Efetividade...*, p.41).

288   Mais do que simples opção lingüística, a alteração sugerida visa a deixar claro que o postulado da instrumentalidade é constituído de regras sobre a aplicação de regras processuais.

289   Cf. *A Distinção entre Princípios e Regras e a Redefinição do Dever de Proporcionalidade*. Revista da Pós-Graduação da Faculdade de Direito da USP, v.1. Porto Alegre: Síntese, 1999.

razoabilidade com significado normativo autônomo[290]. Há quem considere que a razoabilidade (dos norte-americanos) é o fenômeno base, que tem sido chamado de proporcionalidade (autores com influência germânica)[291].

Para quem a aceita como fenômeno distinto da proporcionalidade[292], a razoabilidade decorre da verificação das condições pessoais e individuais dos sujeitos envolvidos, isto é, de um exame "concreto-individual" dos bens jurídicos envolvidos. Assim, a razoabilidade seria a ponderação entre princípios, para uma "concreta aplicação relativamente a determinado sujeito"[293]. Uma questão instigante reside em investigar se é possível existir problemas abstratos (e não concretos) em que princípios colidiriam, para distinguir, assim, a proporcionalidade em sentido estrito da razoabilidade. Muito embora a doutrina mais autorizada negue[294], parece-nos ser possível aplicar a proporcionalidade em problemas abstratos. A consideração de circunstâncias delimita o contexto, permitindo uma ponderação *in abstrato* da situação, mesmo quando não exista a situação concreta. Por exemplo, um controle abstrato de constitucionalidade perante a Corte Constitucional (por intermédio de Ação Direta de Inconstitucionalidade ou de Ação Declaratória de Constitucionalidade), pode utilizar a proporcionalidade, delimitando o contexto da aplicação da norma. Haverá ponderação entre os valores em colisão, sem que haja situação concreta a ser ponderada, segundo circunstâncias específicas do caso[295]. Considerando que a razoabilidade e a proporcionalidade em sentido estrito apóiam a solução da colisão de valores em uma ponderação dos pesos dos princípios, a questão da ponderação deve

---

290   O prof. Paulo Lucon observa que: "As noções de proporcionalidade e razoabilidade sempre caminharam juntas. Para quem as diferencia, a proporcionalidade diz respeito a uma comparação entre duas variáveis: meio e fim; já a razoabilidade não tem como requisito uma relação entre dois ou mais elementos, mas representa um padrão de avaliação geral" (cf. *Devido...*).

291   Nesse sentido, Tércio Sampaio Ferraz Jr.: "Assinale-se, ainda, que o princípio da razoabilidade vem muitas vezes chamado de princípio da proporcionalidade, como ocorre, por exemplo, na literatura alemã. Em conseqüência, os autores que assim se expressam distinguem entre *proporcionalidade lato sensu* (nome do princípio) e *proporcionalidade stricto sensu* (um dos seus requisitos, ao lado da necessidade e da adequação)" (cf. *Obrigação tributária acessória e limites de imposição: razoabilidade e neutralidade concorrencial do Estado. In Princípios e Limites da Tributação.* Coord. Roberto Ferraz, São Paulo: Quartier Latin, 2005, p. 724).

292   O prof. Luís Virgílio Afonso da Silva diferencia a proporcionalidade da razoabilidade, porém oferece um critério baseado no seguinte contexto: "Proporcionalidade e razoabilidade não são sinônimos. Enquanto aquela tem uma estrutura racionalmente definida, que se traduz na análise de suas três sub-regras (adequação, necessidade e proporcionalidade em sentido estrito), esta ou é um dos vários *topoi* dos quais o STF se serve, ou uma simples análise de compatibilidade entre meios e fins" (cf. *O proporcional...*).

293   Ávila, (cf. *A Distinção...*, p. 27).

294   Alexy (cf. *Derecho y ...*, p. 15).

295   No final, um caso concreto nada mais é do que um conceito (inicialmente abstrato) com a especificação mais detalhada dos elementos que o individualiza dos demais casos que, em tese, se submetem ao mesmo conceito.

ser enfrentada como problema próprio. Assim, desenvolveremos a análise no próximo capítulo.

4
A PONDERAÇÃO DE PRINCÍPIOS E VALORES E O DIREITO PROCESSUAL DE RESULTADOS JUSTOS

4.1. Introdução à ponderação. 4.2. Os critérios da ponderação em Peczenik. 4.3. O método de ponderação de Alexy. 4.4. A ponderação como método para um processo de resultados justos. 4.5. Críticas à ponderação como método de controle.

4.1. Introdução à ponderação

A ponderação (*Abwägung im Recht, weighing and balancing*) é um método constante e freqüente na aplicação da norma jurídica. Desperta atualmente o interesse de diversas disciplinas, constituindo o objeto de pesquisa de renomados cientistas do direito. Seu escopo é o de identificar não apenas uma justificação para a ponderação, mas, principalmente, um método para permitir que a ponderação seja qualificada como racional. É, assim, um elemento essencial para uma teoria da decisão, e refere-se ao próprio raciocínio usado para justificar a ação humana. Como destaca Hubmann:

"Contudo, a ponderação não é somente um método jurídico mundialmente praticado, mas um método de reflexão de forma geral. Qualquer um que tiver que tomar uma decisão pondera argumentos e contra-argumentos, vantagens e desvantagens: o médico leva em consideração os riscos e chances de cura de um tratamento, o educador o faz com as chances de êxito de um método de educar, até mesmo o delinqüente compara as vantagens que poderá obter através do delito com a probabilidade de ser descoberto e da provável pena"[296].

Portanto, a ponderação é um método geral de reflexão, utilizado para tomar qualquer decisão, inclusive no domínio jurídico[297]. Como um princípio não é invalidado na hipótese de colisão com outro princípio, a escolha do princípio preponderante se faz por intermédio da ponderação. Por exemplo, um aumento de satisfação do princípio da dignidade da pessoa humana ou da personalidade pode acarretar uma diminuição na aplicação do princípio da liberdade de expressão. Para se proteger a esfera de personalidade de um indivíduo, a publicação de certas declarações pode ser proibida.

O julgado seminal no *Bundesverfassungsgericht* (Tribunal Constitucional Federal da Alemanha) foi o caso *Lüth*, julgado em 15.1.1958. Na abertura da Semana do Cinema Alemão (10.9.50), o então Presidente do Clube de Imprensa em Hamburgo publicou uma carta aberta criticando Veit Harlan, por ter sido escolhido para representar a indústria cinematográfica alemã. A base de sua crítica residia no fato de Veit Harlan ter sido o diretor escolhido por Hitler para mostrar o expurgo dos judeus. Disse que, embora formalmente absolvido, o julgamento acarretou substancialmente uma condenação. A questão, que exigia ponderação, era a seguinte: poderia ser publicada a crítica, concitando os alemães a protestarem e, até mesmo, a boicotarem o filme de Veit Harlan? Houve, portanto, uma colisão entre o direito fundamental que assegura a liberdade de expressão e o que protege a personalidade e a dignidade da pessoa humana.

A partir de então, diversos casos foram analisados pelo *Bundesverfassungsgericht*, entre eles o Caso Mephisto de Klaus Mann (1971), o caso dos Soldados de Lebach (1973), o caso *Mutzenbacher* (1990), o caso da Princesa Carolina de Mônaco (1999), em razão de uma publicação na *Freizeit Revue* (1999). Este último caso foi especialmente interessante, pois o Tribunal buscou estabelecer critérios para uma ponderação. Recentemente, ganhou notoriedade outro caso submetido ao *Bundesgerichtshof* (Tribunal Federal de Justiça), em razão da publicação na capa da revista Playboy da expressão:

---

296   Tradução livre do original: *"Die Abwägung ist jedoch nicht nur eine weltweit geübte juristische Methode, sondern überhaupt eine allgemeine Denkmethode. Jeder, der eine Entscheidung zu treffen hat, wägt Gründ und Gegengründe, Vorteile und Nachteile ab, der Arzt berücksichtigt Risiken un Heilungschancen einer Behandlung, der Erzieher die Erfolgsaussichten einer Erziehungsmethode, selbst der Verbrecher vergleicht die Vorteile, die ihm die Tat voraussichtlich bringen wird, mit der Wahrscheinlichkeit, entdeckt zu weden, und der dann zu erwartenden Strafe"* (cf. *Die Methode...*, p. 175).

297   Tércio Sampaio Ferraz Jr fala em "razoabilidade de ponderação", referindo-se ao fenômeno jurídico conhecido nos EUA como *"balance of convenience rule"* (cf. *Obrigação tributária acessória e limites de imposição: razoabilidade e neutralidade concorrencial do Estado. In Princípios e Limites da Tributação. Coordenação Roberto Ferraz, São Paulo: Quartier Latin, 2005, p. 722*).

"Udo Jürgens na cama com Carolina?" e, em letras pequenas: *"Na entrevista ele responde com ambigüidade"*. Novamente em colisão a liberdade de expressão e a personalidade e dignidade da pessoa humana.

No Brasil, temos, a todo momento, casos de ponderação de princípios, como o da distribuição de medicamentos a pacientes carentes[298]. O STF realizou uma interessante ponderação entre o princípio (implícito) da reserva do possível e regras escritas da Constituição Federal, no pedido de intervenção no Estado de São Paulo[299] (IF 1.262-7/SP). Recentemente, o STF reconheceu maior peso ao princípio da solidariedade, no caso da contribuição dos inativos[300].

---

[298] "EMENTA: CONSTITUCIONAL. ADMINISTRATIVO. MEDICAMENTOS: FORNECIMENTO A PACIENTES CARENTES: OBRIGAÇÃO DO ESTADO. I. - Paciente carente de recursos indispensáveis à aquisição dos medicamentos de que necessita: obrigação do Estado em fornecê-los. Precedentes. II. - Agravo não provido" (AI-AgR 486816/RJ, Relator Ministro CARLOS VELLOSO, Julgamento: 12/04/2005 Órgão Julgador: Segunda Turma, DJ 6.5.2005, pp. 28).

[299] "EMENTA: INTERVENÇÃO FEDERAL. 2. Precatórios judiciais. 3. Não configuração de atuação dolosa e deliberada do Estado de São Paulo com finalidade de não pagamento. 4. Estado sujeito a quadro de múltiplas obrigações de idêntica hierarquia. Necessidade de garantir eficácia a outras normas constitucionais, como, por exemplo, a continuidade de prestação de serviços públicos. 5. A intervenção, como medida extrema, deve atender à máxima da proporcionalidade. 6. Adoção da chamada relação de precedência condicionada entre princípios constitucionais concorrentes. 7. Pedido de intervenção indeferido" (IF 3292/SP, Relator Ministro MARCO AURÉLIO, Relator p/ Acórdão Ministro GILMAR MENDES, Julgamento 8.5.2003, Órgão Julgador: Tribunal Pleno, DJ 29.8.2003, pp. 25). No mesmo sentido, a IF 1262-7/SP, lido no mesmo dia.

[300] EMENTAS: 1. Inconstitucionalidade. Seguridade social. Servidor público. Vencimentos. Proventos de aposentadoria e pensões. Sujeição à incidência de contribuição previdenciária. Ofensa a direito adquirido no ato de aposentadoria. Não ocorrência. Contribuição social. Exigência patrimonial de natureza tributária. Inexistência de norma de imunidade tributária absoluta. Emenda Constitucional nº 41/2003 (art. 4º, caput). Regra não retroativa. Incidência sobre fatos geradores ocorridos depois do início de sua vigência. Precedentes da Corte. Inteligência dos arts. 5º, XXXVI, 146, III, 149, 150, I e III, 194, 195, caput, II e § 6º, da CF, e art. 4º, caput, da EC nº 41/2003. No ordenamento jurídico vigente, não há norma, expressa nem sistemática, que atribua à condição jurídico-subjetiva da aposentadoria de servidor público o efeito de lhe gerar direito subjetivo como poder de subtrair ad aeternum a percepção dos respectivos proventos e pensões à incidência de lei tributária que, anterior ou ulterior, os submeta à incidência de contribuição previdencial. Noutras palavras, não há, em nosso ordenamento, nenhuma norma jurídica válida que, como efeito específico do fato jurídico da aposentadoria, lhe imunize os proventos e as pensões, de modo absoluto, à tributação de ordem constitucional, qualquer que seja a modalidade do tributo eleito, donde não haver, a respeito, direito adquirido com o aposentamento. 2. Inconstitucionalidade. Ação direta. Seguridade social. Servidor público. Vencimentos. Proventos de aposentadoria e pensões. Sujeição à incidência de contribuição previdenciária, por força de Emenda Constitucional. Ofensa a outros direitos e garantias individuais. Não ocorrência. Contribuição social. Exigência patrimonial de natureza tributária. Inexistência de norma de imunidade tributária absoluta. Regra não retroativa. Instrumento de atuação do Estado na área da previdência social. **Obediência aos princípios da solidariedade e do equilíbrio financeiro e atuarial, bem como aos objetivos constitucionais de**

Assim, a ponderação é um método bastante usado para a formação de uma decisão. Entretanto, poucas são as pesquisas para identificar as bases e o método da ponderação, como reconhece o próprio Hubmann:

"Embora a ponderação seja uma forma geral de pensar e decidir, e embora a jurisprudência, como indica o grande número de sentenças a respeito, tenha um papel quase tão importante quanto a subsunção, quase não há estudos acerca das suas bases metódicas. Enquanto as leis do pensamento nos quais se baseia a subsunção foram analisadas e representadas repetidas vezes deste Aristóteles, não se chegou nem perto de se ter a clareza metódica acerca da ponderação, pelo menos no que diz respeito à jurisprudência. Também a tópica e a retórica se ocuparam mais em encontrar aspectos do que em ponderá-los. As sentenças repetem outra e outra vez a necessidade de se ponderar todas as circunstâncias do caso específico, porém não explicam como essas ponderações devam ocorrer; geralmente, elas se limitam à enumeração dos aspectos"[301].

---

universalidade, equidade na forma de participação no custeio e diversidade da base de financiamento. Ação julgada improcedente em relação ao art. 4º, caput, da EC nº 41/2003. Votos vencidos. Aplicação dos arts. 149, caput, 150, I e III, 194, 195, caput, II e § 6º, e 201, caput, da CF. Não é inconstitucional o art. 4º, caput, da Emenda Constitucional nº 41, de 19 de dezembro de 2003, que instituiu contribuição previdenciária sobre os proventos de aposentadoria e as pensões dos servidores públicos da União, dos Estados, do Distrito Federal e dos Municípios, incluídas suas autarquias e fundações. 3. Inconstitucionalidade. Ação direta. Emenda Constitucional (EC nº 41/2003, art. 4º, § únic, I e II). Servidor público. Vencimentos. Proventos de aposentadoria e pensões. Sujeição à incidência de contribuição previdenciária. Bases de cálculo diferenciadas. Arbitrariedade. Tratamento discriminatório entre servidores e pensionistas da União, de um lado, e servidores e pensionistas dos Estados, do Distrito Federal e dos Municípios, de outro. Ofensa ao princípio constitucional da isonomia tributária, que é particularização do princípio fundamental da igualdade. Ação julgada procedente para declarar inconstitucionais as expressões "cinquenta por cento do" e "sessenta por cento do", constante do art. 4º, § único, I e II, da EC nº 41/2003. Aplicação dos arts. 145, § 1º, e 150, II, cc. art. 5º, caput e § 1º, e 60, § 4º, IV, da CF, com restabelecimento do caráter geral da regra do art. 40, § 18. São inconstitucionais as expressões "cinqüenta por cento do" e "sessenta por cento do", constantes do § único, incisos I e II, do art. 4º da Emenda Constitucional nº 41, de 19 de dezembro de 2003, e tal pronúncia restabelece o caráter geral da regra do art. 40, § 18, da Constituição da República, com a redação dada por essa mesma Emenda (ADIn 3105, Relatora Ministra Ellen Gracie, Relator para o Acórdão Ministro Cezar Peluso, julgamento 18.8.2004, órgão julgador: Tribunal Pleno, DJ 18.2.2005, pp. 4). No mesmo sentido, ADI 3128.

301   Tradução livre do original: "*Obwohl die Abwägung eine allgemeine Denk- und Entscheidungsweise ist und obwohl sie in der Jurisprudenz, wie die Vielzahl einschlägiger Urteile zeigt, eine fast ebenso große Rolle spielt wie die Subsumtion, hat man sich mit ihren methodischen Grundlagen kaum beschäftigt. Während die der Subsumtion zugrunde liegenden Denkgesetze seit Aristoteles immer wieder untersucht und dargestellt wurden, ist man bezüglich der Abwägung zumindest in der Jurisprudenz von methodischer Klarheit weit entfernt. Aber auch die Topik und die Rhetorik haben sich mehr mit dem Auffinden von Gesichtspunkten als mit ihrer Abwägung aller Umstände des Einzelfalles erforderlich sei, schweigen sich aber meist darüber aus, wie sie zu erfolgen habe; meist begnügen sie sich mit einer Aufzählung von Gesichtspunkten*" (cf. *Die Methode...*, p. 175).

Desse modo, não basta reconhecermos que as decisões são obtidas através de uma ponderação. É necessário estabelecermos um método para controlar (reconstruir e prever a probabilidade pelo senso comum) a ponderação. Analisaremos, em seguida, os métodos propostos para reconstruir a ponderação. Apesar dos trabalhos mais significantes oferecerem um cálculo formal ou matemático, limitar-nos-emos a apresentar as teorias sob uma ótica informal. Dessa forma, não examinaremos o pioneiro método de Hubmann – apesar de entendermos ter sido o trabalho que despertou o problema e se propôs a solucioná-lo – pois seu artigo dirige o foco da análise à formalização matemática.

4.2. Os critérios da ponderação em Peczenik

Peczenik analisa a ponderação sob uma ótica diferente mas complementar. Utiliza o conjunto de todas as circunstâncias relevantes, formando um critério de *coerência* no raciocínio.

Um princípio pode ser uma circunstância relevante para uma ponderação de valores, já que expressa um ideal. Assim, um princípio pode ser compreendido como uma razão *prima-facie* para uma ação[302]. Uma proposição normativa será *prima-facie*[303] se o ato (em virtude de um princípio moral subjacente) tende a ser um dever jurídico, isto é, se, apesar de se reconhecer a imposição inicial da obrigação, ainda assim admitir uma cláusula de exceção (no caso das regras) ou a precedência de outra obrigação no âmbito do fático (na hipótese de princípios). Dessa forma, mesmo quando um princípio estabelece uma obrigação, ele constitui uma razão *prima-facie* para determinada ação, admitindo, na hipótese de colisão, a precedência de outro princípio que conduz a uma ação diversa, inconciliável com a do primeiro princípio.

A ponderação de valores idealizados em um princípio envolve a análise de todas as circunstâncias relevantes. Uma obrigação é definida como todas-as-coisas-consideradas (*all-things-considered*) se, e somente se, alguém considerar todas as circunstâncias pertinentes ao caso, i.e., todas as obrigações *prima-facie* e todas as circunstâncias relevantes.

Segundo Peczenik, a qualidade de todas-as-coisas-consideradas tem, entretanto, dois sentidos, podendo ser classificada segundo a amplitude do juízo de ponderação. Uma obrigação tem a qualidade de todas-as-coisas-consideradas sensu stricto, se, e somente se, forem levadas em consideração todas as circunstâncias moralmente relevantes e todos os critérios de coerência. Este é um juízo particularmente difícil de ser alcançado, pois,

---

302   Cf. *On Law...*, p. 75.
303   No presente estudo, não diferenciamos razão *prima-facie* e razão *pro tanto*, apesar da natureza ontologicamente diversa dos dois conceitos.

como adverte Peczenik, "nenhum ser humano tem recursos suficientes para formular declarações todas-as-coisas-consideradas *sensu stricto*"[304]. Por sua vez, uma obrigação tem a qualidade de todas-as-coisas-consideradas *sensu largo*, também chamada de *ceteris-paribus* todas-as-coisas-consideradas, se, e somente se, tiver apoio de tantas circunstâncias moralmente relevantes quanto possível, e de tantos critérios de coerência quanto possível. Neste contexto, uma obrigação tem a qualidade de *ceteris paribus* todas-as-coisas-consideradas, se nenhuma circunstância moralmente relevante acontecer de forma a excluir a obrigação, ou seja, se todas as circunstâncias relevantes permanecerem inalteradas. Assim, uma obrigação será todas-as-coisas-consideradas *ceteris paribus*, i.e., *sensu largo*, se considerarmos o máximo possível de circunstâncias relevantes na ponderação.

Naturalmente não está correto afirmar que uma ponderação fundada no exame de todas as circunstâncias relevantes resolverá todas as possíveis incompatibilidades entre os princípios. Alguns critérios morais, apesar de *ceteris-paribus* lingüisticamente impensáveis, podem adquirir significação em uma explicação geralmente *ad-hoc*, como adverte Peczenik. Ou seja, algumas circunstâncias não consideradas relevantes após o exame de todas-as-coisas-consideradas, pode tornar-se significante em um caso específico (*ad-hoc*).

Entretanto, a ponderação fundada na consideração do máximo de circunstâncias relevantes remete o problema para a definição de relevância. No presente trabalho, entendemos que uma circunstância relevante pode ser definida como uma razão, no sentido de fortalecer uma crença em uma proposição normativa. Desta forma, se um fato social ou um dado *ideal* expresso em um princípio (jurídico ou político) influir na crença da proposição normativa, constituirá uma razão para a proposição e, assim, uma circunstância relevante para a ponderação.

Esta influência pode ser positiva ou negativa. Será positiva quando a circunstância relevante - i.e., a razão - fortalecer a aceitação do princípio; será negativa quando a circunstância relevante enfraquecer a aplicação do princípio. Esse é o sentido sustentado por Hubmann, quando afirma: "Além disso, entendem-se os valores e os argumentos que levam a uma determinada decisão como grandezas positivas, insignificâncias e objeções são entendidas como valores negativos"[305].

Discordamos apenas no que diz respeito às insignificâncias, pois o que não é relevante não aumenta nem diminui a crença em uma proposição. Com razão, portanto, Spohn[306], que atribui peso zero aos argumentos

---

304   Tradução livre do original: "no human being has resources sufficient to formulate all-things-considered statements sensu stricto" (cf. *On Law...*, p.).
305   Tradução livre do original: *"Außerdem werden Werte und Argumente, die für eine Entscheidung sprechen, als positive Größen, Unwerte und Gegengründe als negative Größen aufgefaßt"* (cf. *Die Methode...*, p. 179).
306   Cf. *On Certainty...*

irrelevantes.

A dialeticidade torna-se essencial para o juízo final de ponderação, com a verificação argumentativa da preponderância - ou não - das circunstâncias relevantes para a incidência de um princípio.

Uma característica da ponderação consiste na atribuição de pesos a certas circunstâncias, pois uma razão, por si só, pode não ser suficiente para constituir uma circunstância relevante, positiva ou negativa. Contudo, quando considerada conjuntamente com outras razões (*accrual of reasons*) pode ter peso suficiente para se tornar uma circunstância relevante.

4.3. O método de ponderação de Alexy

Porém, o que desafia a pesquisa sobre o tema é a atribuição de pesos específicos para cada argumento. Esse problema revela-se uma questão aberta, pois a ponderação envolve um juízo qualitativo, e não um juízo meramente quantitativo de razões[307].

Como vimos, a ponderação somente será qualificada como racional se o raciocínio puder ser reconstruído. E a reconstituição, por sua vez, depende da identificação dos pesos dos argumentos.

Os pesos incidem sobre as condições de fato que estabelecem a aplicação de um princípio. Segundo destaca Alexy, o critério de prevalência de um princípio sobre outro decorre das condições que formam um suposto de fato de uma regra que determina a conseqüência jurídica. É a chamada "precedência condicionada"[308] dos princípios. Cada suposto de fato tem um peso.

---

307   É interessante observarmos que Aristóteles, em *Ética a Nicômacos*, sustenta a possibilidade de medir (ponderar) todos os bens materiais pelo dinheiro.

308   Na Intervenção Federal n. 164/SP, julgada em 13.12.2003, DJ 14.11.2003, pp. 14, relator Min. Marco Aurélio, relator p/ Acórdão Min. Gilmar Mendes, o STF decidiu que "INTERVENÇÃO FEDERAL. 2. Precatórios judiciais. 3. Não configuração de atuação dolosa e deliberada do Estado de São Paulo com finalidade de não pagamento. 4. Estado sujeito a quadro de múltiplas obrigações de idêntica hierarquia. Necessidade de garantir eficácia a outras normas constitucionais, como, por exemplo, a continuidade de prestação de serviços públicos. 5. A intervenção, como medida extrema, deve atender à máxima da proporcionalidade. 6. Adoção da chamada **relação de precedência condicionada entre princípios constitucionais concorrentes**. 7. Pedido de intervenção indeferido". Assim também nas IF 2127/SP, 2737/SP, 2805/SP, 2909/SP, 2975/SP, 3046/SP, 3601/SP, 2973/SP, 3292/SP, todas julgadas em 8.5.2003. Em verdade, a teoria da precedência condicionada entre princípios foi desenvolvida por Robert Alexy, como se vê, dentre outros textos, no seguinte excerto: "2.2.4.1. Condiciones de prioridad (...) Lo último lleva a una idea fundamental para la relación de los niveles de la regla y de los principios, que se puede formular em uma ley de colisión: **las condiciones, bajo las que un principio prevalece sobre otro, forman el supuesto de hecho de una regla que determina las consecuencias jurídicas del principio prevaleciente.** Las condiciones de prioridad establecidas hasta el momento en un sistema jurídico y las reglas que se corresponden con ellas proporcionan información sobre el peso relativo de los princípios" (cf. *Derecho y Razón Práctica*, ..., pp. 15-16).

O professor Robert Alexy afirma que a atribuição do peso ocorre através de uma comparação entre três diferentes graus de interferência dos princípios pelas circunstâncias relevantes, mediante o uso de uma escala (triádica) para estabelecer o peso dos princípios. Em seguida, Alexy propõe uma fórmula[309] para calcular a colisão de princípios, em um magnífico estudo que contribui para trazer uma nova fronteira ao pensamento científico dos princípios.

A atribuição de pesos ainda depende diretamente de uma valoração das grandezas por quem efetua a ponderação. Alexy propõe a fixação dos pesos considerando três diferentes graus de afetação dos princípios relevantes: leve, moderado e sério (*light, moderate and serious*). Assim, forma a tabela triádica. Em seguida, Alexy estende o modelo triádico a um modelo triádico-duplo, aplicando as três classes a cada uma, produzindo um modelo com nove estágios, em que as interferências são classificadas como: triviais ou mínimas-mínimas (ll), mínimas-medianas (lm) ou mínimas-elevadas (ls), as moderadas mínimas (ml), as moderadas medianas (mm) ou as moderadas elevadas (ms) e, por fim, as levemente sérias (sl), as moderadamente sérias (sm) e as muito sérias (ss).

A cada grau é atribuída uma grandeza, que varia de 1 a 9 (escala aritmética) ou de 1 a 256 (escala geométrica)[310]. Assim, Alexy propõe atribuir um peso a cada variável, segundo seu grau de intensidade. Há três variáveis que podem ter um peso diverso. A variável I (*interference*), que significa o grau de não satisfação de um princípio por outro, ou seja, os efeitos que a omissão da interferência de um princípio produzirá em outro; a variável W (*weight*), que se refere ao peso abstrato de um princípio, independentemente das circunstâncias de cada caso concreto[311]; e a variável R (*reliability*), isto é, a confiabilidade das presunções empíricas ou o que significa a não-realização de um princípio e a realização de outro sob as circunstâncias do caso concreto. Cada princípio em colisão deverá ter um determinado peso, que é obtido com a atribuição de grandezas numéricas às variáveis. Cada uma das

---

309   Omitimos a fórmula matemática de Alexy, por entendermos não ser necessário examinarmos a sua base formal no presente estudo. O leitor interessado deve verificar o artigo do autor (cf. *On Balancing and Subsumption. A Structural Comparison. In Ratio Juris*, vol. 16, n.4, Oxford: Blackwell Publishing, 2003, pp. 433-449) ou uma comparação com nosso método (cf. *A Mathematical Framework for Modelling Legal Reasoning through Conditional Logics*. MSc Dissertation. Universidade Federal do Espírito Santo, 2004).

310   A escala geométrica considerada os valores 2^0, 2^1, 2^2, 2^3, 2^4, 2^5, 2^6, 2^7, 2^8, ou seja, respectivamente 1, 2, 4, 8, 16, 32, 64, 128 e 256. Para uma análise mais aprofundada do pensamento de Alexy, e a proposta de um método diferente de ponderação, ver nosso *A Mathematical Framework*.... No presente trabalho, não apresentaremos a versão formal de Alexy, bastando a descrição informal.

311   Muitos princípios constitucionais têm o mesmo peso e, nesse caso, a variável pode ser omitida. Outros princípios têm pesos diversos, e.g., princípio de proteção da vida e o princípio do devido processo legal.

três variáveis (I, W, R) receberá uma determinada grandeza segundo a tabela triádica-dupla (de 1 a 256).

Vejamos um exemplo. O princípio da dignidade da pessoa humana, que se pretende proteger por intermédio de uma declaração de paternidade, deve ser considerado, abstratamente, no grau máximo (ss). O princípio da segurança jurídica, concretizado pela coisa julgada, também tem um alto grau de seriedade, mas é inferior ao da dignidade da pessoa humana. Poderíamos classificá-lo como moderadamente sério (sm). Assim, já atribuímos grandezas às variáveis "W" dos dois princípios em colisão (dignidade e segurança jurídica). Se a prova da paternidade for amparada em um exame de DNA, então haverá um grau elevado de certeza empírica do fato (ss), que irá elevar o peso do princípio da dignidade da pessoa humana, aumentando a grandeza da variável "R". Por fim, há um alto grau de interferência do princípio da segurança jurídica no princípio da dignidade da pessoa humana, o que também define as grandezas de "I". Ponderando cada variável, segundo as grandezas atribuídas pela escala triádica-dupla, é possível reconhecer um maior peso ao princípio da dignidade da pessoa humana, justificando a preponderância deste sobre o da coisa julgada.

Observem que, se a prova da paternidade for circunstancial – e não uma prova contundente, como o exame de DNA –, não se justifica o afastamento do princípio da coisa julgada, pois não há certeza empírica das premissas que fundamentam a interferência. Esta conclusão satisfaz a segunda lei da ponderação de Alexy.

A escala triádica e o método de ponderação de Alexy formam um interessante critério para a reconstrução da estrutura da ponderação, e, se completarmos com a estrutura de todas-as-coisas-consideradas *ceteris paribus* de Peczenik, será possível aferir as razões que tiveram maior peso no resultado da própria ponderação, oferecendo um coerente método de controle do ato decisório.

A ponderação em uma decisão judicial, entretanto, não é feita de modo formal, como sugerido por Alexy. O juiz não fará um cálculo matemático para verificar as razões que justificam a decisão. Apesar de sua grande importância acadêmica – no estudo de um método formal para a ponderação –, não podemos excluir uma ponderação feita de modo informal, com a utilização de uma linguagem natural. Não se exige, e nem mesmo seria admissível, que o juiz utilizasse uma fórmula numérica para justificar sua decisão. A reconstrução formal de Alexy tem a finalidade de indicar um método, especificando as variáveis que devem ser ponderadas. Contudo, é plenamente possível utilizar o método de ponderação, sem referência a números. Apenas indicando, por intermédio de argumentos, como a ponderação foi feita pelo julgador, a qual elemento foi atribuído maior peso *etc.* Com base nessas informações – que, como podemos observar, é o conteúdo da própria justificação – é possível controlar a decisão judicial, muito embora ainda não se possa prevê-la. A previsibilidade somente existe nas hipóteses já decididas e já controladas. Porém, nesse caso, haverá uma norma jurídica, legal ou jurisprudencial!

4.4. A ponderação como método para um processo de resultados justos

Não é raro ocorrer o conflito entre o direito processual e o direito substancial. Se assim for, o juiz deve ponderar qual norma deve prevalecer.

Não se trata de "revogação" ou "invalidação" da norma processual ou da substancial. Trata-se de negar eficácia a uma norma (seja regra ou princípio), para assegurar uma maior utilidade na tutela jurisdicional a quem efetivamente tiver o direito.

Como haverá uma colisão entre duas normas jurídicas, o juiz irá necessariamente ponderar[312] entre os valores ou princípios que regem cada norma, seja a processual ou a substancial. Logo, a ponderação é o método mais adequado para assegurar a efetividade de um processo de resultado justo, principalmente nas hipóteses de casos difíceis *(hard cases)*.

4.5. Críticas à ponderação como método de controle

Conforme já explicamos, a ponderação é um método geral de reflexão e decisão. Porém, a ponderação não está livre de críticas. A forma é garantia no processo. Conforme observa Komatsu – sem excluir a instrumentalidade –, *"exatamente pela importância de que se revestem certos atos, exige-se forma solene, pois o formalismo é, no processo, garantia"* (p. 133).

A propósito, o próprio Hubmann (1972, p. 176) adverte que:

> "Freqüentemente, o resultado das ponderações dos tribunais é duvidoso. É difícil para o leitor reconstituí-las e chegar ao mesmo resultado. Aparentemente, os tribunais são da opinião de que é o suficiente confrontar argumentos e objeções e que cada um possa ler o resultado no seu íntimo como numa balança, que há tanto tempo é o símbolo da justiça"[313].

---

312   Dinamarco reconhece a necessidade da ponderação em diversos pontos de suas obras. Por exemplo, fala na importância de se "estabelecer o equilíbrio entre as exigências de se acelerar e de ponderar..." (cf. *Instituições...*, vol. I, p. 142). José Rogério Cruz e Tucci, do mesmo modo, aduz que se deve obter o equilíbrio entre a segurança e a celeridade para garantir justiça ao caso concreto (cf. *Tempo...*, p. 66). Note que esse equilíbrio é obtido pela ponderação.

313   Tradução livre do original: *"Das Ergebnis der von den Gerichten vorgenommenen Abwägung bleibt oft fragwürdig. Dem Leser fällt es meist schwer, dis nachzuvollziehen und zu demselben Ergebnis zu kommen. Die Gerichte sind offenbar der Meinung, daß es genüge, Gründe und Gegengründe gegenüberzustellen, und daß dann der einzelne in seinem Inneren wie an einer Waage, die seit alters als Sinnbild der Gerechtigkeit silt, das Ergebnis ablesen könne"* (cf. *Die Methode...*, p. 178).

A inexatidão da ponderação é objeto das críticas da doutrina[314]. Para que possa existir um mínimo de ordem, o resultado deve ser previsível e – considerando que o Direito é um fenômeno cultural – deve estar ao alcance do homem médio, não apenas dos técnicos e juristas.

A falta de reconstituição do raciocínio ou de previsibilidade da decisão poderia levar à reflexão feita por Bedaque que, sem se opor a um juízo de ponderação, adverte sobre o perigo de se invocar a instrumentalidade para negar eficácia a uma norma, simplesmente porque "não gostou" da lei[315].

Não obstante a coerência das críticas, entendemos que, na prestação jurisdicional, a técnica da ponderação é amplamente usada. Ao se exigir a fundamentação da decisão, permite-se conhecer as razões usadas para justificá-la. E sempre que se afasta uma razão em favor de outra, o juiz estará atribuindo maior peso à segunda. Assim, o controle pode ser exercido por um órgão revisor, que examinará as razões consideradas preponderantes, sopesando-as com as refutadas pela decisão. Desse modo, é possível pensarmos na ponderação como método para em um processo de resultados justos.

---

314   A falta de previsibilidade do resultado e de coincidência com a decisão, na hipótese de reconstrução da ponderação, justifica o ceticismo de autores como Müller.

315   A reflexão feita pelo professor das Arcadas é bastante pontual. Em verdade, é preciso criar padrões objetivos e externos para evitar a jurisprudência de puro sentimento ou afetividade (*Die Gefühlsjurisprudenz*), de que nos fala Brütt (p. 101/111).

5
A INSTRUMENTALIDADE SUBSTANCIAL E O DIREITO PROCESSUAL DE RESULTADOS JUSTOS

5.1. O trinômio certeza, probabilidade e risco. 5.2. Revisitando o princípio da segurança jurídica. 5.3. Limites estáticos e dinâmicos. 5.3.1. Insuficiência dos limites estáticos. 5.3.2. Racionalidade nos limites dinâmicos. 5.3.3. A necessidade de justificação da decisão. 5.4. O processo de resultados justos e os limites decorrentes das garantias constitucionais. 5.4.1. O devido processo legal substancial. 5.4.2. A razoável duração da solução substancial das controvérsias. 5.5. Convalidação das invalidades processuais. 5.5.1. Convalidação e omissão intencional da forma. 5.5.2. Ordem de enfrentamento entre preliminares e mérito. 5.5.3. Processo sem demanda: execução movida pelo réu em ação declaratória.

5.1. O trinômio certeza, probabilidade e risco

A nota essencial para obter um processo civil de resultados consiste na flexibilização do binômio direito-processo[316]. O escopo da flexibilização

---

316   Como sustenta Bedaque: "É exatamente essa a visão que tenho do direito processual. Tratando-se de ciência instrumental, não é possível concebê-la sem a perfeita identificação dos problemas existentes na sua área de atuação. O processualismo, isto é, a excessiva autonomia do processo frente ao direito material, constitui um mal, pois desconsidera o objeto na construção do instrumento. À luz da natureza instrumental das

do binômio direito-processo é o de assegurar a máxima utilidade do resultado do processo na restauração do bem jurídico violado. Permitir a influência do direito substancial no processo, porém, significa comprometer a certeza (formal), aumentando o risco de uma decisão não prevista. Assim, haverá uma relação triádica formada com os elementos certeza, probabilidade e risco[317].

No fundo, a *probabilidade* sugerida pelos professores Malatesta e Dinamarco, refere-se a uma probabilidade qualitativa (de razões) e não quantitativa (matemática). Essa probabilidade é obtida pela ponderação do peso das razões favoráveis (convergentes) e das razões desfavoráveis (divergentes).

O risco decorre da incerteza em conhecer todas as possíveis razões que poderiam ser aplicadas ao caso. Haverá, latente, sempre uma possível razão que modificaria o peso da argumentação e, conseqüentemente, o resultado da ponderação[318]. Mas não poderia ser de outra forma. A certeza ocorre em graus[319], e, mesmo em cognição exauriente, a certeza formada pelo juiz – embora em grau mais elevado – não será inafastável, podendo haver razões contrárias, não cogitadas pelas partes ou pelo juiz. Um exemplo que pode ser citado consiste na jurisprudência do STJ, no sentido de dividir, por metade, as diferenças da maxidesvalorização do real, ocorrida em janeiro de 1999, para os contratos com variação cambial do dólar americano. Quando esse entendimento surgiu no STJ, por algum tempo não foi aplicado por todos os tribunais (ainda hoje alguns juízes não aplicam o entendimento), simplesmente porque o desconheciam. Isso é natural, e ocorre sempre que

---

normas processuais, conclui-se não terem elas um fim em si mesmas" (cf. *Direito...*, p. 17).

317   Essa relação triádica foi desenvolvida por Dinamarco. Segundo observa o professor das Arcadas, "O risco de errar é inerente a qualquer processo e a obsessão pela verdade é utópica. Ainda quando se prescindisse por completo do valor celeridade e se exacerbassem as salvaguardas para a completa segurança contra o erro, ainda assim o acerto não seria uma certeza absoluta. Por isso, ao estabelecer o equilíbrio entre as exigências de acelerar e de ponderar, o legislador e o juiz devem estar conscientes da inevitável falibilidade do sistema (projeção da própria falibilidade humana), convivendo racionalmente com o risco e dando força aos meios de sua correção. (...) No contexto do desejado equilíbrio ganha realce o valor da probabilidade, como parâmetro a ser observado pelo legislador ao modelar os institutos processuais e pelo juiz em cada uma de suas manifestações no processo. Probabilidade é mais do que mera credibilidade ou mesmo que verossimilhança, mas é necessariamente menos que certeza. Não passa de preponderância dos elementos convergentes à aceitação de uma proposição, sobre os elementos divergentes: quando há mais razões para acreditar numa afirmação, diz-se que o fato afirmado é provável e, havendo mais razões para rejeitá-la, ele é improvável (Nicolò Framarino dei Malatesta). E, como a certeza absoluta é sempre inatingível, precisa o operador do sistema conformar-se com a probabilidade, cabendo-lhe a criteriosa avaliação da probabilidade suficiente" (cf. *Instituições...*, vol. I, p. 142/143).

318   Bastante coerente, pois, a afirmação de Peczenik, ao limitar a ponderação apenas à situação de *all-things-considered ceteris paribus* (cf. *On Law...*, pp. 309).

319   Wolfgang Spohn, cf. *On certainty*. Palestra proferida no Weltkongreß für Soziologie "Contested Boundaries and Shifting Solidarities", Bielefeld: inédito, 1994.

um novo entendimento surge. A hipótese sequer era cogitada em 1° ou 2° grau, apesar da *certeza* mais elevada (cognição exauriente). Logo, por mais que se queira ter uma *certeza* mais elevada, não é possível, ao ser humano, considerar todas as circunstâncias possíveis, todos os argumentos imagináveis. Ou seja, não é possível proferir um juízo de *todas-as-coisas-consideradas sensu stricto* (*all-things-considered sensu stricto*), como nos adverte Peczenik[320].

Assim, o trinômio certeza, probabilidade e risco exige a ponderação das razões utilizadas na argumentação, para se obter a justificação racional da decisão.

5.2. Revisitando o princípio da segurança jurídica

Como já foi explicado no primeiro capítulo, um valor essencial para qualquer ordenamento jurídico é o da previsibilidade das decisões, que forma o princípio da segurança jurídica[321]. Por sua vez, sustentamos, no início do presente trabalho, que o princípio da segurança jurídica, em sua concepção meramente formal, pode não ser suficiente para trazer uma "certeza" no direito. Em determinadas situações, a invocação da segurança jurídica formal simplesmente acarreta um formalismo injustificado, com a preponderância de uma regra processual, quando evidente o direito material[322].

Alexander Peczenik fornece um exemplo preciso para demonstrar a insuficiência de uma segurança jurídica fundada no caráter meramente formal da norma jurídica[323]. Se fosse mantida a previsibilidade meramente formal da

---

320   Cf. *On Law...*, p. 309.

321   José Rogério Cruz e Tucci reconhece a possibilidade de colisão entre o princípio da segurança jurídica e o da efetividade das decisões judiciais: "não se pode olvidar, nesse particular, a existência de dois postulados que, em princípio, são opostos: o da segurança jurídica, exigindo, como já salientado, um lapso temporal razoável para a tramitação do processo, e o da efetividade deste, reclamando que o momento da decisão final não se procrastine mais do que o necessário. Obtendo-se um equilíbrio destes dois regramentos – segurança/celeridade –, emergirão as melhores condições para garantir a justiça no caso concreto, sem que, assim, haja diminuição no grau de efetividade da tutela jurisdicional" (cf. *Tempo e processo*, São Paulo: RT,1997, p. 66).

322   Cândido Rangel Dinamarco admite uma flexibilização do princípio da segurança jurídica formal, em favor da realização dos escopos do processo. José Roberto dos Santos Bedaque também admite essa possibilidade, quando defende a eficácia da tutela jurisdicional: "A relativização do binômio direito-processo permite verificar as situações em que há necessidade de sacrificar a certeza em favor da eficácia da tutela. Mesmo que isso possa implicar abandono de uma qualidade do provimento jurisdicional e de seus efeitos, que é a imutabilidade, ou seja, a coisa julgada" (cf. *Direito...*, p. 115).

323   O professor Peczenik, analisando o alcance do princípio da segurança jurídica, adverte que: "The formal sense of "legal certainty" may be adequate for some purposes, e.g., in criminal law. But in the present work, dedicated to the problem of legal method, the material sense is more appropriate, among other things because the formal one has the following strange consequences. 1) Jews under Hitler's rule could predict that they would be

norma jurídica, um judeu teria a "certeza" ou a "segurança jurídica" de que iria sofrer discriminação sob as leis do Führer (sic). É óbvio que esta não é a previsibilidade que a ordem jurídica tem por escopo. Muito ao contrário. Parece-me evidente que, nessa hipótese, a "previsibilidade" formal da discriminação deve ser afastada para prevalecer um conteúdo material de justiça. Assim, deve haver uma correspondência da certeza previsível do direito com o conteúdo *material* do princípio da segurança jurídica. A previsibilidade é a do homem médio, inserido culturalmente na sociedade. Um julgamento deve ser previsível, na medida em que o homem médio seja capaz de aceitar o seu resultado. Uma decisão judicial legal, mas manifestamente injusta, não é "previsível" para a sociedade, que espera uma solução diversa, uma solução correta e justa. A sociedade deve ter a "segurança jurídica" de que irá receber um julgamento "justo", não apenas "legal". A previsibilidade está no resultado e não no meio. Esta é a verdadeira segurança jurídica que se pode esperar do Poder Judiciário.

Na medida em que se distancia de uma segurança jurídica formal, Peczenik tem sustentado, em inúmeros trabalhos, a interdependência entre o princípio da legalidade estrita e o princípio da justiça[324]. Posteriormente, Peczenik alterou a denominação, em cooperação com Aulis Aarnio, interpretando o princípio da segurança jurídica em um sentido material[325], ou seja, baseado no conceito de que "[as] decisões jurídicas são simultaneamente previsíveis e moralmente aceitáveis"[326].

Portanto, o princípio da segurança jurídica deve conciliar a previsibilidade das decisões judiciais e a aceitabilidade do ponto de vista de considerações morais (justas). A previsibilidade imposta pelo princípio da segurança jurídica decorre da racionalidade da decisão e de sua aceitação moral. Assim, haverá uma segurança jurídica em sentido *material*, e não apenas

---

discriminated. Did they possess a high degree of "legal certainty"? (...) b) Or, is it plausible to speak about legal certainty as predictability 'contra legem', e.g., when legal certainty as with the law are based on actual loyalty of officials towards the ruling Party, the leader personally etc.? In this case, Soviet Union under Stalin would be an example of a country possessing a fairly high degree of legal certainty" (cf. *On Law...*, p. 31).

324   Cf. *On Law...*, p. 138.

325   Um cuidado deve ser tomado para não confundir o sentido material da segurança jurídica, com a proteção dos indivíduos, coletividades e do próprio Estado contra crimes, na teoria jurídica soviética e sueca. Nas palavras de Peczenik: *"This material sense of "legal certainty" should not be confused with another, also called "material", in which "legal certainty" is identified with any kind of protection the law provides individuals, collectives and the state itself, e.g., against crimes. This use of the term may be called "extended material one". It dominated the Soviet legal theory and appeared in some Swedish contexts, too (cf., e.g., Report "Ekonomisk brottslighet i Sverige", 'SOU' 1984:15). The rationale of it is to play down protection of an individual against abuse of public power and to advocate protection the state provides against other risks. Though such protection is important, I find it confusing to call it "legal certainty"; cf. Mattsson 1981, 459 ff."* (cf. *On Law...*, p. 32).

326   No original: "[the] legal decisions are simultaneously predictable and morally acceptable" (Peczenik, cf. *On Law...*, p. 33).

formal[327]. Quanto maior for o grau de previsão e aceitação da decisão, maiores são as chances de um ordenamento jurídico estável e eficaz, pois haverá uma coincidência entre a conduta efetiva e a que se espera de cada membro da sociedade. Por sua vez, as decisões devem trazer um alto grau de aceitação do ponto de vista da justiça e da moral, sob pena de convivermos com a previsibilidade de que haverá discriminação com base na raça, na cor ou no sexo. Parafraseando Peczenik: *"Nas sociedades modernas, as pessoas esperam em geral que as decisões jurídicas sejam altamente previsíveis e, ao mesmo tempo, altamente aceitáveis do ponto de vista moral"*[328].

Mas a questão não se resolve dessa forma. Pode ocorrer uma previsibilidade maior baseada na previsão formal da lei, porém excluindo a apreciação de um conteúdo de valor. Por outro lado, a previsão genérica diminui a previsibilidade, comprometendo a própria certeza do direito. Esse fenômeno está presente no Código Civil de 2002, com seus diversos conceitos jurídicos abertos. A solução consiste em uma ponderação entre a previsibilidade da segurança jurídica formal e as considerações substanciais de justiça[329]. Logo, o princípio da segurança jurídica deve ser revisitado, outorgando-lhe a seguinte interpretação. A segurança jurídica, quando estabelece "previsibilidade das decisões jurídicas", significa, em sentido formal, "previsibilidade fundada em regras legais" e, em sentido material, "previsibilidade e aceitação moral das decisões jurídicas"[330]. Assim, além da "previsibilidade fundada em regras legais", a segurança jurídica advém da "previsibilidade fundada na aceitação (jurídica e moral) dos resultados.

Convém lembrarmos a advertência de Rudolf von Jhering, para

---

327   Segundo Peczenik, "A resposta é baseada no fato de que a interpretação e a aplicação do direito é, em certa medida, 'racional' e, por essa razão, promove 'segurança jurídica' em sentido material, isto é, o compromisso otimizado entre previsibilidade das decisões judiciais e sua aceitação sob outras considerações morais". Tradução livre do original: *"The answer is based on the fact that the interpretation and application of law is to some extent 'rational' and, for that reason, promotes 'legal certainty' in material sense, that is, the optimal compromise between predictability of legal decisions and their acceptability in view of other moral considerations"* (cf. *On Law...*, p. 32).

328   Tradução livre do original: "In modern society, people expect in general that legal decisions be highly predictable and, at the same time, highly acceptable from the moral point of view" (cf. *On Law...*, p. 212).

329   Nas palavras de Peczenik: *"A very exact legislation concerning, e.g., invalidity of undue contractual provisions, can thus, in some cases, result in injustice whereas a just general clause can make it difficult to predict legal decisions. In such cases, legal certainty means that one tries to find the best compromise between predictability and other moral considerations"* (cf. *On Law...*, p. 212).

330   Nos termos usados por Peczenik: "The use, if not the content, of the concept of "legal certainty" in the formal sense implies thus indirectly the material sense: "Predictability of legal decisions" implies "predictability of legal decisions based on legal rules"; the latter implies "predictability of legal decisions based on morally acceptable interpretation of legal rules"; and this implies "predictability and moral acceptability of legal decisions"" (cf. *On Law...*, p. 212).

quem "a forma é a inimiga jurada do arbítrio e irmã gêmea da liberdade"[331]. Porém, não podemos esquecer que Jhering fez esta afirmação no *Espírito do Direito Romano* (*Geist des römischen Rechts*), ou seja, na primeira fase de seu pensamento, quando ainda apoiava a Jurisprudência dos Conceitos (*Begriffjurisprudenz*). Após a palestra do procurador von Kirchmann[332], Jhering abandonou essa perspectiva e passou a sustentar uma jurisprudência mais pragmática, em sua obra *A finalidade no Direito* (*Der Zweck im Recht*), flexibilizando a exigência da forma.

5.3. Limites estáticos e dinâmicos

A validade do ato processual é um conceito estático, enquanto a eficácia é um conceito dinâmico[333]. A validade diz respeito ao 'ser' do ato processual, e a eficácia à produção ou não dos efeitos. Assim sendo, é possível classificar os limites à instrumentalidade substancial em estáticos e dinâmicos. São estáticos os limites que restringem a liberdade da forma, exigindo rigidamente a observância dos requisitos legais para que o ato jurídico processual seja considerado válido; são dinâmicos quando, a despeito da observância ou não da forma legalmente exigida, a prescrição tem eficácia perante os sujeitos processuais. Logo, os limites estáticos são identificados com a *validade* (formal) do ato, enquanto os limites dinâmicos referem-se à *eficácia* do ato.

A questão que se põe é saber se os dois limites – estático e dinâmico – podem conduzir a uma segurança jurídica material e a um processo civil de resultados.

5.3.1. Insuficiência dos limites estáticos

Os chamados limites estáticos não são suficientes para expurgar o ato considerado inválido. Já afirmamos que o ato inválido pode ser considerado eficaz. E a eficácia do ato processual inválido ocorrerá se e somente se o escopo do ato for atingido e se não houver prejuízo (instrumentalidade formal), se a ineficácia do mesmo ato implicar sacrifício de direito com peso superior ao direito que seria sacrificado, caso fosse reconhecida a eficácia (instrumentalidade substancial).

De regra geral, os limites estáticos podem ser usados nas hipóteses de ato processual *inexistente*, pois não há como atribuir eficácia ao que juridicamente não existe. Se o ato jurídico processual não possui um mínimo

---

331   No original, "Die Form ist die geschoworene Feindin des Wilkür, dis Zwillingsschwester der Freitheit" (cf. Carlos Alberto Alvaro de Oliveira, Do Formalismo no Processo Civil. São Paulo: Saraiva, 2003, p. 7).
332   Cf. Larenz, *Metodologia...*, pp. 50 ss.
333   Carnelutti, *Instituições...*, vol. I, 1999, p. 582.

formal, voluntário, objetivo e subjetivo, então o ato será considerado inexistente. Não há como atribuir eficácia a uma sentença sem a vontade do Estado-juiz (sem dispositivo). Também não se atribui eficácia a uma suposta sentença proferida por um não juiz, ou que não exista a possibilidade fática ou jurídica de se realizar o ato.

Os casos de nulidade absoluta (norma cogente de interesse público) podem se sujeitar aos limites estáticos, como o caso de falta de citação de litisconsórcio necessário, ou quando o réu, revel, não foi advertido dos efeitos da revelia e não compareceu para depor. Mas não podemos afirmar que todas as hipóteses de nulidade absoluta implicam limites formais à instrumentalidade substancial. Ao contrário. Existem casos de nulidade absoluta em que a doutrina (ou parte) admite ser possível atribuir eficácia ao ato nulo. Exemplificando, temos a hipótese (de trabalho) em que o Ministério Público não foi intimado para acompanhar ação envolvendo incapaz, contudo, a sentença foi favorável a este último. Se o Ministério Público recorrer da Sentença, estará causando hipoteticamente um dano ao incapaz[334]. Dinamarco reconhece tratar-se de nulidade absoluta, mas afirma ser inaceitável anular a decisão por falta de manifestação do *parquet*[335].

A nulidade relativa ou a mera irregularidade são casos em que, naturalmente, admite-se a eficácia do ato, pois o grau de rejeição à invalidade é menor.

Há, ainda, outra razão pela insuficiência do limite estático. Uma regra legal pode ser formalmente válida, pois foi produzida estritamente em observância das regras de produção, mas substancialmente inválida, revelando um conteúdo com grau *intolerável* de injustiça, para utilizar a expressão de Radbruch. Assim, é possível afastar um suposto limite estático, para fazer prevalecer um processo de resultados justos.

E mais, um ato processual somente será considerado inválido, se contrariar o disposto em uma regra legal que estabeleça a sua forma. Assim, poderíamos ter uma regra legal que, a despeito de impor a forma do ato processual, seria formalmente válida, mas materialmente inválida, enquanto o ato processual seria formalmente inválido, mas materialmente válido. Em resumo, a regra legal produziria um resultado substancialmente injusto, enquanto a norma processo, embora viciada, produziria um resultado justo.

---

334   No exemplo citado não se considera a hipótese de o Ministério Público recorrer para melhorar a situação do incapaz.

335   Segundo afirma o professor do Largo de São Francisco: "Mas, corretamente, os tribunais rejeitaram por falta de interesse a preliminar consistente na falta de intimação do Ministério Público (arts. 82, inc. I, 84 e 246), quando suscitada pelo adversário do incapaz *vitorioso* a quem essa Instituição deveria ter prestado assistência. Trata-se de nulidade absoluta, mas seria um contra-senso anular por falta da assistência do Ministério Público, quando a pessoa a ser assistida (ajudada) obteve do processo toda a tutela jurisdicional que poderia esperar. Essa orientação tem assento, também, na *instrumentalidade das formas* (*infra*, n. 714)" (cf. *Instituições...*, vol. II, p. 596).

Portanto, uma suposta limitação estática para controlar a invalidade dos atos jurídicos processuais não satisfaz, pois os próprios limites – regras legais que determinam a anulação do ato – sofrem controle pelo reconhecimento da eficácia.

5.3.2. Racionalidade nos limites dinâmicos

Como os limites estáticos não são capazes de impedir a produção de efeitos de um ato processual inválido, a hipótese de trabalho que resta é a de um controle dinâmico, decorrente do reconhecimento da eficácia do ato. O problema é que a doutrina não costuma reconhecer qualquer espécie de controle para a eficácia. Mas isso não significa que não exista um meio de se reconhecer racionalmente a eficácia.

Conforme discutimos nas seções precedentes, a racionalidade de uma decisão judicial pode ser controlada por intermédio da análise dos argumentos (teoria da argumentação), identificando aqueles que mais pesaram na tomada da decisão (teoria dos princípios), para reconstituir e possibilitar a previsibilidade da própria decisão (teoria da ponderação).

Identificando esses elementos, controla-se a racionalidade da decisão, justificando-se a atribuição de efeitos (eficácia) ao ato inválido.

A invalidade do ato decorre de sua prática em desacordo com o modelo estabelecido pela lei. Porém, o modo de se realizar o ato também está sujeito a um controle de legalidade ou de constitucionalidade, confrontando-se a exigência com outras normas, sejam regras ou princípios. Se houver um princípio jurídico (situação jurídica ideal, modalizada deonticamente, que deve ser atingida em alto grau) que recomenda o afastamento da regra que acarreta a invalidade do ato, então estaremos negando eficácia a uma regra legal formalmente válida, para se reconhecer a eficácia a uma outra regra legal formalmente válida ou a um outro princípio.

5.3.3. A necessidade de justificação da decisão

Para permitir um limite dinâmico, isto é, sobre a eficácia do ato, é imprescindível que a decisão seja fundamentada, pois é a justificação que permite o controle da racionalidade da decisão judicial[336]. Essa é a própria razão do imperativo constitucional para exigir a fundamentação das decisões, sejam administrativas ou judiciais[337], estabelecendo um controle difuso pela

---

336   Jerzy Wróblewski (cf. *Motivation de la Décision Judiciaire*, org. Charles Perelman, *La Motivation des Décisions de Justice*, Bruxelas: SA d'éditions juridiques et scientifiques, 1978, p. 134, *apud* Pinto, Teresa Arruda Alvim, *Nulidades da Sentença*, 2ª ed., São Paulo: RT,1990, p. 144).

337   Michele Taruffo fala em "controllo sociale diffuso" sobre o exercício do poder jurisdicional, que é obtido pela motivação: "Solo in questo modo, infatti, può essere realizzato in concreto, e non solo al livello delle astratte enunciazioni, il significato profondo dell'obbligo

sociedade. Não basta alguém simplesmente afirmar: "não concordo". É preciso dizer por que não concorda. Precisa esclarecer as razões da discordância, e, ao explicitá-las, o órgão revisor do julgado poderá fazer um controle efetivo da decisão. Quando se examina uma norma concreta[338] (sentença ou outra decisão judicial), esse controle é feito pelos próprios órgãos do Poder Judiciário, e constitui até mesmo a projeção do devido processo legal substancial, como nos demonstrou Paulo Henrique dos Santos Lucon[339].

Por sua vez, diversos argumentos, distintos e independentes entre si, podem ser utilizados para fundamentar uma mesma conclusão. Se um dos argumentos for afastado, é necessário examinar os demais, se, e somente se, estes também são considerados suficientes para autorizar o acolhimento ou a rejeição da pretensão.

Vejamos um exemplo dessa assertiva. O parágrafo único do artigo 459 do CPC dispõe ser vedado ao juiz proferir sentença ilíquida, quando o autor tiver formulado pedido certo. Contudo, os tribunais têm negado eficácia a este dispositivo legal, reconhecendo a possibilidade de o juiz proferir uma sentença ilíquida, que remete a apuração do valor para liquidação. Assim, se o juiz se convencer de que a relação jurídica substancial e o direito a uma prestação existem (*an debeatur*), mas não se convencer do valor da obrigação (*quantum debeatur*), poderá julgar procedente o pedido, remetendo a apuração do valor para a fase de liquidação de sentença[340]. O

---

costituzionale di motivazione, come garanzia di partecipazione del popolo all'amministrazione della giustizia attraverso il controllo sociale diffuso sull'esercizio del potere giurisdizionale" (*Il significato costituzionale dell'obbligo di motivazione*, in *Participação e Processo*, coordenação Ada Pellegrini Grinover, Cândido Dinamarco e Kazuo Watanabe, São Paulo: RT, 1988, p. 50).

338 Na hipótese de norma considerada abstratamente – precedente vinculante, jurisprudência dominante –, não se excluir um controle discursivo, *e.g.*, realizado pelos demais membros da sociedade ou pela a doutrina. Não se pode esquecer que a norma abstrata direciona-se a um auditório universal, técnico ou cultural.

339 Em um profundo artigo, o professor Lucon esclarece: "Nessa mesmíssima linha, a exigência da motivação das decisões judiciais significa, em síntese, a possibilidade de controle dos atos jurisidicionais pelos próprios órgãos do Poder Judiciário. Por ser uma forma de controle do ato estatal que se afigura ilegítimo, constitui projeção do devido processo legal substancial. A exigência da motivação das decisões, constante do art. 93, inc. IX, da Constituição Federal, e do art. 131 do Código de Processo Civil, não constitui um princípio, porque não tem o caráter de regra-mestra, de início ou ponto de partida. Essa exigência tem relevância na medida em que estabelece o perfil político-democrático do processo. Por isso, constitui uma projeção do due process of law, este sim um verdadeiro princípio" (cf. Paulo Henrique dos Santos Lucon. Devido Processo Legal Substancial. Disponível na Internet: http://www.mundojuridico.adv.br/ documentos/artigos/texto008.doc. Acesso em 20.8.2005).

340 O STJ reiteradamente tem decidido nesse sentido, como se vê no seguinte acórdão: "SENTENÇA ILÍQUIDA. PEDIDO CERTO. ARTS. 459, PARÁGRAFO ÚNICO, E 460 DO CPC. HONORÁRIOS DE ADVOGADO. - Segundo a jurisprudência desta Corte, não estando o Juiz convencido da procedência da extensão do pedido certo formulado pelo autor,

Ministro Sálvio de Figueiredo Teixeira[341] utiliza diversos argumentos para justificar a decisão. Afirma que se trata de nulidade relativa, pois não acarreta prejuízo para o réu. Destaca, ainda, uma interpretação teleológica para não declarar a nulidade da sentença, sob pena de contrariar o princípio da celeridade processual, que é o princípio subjacente da própria regra legal[342].

Isso demonstra que a decisão pode estar amparada em diversas razões, em diversos argumentos. Outros argumentos podem ser construídos para justificar a decisão. Por exemplo, pode ser aduzido que o réu não tem interesse para pleitear a anulação da sentença, pois a sentença líquida é um direito do autor, e não do réu[343].

Outro argumento que poderia ser formulado é o de que o princípio do livre convencimento do juiz (persuasão racional) concretizado pela regra

---

pode reconhecer-lhe o direito, remetendo as partes para a liquidação. Interesse recursal em argüir a nulidade da decisão restrito ao demandante. Incidência da súmula n° 83-STJ. Recurso especial não conhecido" (RESP 162194/SP, Relator Ministro BARROS MONTEIRO, DJ 20.03.2000, p. 76).

341 "PROCESSO CIVIL. SENTENÇA ILÍQUIDA. PEDIDO CERTO. "ART. 459, PARÁGRAFO ÚNICO, CPC". NULIDADE RELATIVA CUJA SUSCITAÇÃO SOMENTE AO AUTOR INCUMBE. INTERPRETAÇÃO TELEOLÓGICA. ÔNUS DA SUCUMBÊNCIA. RECURSO DESACOLHIDO. I - Tendo o autor formulado pedido certo na ação de cobrança e vindo ele a obter sentença o remete à liquidação, para a aferição do "quantum" da condenação, somente a ele assiste interesse recursal para suscitar a nulidade da sentença, de caráter relativo, uma vez que nenhum prejuízo advém para o réu. II - Construção afinada com os fins teleológicos do processo, e com a instrumentalidade deste tem entendido que não se deve decretar a nulidade da sentença na hipótese contemplada no parágrafo único do art. 459, CPC, uma vez que a mesma retardaria a prestação jurisdicional, contrariando o princípio da celeridade, principal objetivo da norma. III - A remessa ao procedimento liqüidatório para aferição do "quantum" da condenação não acarreta, em princípio, alteração na distribuição dos ônus da sucumbência, levando-se em conta, inclusive, que o total apurado poderá chegar à importância pedida na inicial, apenas não a podendo ultrapassar. O arbitramento dos honorários da sucumbência em percentual sobre o valor que vier a ser apurado na liquidação já estaria a devida proporcionalização. IV - Inadmissível o apelo especial quanto à questão que, a despeito da oposição dos embargos declaratórios, não foi apreciada pelo tribunal de origem (RESP 145246/SP, Relator Ministro SÁLVIO DE FIGUEIREDO TEIXEIRA, DJ 03.11.1998, p. 149, LEXSTJ vol. 117, p. 198).

342 Podemos observar, neste argumento, um exemplo da nossa afirmação de que uma regra pode conflitar com um princípio. No caso, o parágrafo único do artigo 459 do CPC tem, como princípio subjacente, o ideal da celeridade processual. Porém, a anulação da sentença, com fundamento no citado enunciado normativo, implicaria violação ao próprio princípio da celeridade processual. Assim, a regra conflita com o próprio princípio que a justifica.

343 Esse argumento foi efetivamente usado pelo STJ no RESP 32835/SP, Relator Ministro DIAS TRINDADE, DJ 24.05.1993, p. 10005: "PROCESSUAL CIVIL. PEDIDO CERTO. SENTENÇA ILIQUIDA. DIREITO DO AUTOR. FORMA DE LIQUIDAÇÃO. O direito à sentença líquida, quando certo o pedido, é do autor que o formula, a significar que o réu não tem interesse para recorrer pleiteando a nulidade da sentença, tanto mais quando, parcialmente procedente o pedido, impõe-se liquidação quanto ao restante, apresentando-se consentâneo que a mesma se faça por arbitramento, por se tratar de honorários de advogado, contratados em percentual sobre o valor do que auferiu a parte ré em demandas judiciais".

enunciada no artigo 131 do CPC também autoriza o reconhecimento do direito (*an debeatur*), remetendo a identificação da dimensão do dano (*quantum debeatur*) para a liquidação[344].

Ou, por fim, ambos os argumentos (falta de interesse do réu e o livre convencimento do juiz), podem ser usados, para reforçar o convencimento do auditório universal[345].

Em resumo, é possível identificar diversos argumentos que justificam a não aplicação do parágrafo único do artigo 459 do CPC. Ainda que alguém possa haver construído um argumento – explicitamente enunciado ou não[346] – contra a justificação formulada pelo STJ, em um juízo de ponderação, não obtiveram peso suficiente para obter a adesão do tribunal.

É verdade que se pode interpretar o citado dispositivo legal, no sentido de que *pedido certo* se refere à existência da relação jurídica base (*an debeatur*), e não à dimensão da relação jurídica (*quantum debeatur*). Assim, a obtenção do valor da condenação, isto é, a dimensão da relação jurídica, não se subsumiria à previsão do parágrafo único do artigo 459 do CPC e, portanto, não haveria qualquer vedação legal para remeter a questão para a fase de liquidação. Esta é uma interpretação conciliadora.

Contudo, esta interpretação somente revela mais um argumento baseado

---

344   O STJ decidiu, no RESP 49445/SP, Relator Ministro RUY ROSADO DE AGUIAR, DJ 13.03.1995, p. 5304, RSTJ vol. 75 p. 386, que: "SENTENÇA ILIQUIDA. PEDIDO CERTO. ARTIGO 459, PAR. DO CPC. 2. HONORARIOS DE ADVOGADO. RESPONSABILIDADE CIVIL. MONTANTE SOBRE O QUAL INCIDE. 1. O enunciado do artigo 459, par. único do CPC, deve ser lido em consonância com o sistema, que contempla o princípio do livre convencimento (artigo 131), de sorte que, não estando o juiz convencido da procedência da extensão do pedido certo formulado pelo autor, pode reconhecer-lhe o direito, remetendo as partes para a liquidação. 2. Definido no acórdão recorrido que a responsabilidade dos réus é de natureza contratual, por isso não incidindo o disposto no artigo 20, par. 5o., do CPC, não cabe, no recurso especial, examinar a prova para redefinir a natureza das relações mantidas entre os réus e a vítima do acidente. Divergência não caracterizada. Recurso não conhecido".

345   Vejam, por exemplo, o RESP 218738/RS, Relator Ministro FRANCIULLI NETTO, DJ 19.03.2001, p. 98, RSTJ vol. 143 p. 178, cuja ementa foi redigida no seguinte contexto: "RECURSO ESPECIAL. DECISÃO ULTRA PETITA. INEXISTÊNCIA. AÇÃO CAUTELAR INCIDENTAL E AÇÃO PRINCIPAL. JULGAMENTOS SIMULTÂNEOS. AUSÊNCIA DE PREQUESTIONAMENTO. PEDIDO CERTO E SENTENÇA ILÍQÜIDA. POSSIBILIDADE. Nada mais fez o magistrado de primeiro grau, a não ser cumular os processos da ação principal e da cautelar, adotando o procedimento ordinário, para prestar a tutela jurisdicional, simultaneamente, de acordo com os pedidos de cada uma. A determinação do parágrafo único, do artigo 459, do Código de Processo Civil, deve ser interpretada em consonância com o princípio do livre convencimento do juiz, de forma que, se não estiver convencido da extensão do pedido formulado na inicial, pode o magistrado reconhecer seu direito, mas remeterá, todavia, as partes ao processo de liqüidação. Além disso, tal regra se destina ao autor, quando tiver direito à sentença líqüida. Somente ele tem legitimidade para pedir sua anulação. Recurso Especial não conhecido. Decisão unânime".

346   O que destaca o caráter entimemático do raciocínio jurídico.

na modificação do significado (juízo) do signo lingüístico (significante), afirmando que aquele denota outro referente (objeto empírico ou conduta). Trata-se, mais uma vez, de argumentação jurídica.

Há uma interessante hipótese de trabalho, que nos remete à obra do professor Óscar Correas[347]. Desenvolveu-se, na doutrina, a tese de que as razões de decidir geralmente não são aquelas expostas na decisão. O juiz conclui pelo *resultado* da demanda – procedência ou improcedência – e, depois, procura razões para justificar sua decisão. Essas razões podem não ser as verdadeiras razões que levaram à decisão[348]. Podem ser razões absolutamente inimagináveis, que motivaram psicologicamente a decisão, independentemente de lei, jurisprudência, doutrina ou outro argumento qualquer. Nenhuma razão jurídica seria suficiente para demover o juiz de sua ideologia não demonstrada na sentença, e que se encontra oculta por um argumento técnico que não tem absolutamente qualquer relação com o modo que o juiz formou sua convicção.

Entretanto, essa conclusão não é completamente adequada, ao menos para a ciência processual. Independentemente de se reconhecer um auditório técnico (dos profissionais do direito) para se negar ou se reconhecer a eficácia do discurso, ou então que a decisão estaria justificada perante um auditório cultural (leigos no domínio jurídico), ainda assim é possível observar a importância da fundamentação. É que a decisão somente se justifica pelas razões que formam suas premissas. Conforme se pode derivar

---

347   Cf. *Crítica da Ideologia Jurídica. Ensaio Sócio-Semiológico*. Porto Alegre: Sérgio Antonio Fabris Editor, 1995.

348   Como observa John Stuart Mill, "todos, diz-nos ele, conhecem o conselho dado por Lorde Mansfield a um homem dotado de grande senso prático que, tendo sido nomeado governador de uma colônia, tinha, sem experiência nos casos judiciários e sem conhecimentos de direito, de presidir uma corte de justiça. O conselho era dar sua decisão resolutamente, pois provavelmente ela seria justa, mas jamais se aventurar a expor-lhe as razões, pois elas seriam quase infalivelmente más" (*in* Système de logique, vol. I, liv. II, cap. III, § 3, p. 213, apud Perelman, *A nova retórica...*, p. 47). Explicando a tomada da decisão e sua relação com as razões até mesmo subjacente, Perelman assevera que "com efeito, se o conselho de Lorde Mansfield era bom, é porque, depois que o presidente tivesse julgado com eqüidade, seus assessores, sozinhos poderiam "racionalizar" seu veredicto, precedendo-o de considerandos ignorados pelo governador, porém mais conformes à legislação em vigor do que as razões que lhe teriam motivado a decisão. Acontece, muito amiúde aliás, não sendo isso necessariamente deplorável, que mesmo um magistrado conhecedor do direito formule seu julgamento em dois tempos, sendo as conclusões a princípio inspiradas pelo que lhe parece ser mais conforme seu senso de eqüidade, vindo a motivação técnica apenas como acréscimo. Há que concluir, nesse caso, que a decisão foi tomada sem nenhuma deliberação prévia? De modo algum, pois os prós e os contras poderiam ter sido pesados com o maior cuidado, mas fora de considerações de técnica jurídica. Esta só intervém para justificar a decisão perante outro auditório e de forma nenhuma para, como explica Mill, formular de um modo experiente as máximas gerais de que o governador tinha uma impressão bastante vaga. O cientificismo de Mill, que lhe faz conceber tudo em função de um único auditório, o auditório universal, não lhe permite fornecer uma explicação adequada do fenômeno" (*A nova retórica...*, p. 47/48).

da Lógica de Port Royal: "a good decision taken from bad reasons can be a bad decision"[349].

Logo, as razões subjacentes podem ser importantes para uma justificação psicológica da decisão (endógena ou interna ao julgador), mas não para uma justificação jurídica (exógena ou externa ao julgador). Se a fundamentação da decisão não coincide com as razões subjacentes, este fato não será juridicamente relevante, pois o que se examina são as razões efetivamente usadas para a justificação. Tanto que os tribunais podem manter a decisão, alterando as razões de decidir para adequar a justificação a uma fundamentação jurídica.

Por sua vez, a única hipótese admissível de sentença não-fundamentada, mas considerada válida, é a de desnecessidade de analisar os argumentos, *e.g.*, homologatória de acordo *etc.*, em razão da exigência constitucional de fundamentação.

5.4. O processo de resultados justos e os limites decorrentes das garantias constitucionais

Após a justificação teórica da necessidade de um processo de resultados justos, não podemos nos olvidar de destacar alguns limites impostos pela Constituição Federal. A Carta de 1988, ao limitar a atuação do poder estatal, instituiu diversas garantias para os cidadãos, garantias essas que não podem ser afastadas, pois constituem um núcleo mínimo indisponível de proteção segundo as expectativas do Estado Democrático de Direito. Assegurando a observância das garantias mínimas da técnica processual adequada e de resultado justo e efetivo, estará sendo proporcionado um processo justo e équo[350].

Podemos encontrar, dentre as garantias fixadas pela Lei Fundamental, o contraditório e a ampla defesa, o devido processo legal (formal ou substancial), a razoável duração do processo *etc.* Analisemos, pois,

---

349   A lógica de Port-Royal, ou Logique Port-Royal, é o nome popular de *La logique*, ou *L'art de penser*, um importante texto de lógica de Antoine Arnauld e Pierre Nicole, publicado em 1662. O texto está disponível em <http://www.philosophy.leeds.ac.uk/GMR/hmp/texts/modern/arnauld/method.html>, acesso em 22.10.2005.

350   Paulo Lucon destaca expressamente essa característica das garantias constitucionais mínimas: "O modelo internacional aceito do processo justo e équo está presente no sistema jurídico brasileiro e funda-se na cláusula geral do devido processo legal. Por processo justo e équo deve-se entender aquele processo regido por garantias mínimas de meios e resultado, com emprego de instrumental técnico-processual adequado e conducente a uma tutela adequada e efetiva" (Devido Processo Legal Substancial. Disponível na Internet: <http://www.mundojuridico.adv.br/html/artigos/document os/texto008.htm>. Acesso em 20 de agosto de 2005).

tais garantias sob a ótica do processo de resultados justos.

5.4.1. O devido processo legal substancial

O princípio do devido processo legal *(due process of law)*, considerado em âmbito substancial, constitui limitação ao exercício do poder estatal, formando, desse modo, uma garantia que autoriza rever a legitimidade material da própria lei[351]. Institui, assim, a possibilidade de controle *substancial* do Estado e da própria jurisdição, permitindo examinar a razoabilidade e proporcionalidade das leis e das próprias decisões judiciais[352]. É possível fazer incidir o controle de razoabilidade instituído pelo devido processo legal substancial, inclusive sobre o exercício da jurisdição[353].

O alcance do princípio do devido processo legal vai além do mero sentido literal da expressão. Ele não se limita a impor obediência a um procedimento meramente legal, mesmo que regulado pela técnica processual, como uma leitura inadvertida poderia aparentar. "Devido processo legal" não significa "obrigatória aplicação da *lei* processual". O princípio merece ser considerado, dada a sua inegável importância, sob o prisma de seu aspecto substancial. Para isso, é necessário ampliar a exegese da expressão. O prof. Lucon, em um profundo trabalho sobre o tema[354], alertou que a nota característica do devido processo legal substancial repousa em sua dimensão axiológica, fundada na razoabilidade. Demonstra, ainda, o professor das Arcadas, que o adjetivo "devido" deve ser compreendido como a noção de *adequação*, dos atos dos poderes instituídos, às expectativas mínimas que se pode esperar do Estado Democrático de Direito[355]. Em verdade, refere-se à

---

351   Dinamarco destaca que o devido processo legal substancial significa "proclamar a autolimitação do Estado no exercício da própria jurisdição, no sentido de que a promessa de exercê-la será cumprida com as limitações contidas nas demais garantias e exigências, sempre segundo os padrões democráticos da República brasileira" (cf. *Instituições...*, pp. 244 ss.)

352   Atento à importância desse princípio como método de controle material, Paulo Lucon destaca que: "modernamente concebe-se o devido processo legal substancial como uma garantia que estabelece uma legítima limitação ao poder estatal, de modo a censurar a própria legislação e declarar a ilegitimidade de leis que violem as grandes colunas ou os landmarks do regime democrático". E conclui: "Em apertada síntese, o devido processo legal substancial diz respeito à limitação ao exercício do poder e autoriza ao julgador questionar a razoabilidade de determinada lei e a justiça das decisões estatais, estabelecendo o controle material da constitucionalidade e da proporcionalidade" (cf. *Devido...,*).

353   Aceitamos ser possível negar eficácia a uma decisão judicial transitada em julgado, cujo conteúdo decisório ofenda a razoabilidade ou proporcionalidade. Nesse caso, a inexigibilidade do título executivo judicial decorre da inconstitucionalidade por ofensa ao devido processo legal substancial. Esse argumento pode, dependendo do grau de violação à razoabilidade ou à proporcionalidade, produzir a inexistência da sentença.

354   Cf. *Devido...*

355   Estendendo o alcance da expressão, Paulo Henrique dos Santos Lucon leciona: "Em apertada síntese, o devido processo legal substancial diz respeito à limitação ao exercício do poder e **autoriza ao julgador questionar a razoabilidade de determinada lei e a**

própria proporcionalidade. Ocorre que, conforme vimos, a proporcionalidade desenvolve-se não apenas pela *adequação*, mas também pela *necessidade* e pela *proporcionalidade em sentido estrito*. Logo, ao compreendermos "devido" com a noção de "adequado", devemos considerar, também, o sentido de "necessário" e "proporcional" ou "razoável".

Fixada a premissa de que o adjetivo "devido" deve ser compreendido como "adequado, necessário ou proporcional", vejamos os demais elementos lingüísticos do princípio. O vocábulo "processo" refere-se, em verdade, à *atuação* dos entes estatais, sejam eles órgãos legislativos (ao prescrever abstratamente as condutas sociais), jurisdicionais (ao solucionar as controvérsias) ou administrativos (ao editar atos de execução da lei). Por fim, a expressão "legal" não pode ser limitada à noção de lei. Alguns autores, para minimizar esta errônea interpretação, defendem um devido processo constitucional[356]. O "legal" da expressão tem o sentido de "jurídico", de "direito". Portanto, o "devido processo legal" deve ser compreendido como "adequada, necessária e proporcional atuação do direito". Essa exegese engloba tanto o sentido processual (formal) quanto o material (substancial) do princípio, e é bastante ampla para abarcar a proporcionalidade e a razoabilidade, como cláusulas axiológicas de limitação do poder público e garantia mínima das liberdades públicas e do próprio Estado Democrático de Direito.

Como limitação e garantia, o princípio do devido processo legal substancial é uma indispensável ferramenta para controlar e, ao mesmo tempo, assegurar um processo de resultados justos.

---

justiça das decisões estatais, estabelecendo o controle material da constitucionalidade e da proporcionalidade. (...) A razoabilidade, que em direito civil é representada pelos valores do homem médio, está ligada à congruência lógica entre as situações concretas e as decisões admininstrativas e judiciais, ou seja, deve haver **uma relação de adequação entre o fato e a atuação concreta da Administração e dos órgãos jurisdicionais** (daí estar a razoabilidade ao lado da proporcionalidade); a razoabilidade atrela-se às necessidades da coletividade, à legitimidade, à legalidade, à economicidade. Aliás, toda a produção do Direito deve estar fundada na noção do razoável (logos do razonable – Luís Recaséns Siches), que tem uma inegável dimensão axiológica fixada pelas circunstâncias do espaço e do tempo. (...) Já o adjetivo "devido" refere-se à adequação de todos os atos de poder, sejam eles legislativos, jurisdicionais ou administrativos, com as expectativas mínimas do Estado Democrático de Direito. A cláusula do devido processo legal, no seu sentido substancial, nada mais é que um "mecanismo de controle axiológico da atuação do Estado e de seus agentes". Por isso constitui um instrumento típico do Estado democrático de direito, de modo a impedir toda **restrição ilegítima** aos direitos de qualquer homem sem um processo previamente estabelecido e com possibilidade de ampla participação. **Por esse novo prisma a cláusula do devido processo legal atinge não só a forma, mas a substância do ato** (...)" (cf. LUCON, *Devido...*, – o destaque não consta no original)
356   Bedaque, cf. *Efetividade...*, p. 58.

5.4.2. A razoável duração da resolução *substancial* das controvérsias

Encontramos a exigência de uma razoável duração do processo no inciso LXXVIII ao art. 5° da Constituição Federal, incluído por intermédio da Emenda Constitucional n° 45/2004[357]. Trata-se de um importante princípio, que vem contribuir com um novo meio para justificar a instrumentalidade substancial e um processo de resultado justo. Considerando que um princípio pode excluir a aplicação de uma regra – seja em razão de uma colisão com o princípio subjacente à regra, seja por conflitar com a própria regra que não tenha princípio subjacente –, é possível imaginarmos um grande número de argumentos para afastar regras processuais meramente formais. Assim como a jurisprudência invoca o princípio da celeridade ou o da economia processual para convalidar invalidades processuais, também o princípio da razoável duração do processo pode justificar a não-aplicação de regras processuais inúteis, que somente atrasariam, sem necessidade ou razão que as justificasse, a tutela jurisdicional[358]. Portanto, o princípio assegura o desenvolvimento do processo sem dilações indevidas[359], ou seja, sem atos processuais desnecessários e inadequados para o escopo do processo.

Por sua vez, não podemos esquecer que o valor *celeridade* colide diretamente com o da *segurança jurídica*[360], devendo, pois, haver uma ponderação para que um não exclua completamente o outro. Tão importante quanto a celeridade é a segurança jurídica[361], e também a proteção das

---

357   Diz o inciso LXXVIII do art. 5° da CFRB/88: "a todos, no âmbito judicial e administrativo, são assegurados a razoável duração do processo e os meios que garantam a celeridade de sua tramitação".

358   Não é toda a doutrina que reconhece a aplicação imediata do princípio da razoável duração do processo. Sérgio Chiarloni, referindo-se a experiência constitucional italiana, *e.g.*, entende tratar-se de norma de eficácia contida (*Il nuovo art. 111 Cost. E il processo civile*. In Rivista di Diritto Processuale 4/1.032).

359   Nesse sentido, José Rogério Cruz e Tucci: "Foi, sem dúvida, a partir da edição desse diploma legal supranacional, que o *direito ao processo sem dilações indevidas* passou a ser concebido como um direito subjetivo constitucional, de caráter autônomo, de todos os membros da coletividade (incluídas as pessoas jurídicas) à *tutela jurisdicional dentro de um prazo razoável*, decorrente da proibição do *non liquet*, vale dizer, do dever que têm os agentes do Poder Judiciário de julgar as causas com estrita observância das normas de direito positivo. Efetivou-se, outrossim, ao longo do tempo, a necessária exegese da abrangência do dispositivo em apreço, tendo-se, unanimemente, como *dilações indevidas*, "os atrasos ou delongas que se produzem no processo por inobservância dos prazos estabelecidos, por injustificados prolongamentos das etapas mortas que separam a realização de um ato processual de outro, sem subordinação a um lapso temporal previamente fixado, e, sempre, sem que aludidas dilações dependam da vontade das partes ou de seus mandatários" (*Garantia do processo sem dilações indevidas, in Garantias Constitucionais do Processo Civil*, coordenador José Rogério Cruz e Tucci, São Paulo: RT, 1999, pp. 238-239).

360   Bedaque, cf. *Efetividade...*,p. 568, nota 7.

361   Rodrigo Mazzei faz importante advertência nesse sentido: "Dessa forma, ainda que

JUSTIÇA, DIREITO E PROCESSO

garantias constitucionais dos litigantes, como o contraditório e o devido processo legal. Não se pode, somente a título de se obter uma razoável duração do processo, ignorar as garantias constitucionais que visam a assegurar um processo justo e équo na solução das controvérsias. Porém, isso não quer dizer que a razoável duração do processo é um princípio cuja aplicação não terá utilidade para a ciência processual. Pelo contrário. Entendemos que o princípio irá justificar um processo de resultados mais justos, minimizando o "dano marginal" causado pelo tempo e autorizando uma instrumentalidade substancial na composição da lide.

Conceituar a razoável duração do processo não é tarefa fácil[362]. Como estamos diante de um conceito jurídico aberto (*open texture*), o alcance do princípio será fixado considerando as circunstâncias concretas de cada caso. Utilizando um exemplo citado por Bedaque, o atraso de um dia é intolerável quando se trata de medida cautelar de separação de corpos, mas será mais que razoável em ação visando a condenação à restituição de um indébito tributário. Talvez possamos compreender o alcance da expressão por intermédio de um conceito que – não obstante continue genérico, para preservar sua abstração –, possa indicar como reconhecer a razoabilidade na duração do processo. Assim, podemos relacionar a razoável duração do processo com a característica de o ato processual possuir uma razão que justifique sua exigência. Nessa medida, toda dilação que não pode ser razoavelmente justificada, torna-se indevida. Parece-nos suficiente essa visão, ao menos para assegurar uma concepção instrumentalista do escopo ditado pelo princípio. Outrossim, a razão que justifica um ato processual decorre da *necessidade* e da *adequação* ao escopo pretendido. Portanto, a prática de atos processuais desnecessários e inadequados para o escopo do processo acarreta

---

a celeridade processual seja de grande relevância para os litigantes, a segurança jurídica demanda que a mesma não prepondere, de forma cega, em situações acobertadas pela garantia constitucional da ampla defesa e do contraditório. Há, pois, na aplicação do fator tempo pelo legislador sempre um exercício de ponderação de valores, trabalhando com o binômio tempo-segurança, já que o resultado ideal é resultante da equação balanceada destes elementos" (Aspectos panorâmicos do "tempo" na "realização do direito", in Reforma do Judiciário. Análise Interdisciplinar e Estrutural do Primeiro Ano de Vigência, coordenadores Bruno Freire e Silva e Rodrigo Mazzei, Curitiba: Juruá Editora, 2006, p. 526).

362   José Rogério Cruz e Tucci demonstra ser impossível estabelecer o alcance da expressão, com antecedência, e sem examinar as circunstâncias concretas de cada caso, o alcance da expressão. Assim: "Todavia, torna-se impossível fixar a priori uma regra específica, determinante das violações à garantia da tutela jurisdicional dentro de um prazo razoável. (...) O reconhecimento desses critérios traz como imediata conseqüência a visualização das dilações indevidas como um conceito indeterminado e aberto, que impede de considerá-las como o simples desprezo aos prazos processuais pré-fixados" (*Garantia do processo sem dilações indevidas, in Garantias Constitucionais do Processo Civil*, coordenador José Rogério Cruz e Tucci, São Paulo: RT, 1999, p. 239). Os critérios a que se refere o professor das Arcadas são os estabelecidos pela Corte Européia dos Direitos do Homem: a) da complexidade do assunto; b) do comportamento dos litigantes e de seus procuradores ou da acusação e da defesa no processo penal; e c) da atuação do órgão jurisdicional.

uma dilação indevida e ofende o princípio da duração razoável do processo. O princípio da razoável duração do processo pode, pois, ser invocado sempre que houver dilação indevida, ou seja, sempre que um ato não for necessário ou adequado ao seu escopo, ou quando não existir uma outra razão que justifique a exigência daquela forma.

Assim sendo, a razoável duração do processo deve ser compreendida como *tolerável aguardo da solução definitiva das controvérsias, sem dilações indevidas (desnecessárias, inadequadas ou desproporcionais).*

Vejamos um exemplo em que a razoável duração do processo pode ser usada para justificar o afastamento de uma regra processual tão forte quanto o prazo recursal. Imaginemos uma ação proposta em face da União Federal, porém ajuizada perante a Justiça Comum Estadual. Imaginemos, também, que, embora a parte ré tenha alegado a incompetência absoluta *ratione personae*, o juiz tenha rejeitado o argumento e afirmado sua competência[363]. Inconformada com a decisão, a União agrava, porém, por um motivo qualquer, o agravo é intempestivo, ou, então, não preenche os demais requisitos de admissibilidade. Nesse contexto, surge a dúvida: o que fazer? Conhecer um recurso manifestamente intempestivo? Conhecer um recurso que não preenche os requisitos de admissibilidade, tais como, *v.g.*, a juntada da certidão de intimação, cópia da decisão agravada *etc*? Ou então negar-se a conhecer do recurso, deixando a análise da competência para o momento em que a apelação for julgada? Muito embora a técnica processual estabeleça que um recurso intempestivo não pode ser sequer conhecido, parece-nos absolutamente inaceitável exigir que o processo tramite na Justiça Estadual, com produção de provas e prolação de sentença, para, depois, anular todo o processo somente em grau de apelação e determinar que nova tramitação tenha início na Justiça Federal. Nessa hipótese, a dilação é completamente indevida, pois não há razão – prática ou teórica – que justifique o resultado deste raciocínio. A solução mais adequada é conhecer do agravo, apesar de manifestamente intempestivo, para declarar a incompetência da Justiça Estadual.

Portanto, é possível conhecer recurso interposto fora do prazo, se a inadmissibilidade violar a razoável duração do processo, e acarretar a repetição de atos processuais.

Mas há espaço, ainda, para uma concepção mais abrangente deste princípio. A expressão "razoável duração do *processo*" deve ser compreendida considerando o escopo do processo, que é a obtenção do resultado justo na solução das controvérsias. Assim, o alcance do princípio passa a ser bem mais amplo, para estabelecer uma razoável duração da *solução justa do conflito de*

---

363   Talvez em uma situação tão explícita quanto esta, a incompetência fosse acolhida. Porém, não são raros os casos em que surge um conflito de competência entre a Justiça Federal e a Estadual. Inúmeros são os precedentes do STJ nas mais variadas situações. O exemplo parece-nos adequado para todas elas.

interesses, da própria pacificação social. Ou seja, o princípio da razoável duração do processo refere-se a um aguardo tolerável da *tutela jurisdicional substancial*, prestada de forma a compor a lide definitivamente. Assim sendo, a duração razoável do processo não se limita à tramitação de um procedimento, mas, antes, refere-se à própria composição *definitiva* do conflito de interesses, de modo *substancial*.

Com fulcro nesse raciocínio, é possível usar a razoável duração do processo – juntamente com outros princípios, como o de um processo de resultado justo – para justificar teses até mesmo mais ousadas, como a sustentada por Bedaque[364], da existência de processo sem demanda. Trabalhemos com um exemplo concreto[365] para entendermos melhor a afirmação. Uma senhora adquiriu um imóvel, pagando parte do preço exigido pelo vendedor. Não houve sequer a elaboração de uma promessa de compra

---

364   Cf. *Efetividade do Processo e Técnica Processual: Tentativa de Compatibilização. (Diretrizes para aplicação da técnica processual e superação dos óbices aos escopos do processo)*. Tese apresentada ao Concurso para o cargo de Professor Titular de Direito Processual Civil da FD da USP, São Paulo: inédito, 2005.

365   Este é um caso concreto em que tive a oportunidade de funcionar como relator. O acórdão lavrado teve a seguinte ementa: "CIVIL E PROCESSUAL CIVIL. VENDA E COMPRA DE IMÓVEL. AQUISIÇÃO DO DOMÍNIO. SIMULAÇÃO NÃO PROVADA. TERCEIRO ADQUIRENTE DE BOA-FÉ. OBRIGAÇÃO DE FAZER CONSIDERADA JURIDICAMENTE IMPOSSÍVEL. CONVERSÃO EM PERDAS E DANOS. AUSÊNCIA DE PEDIDO. POSSIBILIDADE. RECURSO PARCIALMENTE PROVIDO. I – A aquisição da propriedade se aperfeiçoa com a escritura pública devidamente averbada no cartório imobiliário. O desfazimento, pelo compromissário vendedor, de negócio jurídico de compra e venda não averbado e a posterior venda a terceiro de boa-fé que, desconhecendo o negócio anterior, registrou a escritura pública no cartório competente, impedem a procedência do pedido de condenação em obrigação de fazer (outorgar a escritura) por parte do compromissário vendedor. II – A promessa de compra e venda não averbada no registro imobiliário não permite ao compromissário comprador anular posterior transferência de domínio a terceiro de boa-fé. Precedentes do STJ. III – Muito embora não conste na apelação ou sequer na inicial o pedido de indenização por perdas e danos, é possível conceder tal pretensão, sem violação à técnica processual. As obrigações de fazer convertem-se em perdas e danos, nos termos do art. 633 do CPC, que também se aplica ao processo de conhecimento, em razão do sincretismo processual. Inexistência de nulidade, se o capítulo concedido sem pedido da parte observou o contraditório, segundo demonstra José Roberto dos Santos Bedaque, na mais revolucionária obra sobre o processo civil (*in Efetividade do Processo e Técnica Processual: Tentativa de Compatibilização,* Tese apresentada ao Concurso para o cargo de Professor Titular de Direito Processual Civil da USP). IV – Os princípios jurídicos devem ser ponderados, prevalecendo o de maior peso ou importância, segundo a precedência condicionada aos fatos concretos, sopesados pelo método triádico duplo de Alexy. Na hipótese, o princípio chiovendiano do "tutto quello e proprio quello" (tudo aquilo e exatamente aquilo a que a parte tem direito), bem como os princípios da duração razoável do processo e o do devido processo substancial, prevalecem sobre os princípios do "tantum devolutum quantum apelatum", da correlação ou adstrição e o da inércia. V – Recurso parcialmente provido para condenar o compromissário vendedor em perdas e danos, apuradas em liquidação de sentença" (Apelação Cível n° 035940046358, relator Desembargador Substituto Samuel Meira Brasil Jr., julgado em 18.10.2005)

e venda. Posteriormente, descobriu-se que o imóvel já havia sido vendido a terceiro de boa-fé, que registrou a escritura pública no respectivo cartório imobiliário. A adquirente, sentindo-se lesada, ajuizou uma ação, em meados da década de 70, formulando expressamente o pedido de anulação da escritura e de condenação do vendedor a outorgar-lhe a escritura pública. Não houve pedido sucessivo ou eventual formulado pela adquirente. O pedido foi julgado improcedente pelo juiz, fundamentando a sentença no entendimento de que a aquisição da propriedade imóvel ocorre com a transcrição do título aquisitivo no Registro Imobiliário. Após trinta anos da propositura da ação (2005), a apelação chega ao tribunal para julgamento. Analisando o recurso, a Câmara reconhece a existência do negócio jurídico de compra e venda entre a adquirente e o vendedor, porém também reconhece a aquisição da propriedade pelo terceiro de boa-fé que, inclusive, registrou a escritura pública no Cartório Imobiliário. Assim, concluiu ser improcedente o pedido anulatório bem como o de condenação do vendedor em outorgar a escritura pública à adquirente. Havia, no máximo, o direito a ser indenizada pelo vendedor. Porém, o que dizer a uma senhora de aproximadamente 70 anos (na data do julgamento da apelação)? Que o pedido de outorga da escritura era improcedente e que, quando muito, a autora teria direito a ser indenizada *em ação própria*? Que, se assim desejasse, a autora deveria ajuizar nova ação, buscando a condenação do vendedor em perdas e danos e aguardar, talvez, outros trinta anos para obter o pronunciamento do tribunal (observem que a questão sequer chegou aos tribunais superiores, o que demandará mais tempo, ainda, na composição da lide)? E mais, dizer que se exige a propositura de nova ação, simplesmente porque a adquirente não formulou pedido eventual de condenação em perdas e danos na petição inicial?[366] A conclusão foi diversa. Reconhecendo a possibilidade de conversão de obrigação de fazer (outorgar a escritura) em perdas e danos, bem como a necessidade de uma razoável duração do *resultado justo na solução substancial das controvérsias*, a 2ª Câmara Cível do TJES, me acompanhando, condenou o vendedor em perdas e danos, em *quantum* a ser apurado em liquidação de sentença, independentemente de pedido formulado em apelação ou mesmo na inicial. Nesse caso, o alcance do princípio da razoável duração do processo foi ampliado para atingir a razoável duração da *solução substancial do processo*, flexibilizando o binômio direito-processo, fazendo prevalecer o direito material[367].

---

366   "Nada mais frustrante para o estudioso do direito processual e mais prejudicial ao que necessita da tutela jurisdicional do que, após longos anos, depois de praticados inúmeros atos e despendida enorme energia, a extinção do processo sem eliminação da crise de direito material" (Bedaque, *Efetividade...*, p. 39).

367   Diversas outras razões foram usadas para justificar a decisão. Assim, remetemos o interessado a uma leitura integral do voto.

5.5. Convalidação das invalidades processuais

As invalidades processuais – inexistência, nulidade absoluta, nulidade relativa *etc.* – podem ser sanadas, em nome de um processo de resultados justos e da instrumentalidade substancial. Até mesmo a inexistência pode ser sanada, em determinadas situações. Assim, (i) a vontade ou intenção do sujeito pode ser manifestada mesmo em momento posterior à prática do ato, *e.g.*, com a aposição de assinatura na petição, recurso ou sentença[368]; (ii) as qualidades jurídicas necessárias para praticar o ato podem ser adquiridas posteriormente, *e.g.*, quando o advogado recebe procuração da parte, juntando-a aos autos[369]; (iii) quando o objeto faltante do ato for suprido pela parte, ou pelo próprio órgão jurisdicional, *e.g.*, quando o dispositivo faltante da sentença for substituído por acórdão do tribunal ou quando o pedido inexistente na petição inicial puder ser conhecido de ofício ou por outra razão que prevaleça[370]; (iv) quando a impossibilidade material deixar de existir, e o resultado tornar-se materialmente possível, *e.g.*, quando a parte adquirir o bem que não possuía e foi condenado a entregar ou receber recursos financeiros até então inexistentes[371]; (v) quando o resultado tornar-se admissível pela ordem jurídica, *porém* sem atingir o núcleo intangível dos direitos do homem[372].

---

368   Há hipóteses em que a falta de assinatura não admite convalidação. Em seguida, veremos alguns exemplos, assim como as razões para não convalidar o ato.

369   Porém, é necessário que, mesmo juntando posteriormente a *prova* de possuir as qualidades exigidas por lei, o sujeito as possua no momento que praticou o ato. Nessa linha, não pode ser considerado convalidado o ato praticado por um não-juiz, se a investidura ocorreu em momento posterior àquele em que praticou o ato. As qualidades jurídicas antecedem o ato: são requisitos

370   Algumas matérias podem ser conhecidas de ofício, independentemente de provocação ou pedido da parte. Por exemplo, a pensão alimentícia, em demanda com pedido exclusivamente declaratório de reconhecimento de paternidade (art. 7º da Lei nº 8.560/92), a multa diária prevista no § 4º do art. 461, CPC), prestações vincendas nas obrigações de trato sucessivo (art. 290, CPC), juros, correção monetária, custas e honorários (todos no art. 404, CC/2002) *etc.* Note o exemplo, neste trabalho, de tutela jurisdicional sem pedido.

371   O art. 12 da Lei nº 1.060/50 dispõe: "Art. 12. A parte beneficiada pela isenção do pagamento das custas ficará obrigada a pagá-las, desde que possa fazê-lo sem prejuízo do sustento próprio ou da família. Se, dentro de 5 (cinco) anos, a contar da sentença final, o assistido não puder satisfazer tal pagamento, a obrigação ficará prescrita".

372   Nesse caso, reconhecemos a dificuldade de expandir a tese a todas as situações, pois não admitimos, em hipótese alguma, a violação do núcleo intangível dos direitos do homem, mesmo que uma hipotética constituição (formal, e não material) a admita. Não vemos como convalidar uma decisão que condene uma mulher a prestar favores sexuais a alguém, nem a que condene a destacar partes do corpo de pessoa viva. Assim, a convalidação não será admissível, quando atingir o núcleo mínimo de garantias intangíveis da pessoa humana. Um exemplo de convalidação seria admitir o desligamento de um Estado federado da República

JUSTIÇA, DIREITO E PROCESSO

A jurisprudência tem admitido a regularização de petição sem assinatura[373], em que pese tratar-se de ato juridicamente inexistente. Eduardo Talamini admite, nessa mesma linha, considerar existente a sentença sem assinatura do juiz, caso a mesma seja posteriormente aposta pelo julgador[374]. Contudo, as circunstâncias em que se dá a confirmação do ato judicial precisam ser adequadamente ponderadas[375].

Logo, o ato inexistente admite convalidação, se e somente se o requisito mínimo for preenchido e não houver uma razão contrária.

Também as nulidades absolutas – e, com maior razão, as relativas – podem ser convalidadas.

Questões atinentes à competência absoluta, guardadas as devidas proporções, também são passíveis de convalidação. Na hipótese de uma ação em que o autor alega existir relação consumerista ajuizada em vara própria[376]

Federativa se, pouco tempo depois, a Constituição passasse a admitir a secessão, como ocorria no Canadá antes de 1997. Nesse caso, o mínimo objetivo constitucional deixou de ser exigido.

373   STJ, REsp. 783694/MA, relator Ministro Castro Meira, julgado em 6.12.2005, DJ 19.12.2005, p. 382.

374   Eduardo Talamini admite que a sentença seja assinada posteriormente pelo juiz, confirmando-a desde a origem. Assevera que "essa é a interpretação que se tem dado no próprio direito italiano à regra acima mencionada. Procura-se distinguir os casos de falta de assinatura derivada de mera "desatenção", omissão material, daqueles em que há deliberada recusa do juiz em assinar o documento. Nessa linha, toda vez que se puder definir de modo preciso que o documento dito "sentença", a despeito de estar sem a assinatura, provém do juiz, não há de se falar em "ato inexistente". A definição de origem pode se dar tanto por ato posterior confirmatório do juiz que por lapso deixou de assinar o documento, quanto por outro modo seguro e inequívoco" (cf. *Coisa Julgada e sua Revisão*. São Paulo: RT, 2005, p. 335).

375   Esclarece Talamini que a assinatura, mais que um valor em si mesmo, tem por escopo indicar a autoria do ato. Assim, se a sentença foi proferida em audiência, cuja ata não foi assinada pelo juiz, e posteriormente o juiz, por uma infelicidade qualquer vem a falecer, a sentença pode ser convalidada, até mesmo por certidão do escrivão de que ele esteve presente ao ato. Não negamos, porém, a possibilidade de surgir situações em que, mesmo reconhecida a autoria, a sentença não pode ser considerada existente, por inexistir *intenção*. Apreciamos um agravo por instrumento, em que o agravante alegou a inexistência da decisão impugnada, exatamente por lhe faltar a assinatura. Requisitadas as informações – inclusive sugerindo a confirmação do ato –, a juíza informou que a "decisão" – manuscrita – era de sua autoria, mas o cartório juntou, inadvertidamente, um esboço de decisão, ainda não terminada. Informou, ainda, que até o momento não havia decidido a questão. Assim, embora reconhecida a autoria, a juíza negou a *intenção*, elemento do ato. Lembramos que alguns juízes (ou alguns assessores, nos Estados que os têm) fazem esboços de sentenças, deixando-os na contra-capa do processo. Esses esboços podem ser juntados inadvertidamente, como, de fato, ocorreu. Portanto, mesmo confirmada a autoria, pode não existir a vontade ou intenção. Outra hipótese que merece reflexão é a do juiz já estiver aposentado e, inclusive, advogando – portanto, sem a exigência de imparcialidade –, ainda assim poderá confirmar o ato? A autoria e a inteção estariam presentes, mas não o exercício da função. Que a sentença sem assinatura pode ser sanada, não temos dúvidas. Mas as circunstâncias do caso devem ser consideradas, aliás, como adverte o próprio Talamini.

376   Alguns Estados instituiram varas privativas para demandas envolvendo relações de consumo (ES, BA). Porém, o exemplo permanece válido, se a razão da competência for outra.

e o tribunal, apreciando a apelação, entende não existir relação de consumo e que, assim, o juízo era incompetente. O tribunal deve, nesse caso, anular a sentença e remeter ao juiz cível, sob pena de supressão de grau de jurisdição? Não nos parece a melhor solução. Como a competência recursal é a mesma – a Câmara que examinaria a sentença proferida em vara cível é a mesma que apreciaria aquela proferida na vara do consumidor –, o tribunal pode convalidar a sentença. Contudo, o órgão revisor deve obrigatoriamente ser o competente para examinar o recurso, caso a decisão fosse proferida pelo juízo competente. A hipótese não seria admissível, por exemplo, se houvesse câmara ou turma especializada, e cada juízo comportasse o reexame por órgãos distintos. Assim, existindo câmaras ou turmas de direito privado e de direito público, a decisão proferida por um juízo cível, em processo cuja competência em razão da matéria fosse atribuída à vara da fazenda, não poderia ser convalidada, pois o órgão revisor não teria competência. Nessa linha, também não comporta convalidação a sentença cível proferida por juiz criminal, pois os órgãos revisores não coincidem.

Para que esse argumento seja admissível, bem como para evitar que alguns juízes intencionalmente decidam processos para os quais não sejam competentes, é necessário que haja *dúvida objetivamente justificável*[377] sobre a competência. Em alguns Estados, o Código de Organização Judiciária outorga competência para julgar mandados de segurança apenas às varas de fazenda pública. Não obstante, alguns juízes entendem que a competência é da vara cível, nas hipóteses em que a parte não é pessoa jurídica de direito público, *v.g.*, em mandado de segurança impetrado em face de ato de dirigente de sociedade de economia mista, tendo, por objeto, um procedimento licitatório. Aqui, poderia haver dúvida sobre quem detém a competência. Nesse caso – e se o órgão revisor do julgado for competente para o recurso de ambos os juízos –, não vemos razão para deixar de convalidar a sentença.

Outro exemplo, talvez não propriamente de convalidação, mas de aproveitamento por economia processual e para assegurar o acesso à justiça e à razoável duração da resolução das controvérsias, encontramos na execução cível. A defesa exercida no cumprimento de sentença (ou seja, na execução fundada em título judicial), prevista no art. 475-J, § 1º e 475-L (impugnação) ou no art. 741 (embargos à execução contra a Fazenda

---

377   A denominada *dúvida objetiva*, expressão utilizada por diversos autores e criticada por outros, pode ser melhor compreendida se exigirmos que ocorra de modo *objetivamente justificável*. Assim, para que a *dúvida* possa autorizar a convalidação do ato, deve ser *justificável* de modo *objetivo*, e não apenas fundada em razões pessoais. Ademais, a hipótese não deve ser limitada às hipóteses de fungibilidade de meios. Toda e qualquer situação em que houver uma *dúvida objetivamente justificável* sobre a exigência de um ato processual, poderá autorizar a instrumentalidade. Porém, devemos observar que somente haverá dúvida justificável, se houver divergência *significativa* na doutrina. Se toda a doutrina sustentar uma tese e apenas um autor, com argumentos absolutamente incoerentes e insustentáveis, se opuser, não vemos dúvida objetivamente justificável.

Pública), ambos do CPC[378], estabelece, em seus incisos, as respectivas hipóteses de cabimento. O inciso VI de ambos os artigos dispõe sobre a argüição de matéria de mérito, a saber, qualquer causa impeditiva, modificativa ou extintiva da obrigação, como pagamento, novação, compensação, transação ou prescrição, desde que superveniente à sentença. Os demais incisos versam sobre matéria processual referente à execução. A legislação processual, por sua vez, determina a rejeição liminar dos embargos quando apresentados fora do prazo (art. 739, inc. I, do CPC). O mesmo raciocínio pode ser obtido para a impugnação, por força do § 1º do art. 475-J do CPC, que fixa o prazo de 15 dias para que esta seja oferecida. Contudo, não nos parece possível rejeitá-los liminarmente. Se a impugnação ou os embargos versarem, respectivamente, sobre os incisos I, II, III, IV, V e VII[379] do art. 475-L ou do art. 741 do CPC, então referem-se aos *pressupostos processuais* e às *condições da ação* executiva. Logo, é matéria que o juiz pode conhecer de ofício, até mesmo por objeção de não-executividade, para usar a adequação de conhecida expressão conforme sugestão do Ministro Sálvio de Figueiredo Teixeira. A objeção de não-executividade, por seu turno, não tem limitação de prazo. Ora, se a objeção de não-executividade não tem prazo e se a impugnação ou os embargos versarem sobre matéria processual, então estes podem ser conhecidos mesmo que sejam intempestivos. Seria incoerente o juiz rejeitar a impugnação ou os embargos, com fundamento na intempestividade, e, em seguida, extinguir a execução de ofício. Ora, tendo sido provocado pelo executado por intermédio da impugnação ou dos embargos, o juiz deve acolhê-los para extinguir a execução – se for o caso –, mesmo que tenham sido apresentados fora do prazo legal.

Resta a hipótese do inc. VI do art. 475-L (impugnação) ou do também inciso VI art. 741 (embargos), ambos do CPC. Por se tratar de matéria de mérito, poderíamos supor que, ao menos aqui, os embargos deveriam ser rejeitados, pois a cognição de matéria de mérito sem provocação é vedada. Porém, não se deve rejeitar a impugnação ou os embargos intempestivos nem mesmo no caso do inc. VI dos citados artigos. Muito embora tenham a função de defesa, a doutrina neles reconhece a natureza de ação[380]. Nessa medida, considerando que não se pode excluir o direito de

---

378   Com a redação dada pela Lei nº 11.232, de 22.12.2005.

379   O art. 475-L do CPC, que limita a matéria da impugnação, não possui o inciso VII, que prevê a argüição de "incompetência do juízo da execução, bem como suspeição ou impedimento do juiz".

380   Quanto aos embargos, vejam, por todos, Paulo Henrique dos Santos Lucon (cf. *Embargos à Execução*. 2ª ed., São Paulo: Saraiva, 2001). No que tange a impugnação, a alteração legislativa ainda é muito recente, não havendo uma posição consolidada na doutrina sobre essa modificação. Contudo, parece-nos que, apesar da alteração do nome, a natureza de *ação* permanece mantida, tratando-se de uma *ação incidental*. Porém, mesmo se reconhecermos que a Lei nº 11.232/2005 alterou a natureza jurídica do instituto (impugnação), transformando-a de *ação* em *defesa* (tese a qual não aderimos), ainda assim o raciocínio que ora desenvolvemos

ação, nem tampouco negar o acesso à jurisdição, a *ação* movida sob a alcunha de embargos à execução ou de impugnação não pode ser extinta. Ela equivaleria à ação autônoma de impugnação, que deve ser reunida à execução, eis que, segundo entende o STJ, há inquestionável conexão entre elas[381]. Ora, se a ação impugnativa autônoma deve ser reunida à execução (tenha sido ajuizada antes ou após o prazo do art. 475-J, § 1º ou o do art. 739, I, todos do CPC), com as mesmas razões a impugnação ou os embargos de mérito, mesmo intempestivos, devem permanecer reunidos, em atenção ao princípio da economia processual. O único efeito prático do inc. I do art. 739 do CPC é, assim, suspender a execução, medida que não pode ser obtida com os embargos intempestivos. Ocorre que o efeito suspensivo já não mais é imediato, dependendo de manifestação judicial (art. 475-M do CPC). Entretanto, mesmo sem efeito suspensivo, a execução pode prosseguir (inclusive com a expedição do ofício requisitório do precatório judicial, se se tratar de embargos intempestivos previstos no art. 741 do CPC). Possivelmente, a impugnação ou os embargos intempestivos – agora recebidos como ação autônoma de impugnação – podem ser julgados até mesmo antes da satisfação do pagamento, ante as dificuldades naturais de efetividade do processo.

Ademais, o STJ já admite suspender a execução fiscal, se a ação desconstitutiva de título obteve a suspensão do crédito tributário mediante o depósito integral exigido pelo art. 151 do CTN[382]. Assim sendo, não vemos razão que justifique a rejeição, por intempestividade, da impugnação (art. 475-J, § 1º, do CPC) ou dos embargos à execução contra a Fazenda Pública (art. 741 do CPC)[383].

---

continua válido. Não obstante as exceções substanciais indiretas serem passíveis de argüição em contestação, nada obsta a propositura de uma ação para que sejam formuladas como pretensão autônoma.

381   No REsp 687454/SP, relator Ministro Francisco Falcão, julgado 15.9.2005, DJ 28.11.2005, p. 206, o STJ decidiu que "PROCESSUAL CIVIL. EXECUÇÃO FISCAL. AÇÃO ANULATÓRIA. CONEXÃO. REUNIÃO DOS PROCESSOS. ART. 103, DO CPC. I - Tendo em vista que o próprio Tribunal a quo entendeu tratar-se do mesmo crédito em ambas as ações, tem-se como inarredável o reconhecimento da conexão entre elas. II - A ação anulatória que tem por finalidade desconstituir título executivo possui a mesma natureza da ação de embargos, podendo até mesmo substituir esta. Desse modo, a fim de se preservar a segurança jurídica e em atenção ao princípio da economia processual, há que se reunirem as ações em questão, diante do reconhecimento da conexão. Precedentes: REsp nº 169.868/SP, Rel. Min. CASTRO MEIRA, DJ de 16/11/2004; REsp nº 492.524/PR, Rel. Min. JOÃO OTÁVIO DE NORONHA, DJ de 16/11/2004; CC 38.973/SP, Rel. Min. LUIZ FUX, DJ de 06/09/2004; CC 40.328/SP, Rel. Min. DENISE ARRUDA, DJ de 02/08/2004 e CC 38.045/MA, Rel. para o acórdão Min. TEORI ALBINO ZAVASCKI, DJ de 09/12/2003. III - Recurso especial provido".

382   Nesse sentido: AgRg no REsp 747183/RS, relator Ministro Castro Meira, julgado em 2.8.2005, DJ 19.12.2005, p. 366.

383   O Ministro Luiz Fux lavrou um excelente acórdão, admitindo o conhecimento de embargos opostos após o prazo legal, sob o fundamento da instrumentalidade. O teor da

5.5.1. Convalidação e omissão intencional da forma

Conforme vimos, a abordagem instrumentalista do processo permite a convalidação das invalidades processuais. Ou seja, autoriza o aproveitamento do ato considerado inválido, nas inúmeras hipóteses já analisadas (ausência de prejuízo, obtenção do escopo do ato, preponderância do direito material sobre o processual *etc.*). Porém, o aproveitamento de ato processual inválido somente pode ser feito se existir a invalidade. Ou seja, deve haver um ato nulo, inexistente *etc.* Mas, salvo exceções pontuais, ninguém pratica um ato inválido voluntariamente. Geralmente a invalidade do ato decorre de uma involuntária desatenção às normas processuais.

Ocorre que restringir a instrumentalidade das formas e a busca do princípio do maior resultado apenas às hipóteses de inobservância involuntária da regra processual significa limitar indevidamente o alcance desses princípios processuais.

Não se pode relegar toda a teoria da instrumentalidade ou do processo de resultado justo, apenas às hipóteses em que o juiz, por equívoco ou esquecimento, não observa a norma legal. O juiz deve deliberadamente deixar de aplicar a regra processual, sempre que a mesma for inadequada ou desnecessária para os escopos do processo, ou sempre que implicar o sacrifício de um direito – processual ou substancial – de maior relevo.

Vejamos, em concreto, um exemplo de omissão intencional da forma processual. Em uma ação de reparação de danos pelo procedimento sumário, o autor requer a citação do réu e a designação da audiência de

---

brilhante decisão é o seguinte: "PROCESSUAL CIVIL. EXECUÇÃO FISCAL. REABERTURA DE PRAZO PARA EMBARGOS DO DEVEDOR. AUSÊNCIA DE PREJUÍZO. INEXISTÊNCIA DE NULIDADE. AUSÊNCIA DE PREVISÃO LEGAL. APLICAÇÃO DOS ARTS. 187, E 249, § 2.º, DO CPC. 1. A Lei de Execução Fiscal não se refere à possibilidade de prorrogação do prazo para apresentação dos embargos por mais trinta dias, a partir da anexação dos procedimentos administrativos requeridos pelo executado. 2. In casu, o juízo monocrático assim determinou, com a finalidade precípua de garantir o cumprimento das normas constitucionais, mormente os princípios da ampla defesa e do devido processo legal. 3. O prazo para oferecimento dos embargos à execução fiscal, quando garantida por depósito em dinheiro, é de trinta dias, contados da data em que efetivada a garantia. 4. Não obstante prazo peremptório, ainda assim o juízo da execução o prorrogou, criando situação processual desprovida de previsão legal, e, por conseguinte, fazendo exsurgir a necessidade de integração legislativa mediante a aplicação dos arts. 187, e 249, § 2º, do CPC, segundo os quais o juiz, havendo motivo justificado, poderá exceder, por igual tempo, o prazo legal para a prática de determinado ato, bem assim que não será determinada a nulidade do ato quando não houver prejuízo à parte. 5. Deveras, informado que é o sistema processual pelo princípio da instrumentalidade das formas, somente a nulidade que sacrifica os fins de justiça do processo deve ser declarada (pas de nullité sans grief), razão pela qual revela-se inadmissível declarar intempestivos embargos que atenderam determinação judicial. 6. Ratio essendi do artigo 183, do CPC, que veda que a parte sofra prejuízo por obstáculo judicial. 7. Recurso especial desprovido" (REsp 713.507/PR, relator Ministro Luiz Fux, DJ 15.2.2007, p. 214).

conciliação no prazo de 30 (trinta) dias, nos exatos termos do art. 277 do CPC. Consultada a pauta de audiências, a próxima data desimpedida para a realização da audiência seria dentro de um ano e três meses do ajuizamento da ação, em razão do elevado número de processos. O espaço previsto em pauta para as audiências de procedimento sumário também já estaria esgotado[384]. Se a exigência de contestação, contida no art. 277 do CPC, fosse literalmente observada, a audiência de conciliação seria realizada no prazo de 15 (quinze) meses do ajuizamento da ação e, se houvesse necessidade de produção de prova oral, uma nova audiência – de instrução – deveria ser designada. Talvez depois de outros doze meses. O que o juiz deve fazer? Designar audiência para daqui a quinze meses do ajuizamento da ação? Entendemos que, nessa hipótese, o juiz poderia determinar a citação do réu para contestar, independentemente de audiência de conciliação. As razões são as seguintes. A aplicação estrita do art. 277 do CPC, com a designação de audiência, iria impor ao procedimento sumário uma duração maior que a do procedimento ordinário. Entretanto, a tramitação diferenciada do procedimento sumário tem por escopo uma prestação jurisdicional mais célere, mais rápida.

Se a aplicação da regra processual acarretar o inverso, ou seja, uma demora maior do que a tramitação ordinária, então a regra não é adequada – segundo as circunstâncias concretas do caso –, para a realização do escopo pretendido. Logo, nesse contexto fático, o juiz pode, deliberadamente, ignorar a exigência de contestação em audiência ditada pelo art. 277 do CPC e determinar a citação para contestar em 15 (quinze) dias. Se a matéria for exclusivamente de direito, o julgamento ocorrerá até mesmo sem audiência. Não vemos razão (contra-argumento) com força de convencimento suficiente para concluir em sentido diverso. Observem que não se trata de converter o procedimento sumário em ordinário, conforme autoriza a legislação processual, mas de manter o procedimento sumário (sem revisão, na hipótese de apelação, e outras características na fase executória) adaptado à necessidade de realizar seu escopo.

Conforme constatamos, a adequação do meio (regra) ao escopo (princípio) é nota característica da instrumentalidade, assim como integra o postulado da proporcionalidade[385]. No exemplo citado, o juiz estará

---

384   Nélson Nery Júnior e Rosa Maria de Andrade Nery, comentando o alcance do prazo fixado no art. 277 do CPC, asseveram: "**3. Tempo e audiência**. O juiz deve designar a audiência de conciliação dentro de trinta dias, contados a partir do despacho da petição inicial. Para tanto, deve deixar sempre espaço adequado na pauta para as causas de procedimento sumário. Trata-se de prazo impróprio, pois não decorre nenhuma conseqüência de ordem processual ao magistrado que infringir o prazo da norma, ficando sujeito, apenas e eventualmente, a sanções administrativas" (*in Código de Processo Civil Comentado e Legislação Extravagante*, 7ª ed., São Paulo: RT, 2003, p. 664).

385   Este é outro exemplo de conflito entre uma regra e um princípio, conforme sustentado no Capítulo III. Observem que a regra do art. 277 do CPC visa a concreção do

consciente da necessidade de designar a audiência. Assim, há o dever de adequar a técnica processual, adaptando-a à situação concreta[386]. Logo, não deixará de praticar o ato inadvertidamente ou por mero equívoco. Estará intencionalmente alterando a forma de atingir o escopo pretendido, inclusive *contra legem*. Não se trata, pois, de estudar a instrumentalidade apenas sob o aspecto da convalidação de atos inválidos, mas de ampliar o alcance do instituto, para autorizar a não aplicação da norma processual voluntariamente, visando sempre ao resultado mais justo e adequado para a resolução das controvérsias.

Outro exemplo de omissão intencional de forma processual, podemos obter no julgamento de agravo por instrumento em que o tribunal, sem ouvir o agravado, nega provimento ao recurso, apreciando o mérito recurso (*e.g.*, aplicando jurisprudência consolidada). Se o relator irá, no final da tramitação, desprover o agravo por decisão monocrática (art. 557, CPC), não há necessidade de se instaurar o contraditório, pois a decisão será favorável a quem não teve a oportunidade de influir na decisão. Contudo, esta conclusão somente se aplica se o recurso for decidido monocraticamente, com fundamento no art. 557 do CPC. Caso contrário, se o recurso for submetido à câmara, os demais membros podem divergir do relator, e dar provimento ao agravo, proferindo decisão desfavorável a quem ficou privado do contraditório. Nessa hipótese, haverá dano efetivo ao agravado, que não se defendeu.

Portanto, se o relator se convencer de que o recurso deve ser desprovido, e que a jurisprudência encontra-se consolidada (art. 557 do CPC), pode intencionalmente deixar de formar o contraditório e negar provimento ao recurso (mérito recursal). O contraditório ficará diferido para um eventual recurso (agravo interno ou, até mesmo, para os tribunais superiores).

Em conclusão, considerar a instrumentalidade exclusivamente sob o prisma da convalidação de atos cuja invalidade decorre de "desatenção", "esquecimento" ou "equívoco" significa reduzir o alcance do fenômeno processual. Se houver razão suficiente para se deixar de observar uma determinada forma processual, o juiz pode, deliberada e intencionalmente,

---

princípio da celeridade. Não há outro princípio subjacente a esta regra. Se a regra não é adequada, no caso concreto, para atingir o escopo delineado pelo princípio, então ofende o princípio da proporcionalidade. Há manifesto confronto entre a regra e o princípio que, diga-se, é subjacente à própria regra.

386   Bedaque afirma a necessidade do juiz adaptar a técnica processual ao direito material e à situação concreta: "Não se admite mais o procedimento único, rígido, sem possibilidade de adaptação às exigências do caso concreto. Muitas vezes a maior ou menor complexidade do litígio exige sejam tomadas providências diferentes, a fim de se obter o resultado do processo" (cf. *Direito e Processo...*, pp. 51-52). E ainda: "Sempre que possível – e desde que não contrarie opções claras do legislador – deve o juiz adequar a técnica processual ao direito material" (cf. *Efetividade...*, p. 135).

negar-lhe eficácia, desde que justifique a decisão.

5.5.2. Ordem de enfrentamento entre preliminares e mérito

A ordem de enfrentamento entre preliminares e mérito é tema que, até pouco tempo, não reclamava maiores reflexões. Havia apenas uma pequena divergência sobre a ordem de enfrentamento dos pressupostos processuais[387]. Entretanto, segundo demonstrou em ousada tese, José Roberto dos Santos Bedaque entende que essa ordem de enfrentamento, embora consolidada na doutrina, não precisa necessariamente ser observada[388]. O Professor Titular do Largo de São Francisco adverte que o escopo do vício processual é impedir o desenvolvimento do processo, impondo às partes um dispêndio desnecessário de energia. Assim, o vício deve ser detectado no início do processo[389]. Mas se o vício atinente aos pressupostos processuais for percebido apenas ao final, e se a sentença for favorável ao réu, então o juiz poderá relevá-lo[390].

Imaginemos, por exemplo, uma situação em que o réu tenha certeza da improcedência do pedido, inclusive com provas robustas no sentido de seu argumento. O autor, não tendo como refutar as provas, terá de suportar um resultado que será, sem dúvida alguma, de improcedência do pedido. Porém, o réu, para não correr riscos – e, em atenção ao princípio da

---

387   Para uma exaustiva análise do tema, vejam a obra de Nelton dos Santos (cf. *A técnica de Elaboração da Sentença Civil.* 2ª São Paulo: Saraiva, 1997.). Segundo Pontes de Miranda, o enfrentamento das preliminares deve seguir a ordem fixada pelos incisos do artigo 301 do CPC (cf. *Comentários ao Código de Processo Civil,* Rio de Janeiro: Forense, 1974, v. 1, p. 112). Calmon de Passos critica essa ordem, aduzindo que, se observada, a preliminar de nulidade da citação (inc. I) poderia ser decidida por juízo absolutamente incompetente (inc. II). Em seguida, sugere a seguinte ordem: incs. II, VII, IX, VI, V, VIII, XI e X, do art. 301, CPC (cf. *Comentários ao Código de Processo Civil,* Rio de Janeiro: Forense, 1974, v. 3, p. 250, n. 139). A ordem de enfrentamento de Calmon de Passos pode ser resumida no seguinte contexto, primeiro são examinados os pressupostos que se referem à competência, depois os pressupostos negativos e, por fim, os pressupostos positivos. Nelton dos Santos sustenta uma terceira ordem de enfrentamento, começando pelos pressupostos processuais subjetivos referentes ao juiz e, depois, pelos referentes às partes. Por fim, os pressupostos objetivos intrínsecos e, em seguida, os extrínsecos. Observe que a ordem de Nelton dos Santos é inversa à de Calmon de Passos. Nelton dos Santos inicia pelos pressupostos positivos, para depois examinar os pressupostos negativos.

388   "Mas se a falha quanto aos requisitos processuais for detectada ao final, quando já existente a possibilidade de exame da questão substancial, deve o juiz verificar se o resultado de mérito beneficia a parte prejudicada no plano processual. Se tal ocorrer, o vício do processo deve ser relevado, independentemente de a solução ser favorável ao autor ou ao réu" (Bedaque, cf. *Efetividade...,* p. 174).

389   Cf. *Efetividade...,* p. 174.

390   "Os requisitos processuais destinam-se tão-somente a tornar mais efetivo o instrumento de solução das controvérsias. Não podem transformar-se em óbices ao alcance desse resultado" (Bedaque, cf. *Efetividade...,* p. 175).

eventualidade –, suscita preliminares, como a inexistência de um pressuposto processual. Imaginemos agora que, de igual forma, a defesa processual indica vício que efetivamente ocorreu. Assim, a preliminar deveria ser acolhida.

O problema que surge é o seguinte. Se o réu não suscitar a preliminar, corre o risco de uma sentença de procedência, que lhe é desfavorável; porém, se suscitar a preliminar, o processo será extinto sem resolução do mérito, e o autor poderá repropor a demanda. No segundo caso, a sentença foi favorável ao réu, mas em um grau de utilidade inferior ao da improcedência do pedido, pois nessa hipótese a coisa julgada material impediria a repropositura da ação.

Ora, se desejarmos um processo de resultados, em que se pretende assegurar o maior grau de utilidade para quem tem o direito substancial, devemos repensar a ordem de enfrentamento entre preliminar e mérito. No julgamento, a ordem pode ser invertida, exatamente como foi proposto por Bedaque, para assegurar maior utilidade ao destinatário da decisão. Assim sendo, se a possível sentença de mérito for favorável a quem suscitou as preliminares, o julgamento de fundo deve ser pronunciado em detrimento do acolhimento das preliminares[391]. Essa é uma interpretação extensiva que podemos dar ao § 2º do art. 249 do CPC[392].

Não obstante a exigência de falta de prejuízo[393] para a parte que o pressuposto processual visava a proteger, entendemos que é possível inverter a ordem de enfrentamento, mesmo na hipótese de prejuízo.

O escopo do processo identifica-se com a realização do direito substancial e da obtenção do resultado justo. Se o acolhimento da preliminar implicar a exclusão do direito substancial, criando óbice definitivo ao resultado, é possível admitir a inversão mesmo com prejuízo para o réu. Vejamos um exemplo. Na hipótese de ação de improcedência do pedido declaratório de paternidade, e posterior propositura de nova ação fundada

---

391   Dinamarco aduz: "é prudente que, em alegações finais ou em recurso, a parte peça prioritariamente o julgamento de meritis favorável e, em caráter subsidiário, a anulação (art. 289)" (Dinamarco, 2004, vol. II, p. 598). Observe que o eminente professor das Arcadas faz referência a "alegações finais", e não apenas a "recurso". Miguel Teixeira de Souza analisa a tese sustentada por Rimmelspacher, de inexistência de prioridade no exame dos pressupostos processuais em relação ao mérito (cf. *Sobre o sentido e a função...*, RePro 63/66 e ss.). Mas foi Bedaque quem pioneiramente afirmou a inversão em nosso sistema processual: "Não obstante o exame das questões preliminares preceda o de mérito, há situações em que este será julgado ainda que ausente um dos requisitos processuais prévios. Não realizado o controle no momento procedimental próprio, a solução do problema passa a depender de outro fator: a existência, ou não, de prejuízo para a parte que o requisito faltante visava a proteger" (cf. *Efetividade...*, p. 570, nota 27).

392   O § 2o do art. 249 do CPC estabelece que "quando puder decidir do mérito a favor da parte a quem aproveite a declaração da nulidade, o juiz não a pronunciará nem mandará repetir o ato, ou suprir-lhe a falta". Para um exame mais detalhado da interpretação do citado enunciado legal, veja-se Bedaque (cf. *Efetividade...*).

393   Bedaque (cf. *Efetividade...*, p. 570).

em exame de DNA, a primeira preliminar que o réu irá alegar é a de coisa julgada. E, considerando a perfeita identidade das ações (*eadem pars, petitum, causa petendi*), o argumento procede, pois haveria, de fato, coisa julgada. Porém, este é o célebre caso em que a doutrina e a jurisprudência admitem a relativização da coisa julgada. Nessa hipótese, não há como relativizar a coisa julgada sem enfrentar o mérito, ou seja, sem analisar o exame de DNA. Não podemos esquecer que nem sempre a coisa julgada pode ser relativizada. A nova prova, por exemplo, pode não ser tão robusta quanto um exame de DNA. Se esse for o caso, o novo julgamento de mérito não poderia ser realizado e a preliminar de coisa julgada deveria ser acolhida. Não se pode rejeitar sempre a preliminar de coisa julgada ao mero argumento de relativização. É preciso conhecer o mérito para, só então, saber se a relativização é cabível ou não. Na ação visando a declaração da paternidade, portanto, somente é possível relativizar a coisa julgada após a resolução do mérito. Assim, nesse caso, o mérito deve ser examinado antes da preliminar.

Em nosso exemplo, podemos verificar, ainda, que a inversão ocorreu até mesmo produzindo prejuízo para o réu. Nessa linha, entendemos adequado falar em inversão da ordem de enfrentamento entre preliminar e mérito, inclusive *com prejuízo* para a parte que o pressuposto visava a proteger, se e somente se, o acolhimento da preliminar acarretar o sacrifício de um princípio com valor superior. Em termos práticos, sempre que a coisa julgada for relativizada, o mérito deve ser conhecido antes de a preliminar ser examinada.

5.5.3. Processo sem demanda: execução movida pelo réu em ação declaratória

Um dos dogmas do Direito Processual consiste na exigência de demanda, para que possa haver processo. Contudo, em um magnífico e ousado trabalho, Bedaque demonstra ser possível existir processo, ainda que não tenha havido demanda[394].

Passemos ao plano concreto, desenvolvendo o raciocínio com o auxílio de exemplos. Imaginemos a hipótese em que o autor move ação visando à declaração de nulidade absoluta de um negócio jurídico (ou à desconstituição, decorrente de nulidade relativa da obrigação) e à inexigibilidade dos valores dele decorrentes. Ou, então, uma ação de inexistência de relação jurídica tributária, movida em face de uma pessoa jurídica de direito público. Após uma ampla dilação probatória e um efetivo contraditório, o juiz, em cognição exauriente, julga improcedente o pedido,

---

394   Cf. *Efetividade do Processo e Técnica Processual: Tentativa de Compatibilização. (Diretrizes para aplicação da técnica processual e superação dos óbices aos escopos do processo)*. Tese apresentada ao Concurso para o cargo de Professor Titular de Direito Processual Civil da FD da USP, São Paulo: inédito, 2005.

confirmando todas as cláusulas do contrato (ou então parcialmente procedente, para excluir uma cláusula de reajuste, mantendo-se integralmente as demais cláusulas contratuais) ou existente a relação tributária e exigível o tributo. Nesse caso, se o réu contestar mas não reconvier, não terá deduzido pretensão condenatória em face do autor. A ação que lhe foi movida tem natureza declaratória (inexistência ou nulidade absoluta) ou constitutiva negativa. A sentença de improcedência também tem natureza declaratória. Por sua vez, consideremos, para adequar ainda mais o exemplo, que o contrato não seja hábil para aparelhar uma execução (não é título executivo de obrigação líquida, certa e exigível).

A questão que se segue é: pode o *réu* promover a execução, apresentando, como título, a sentença de *improcedência*, que tem natureza *declaratória*?

A execução deve ser admitida, disso não temos dúvidas. Se não admitirmos a execução, o que deverá fazer o réu? Ajuizar nova ação, para discutir exatamente as mesmas questões de direito material – validade do negócio jurídico, e exigibilidade da obrigação pecuniária –, apenas para que haja uma *sentença condenatória*? Apenas para que se possa formalizar um pedido condenatório da obrigação que o autor pretende se furtar em cumprir? Não nos parece razoável exigir a rediscussão de toda a matéria em outra ação, para satisfazer tão somente alguns dogmas e formalismos processuais. Até mesmo porque, nessa segunda ação, o juiz deveria observar a coisa julgada anteriormente obtida, argumento que, por si só, demonstra a pouca ou nenhuma utilidade deste segundo processo. Ao ajuizar a ação, é óbvio que o autor pretendia furtar-se ao cumprimento da obrigação, o que demonstra a mora ou o inadimplemento[395]. A controvérsia foi instaurada. Existe crise no cumprimento da obrigação. Há conflito de interesses que deve ser resolvido pelo Estado-juiz para trazer a pacificação social. Essa composição da lide deve ser – e foi, diga-se –, até mesmo substancial, e não meramente processual. A execução da sentença de improcedência pelo réu parece ser, então, o caminho mais adequado para realizar o direito material.

A proibição de o juiz julgar sem pedido (inércia), visa a assegurar a imparcialidade e a evitar que a parte contrária seja surpreendida com uma atitude imprevisível, de que não pôde se defender. Este é o escopo da vedação legal. Porém, se o escopo for atingido, mesmo ignorando-se o avelhantado brocardo *ne procedat iudex ex officio*, não há razão para não se admitir essa conclusão em situações excepcionais, como no caso citado. A imparcialidade estava preservada, pois o juiz atendeu à provocação do próprio autor. O autor

---

395 A única hipótese de não se caracterizar o inadimplemento, seria a de o autor cumular o pedido declaratório ou constitutivo negativo, com um condenatório de repetição de indébito. Nesse caso, é óbvio que não haveria execução por parte do réu, pois o cumprimento da obrigação já estaria provado nos autos, sob pena de improcedência do pedido condenatório.

não foi surpreendido, pois a pretensão de obter a declaração negativa ou a desconstituição da obrigação foi sua. Então, por que não admitir que o réu possa executar o autor, quando a sentença julgar improcedente a anulação do negócio jurídico? Não vemos razão para excluir essa possibilidade. A sentença estará reconhecendo a existência e a validade da obrigação, declarando o seu valor.

Analisemos o mesmo exemplo por outro prisma. O autor, devedor da obrigação, cansado de insistente cobrança extrajudicial feita por uma pessoa jurídica qualquer – banco, administradora de cartão de crédito *etc.* – e buscando a certeza jurídica de sua obrigação, ajuiza uma ação pretendendo a declaração judicial do saldo devedor correto[396]. A empresa-ré contesta, mas não apresenta reconvenção. O pedido contraposto é considerado incabível, nesse caso. Reconhecendo a nulidade absoluta de uma cláusula de reajuste (cumulação de comissão de permanência com correção monetária), o juiz julga procedente o pedido, apenas para afastar a referida cláusula, mantendo todas as demais e declarando o correto valor devido pelo autor. A sentença é declaratória e favorável ao autor. Pode o réu executar a sentença, para cobrar do autor os demais valores constantes no contrato? Com os mesmos fundamentos, podemos reconhecer a eficácia executiva da sentença. Não há motivo para negarmos a execução. O valor da obrigação foi especificado, as cláusulas inválidas afastadas. Mas, nesse caso, além de todas as considerações feitas acima, estaremos permitindo a execução de uma sentença declaratória[397] por quem sucumbiu na ação, isto é, por quem perdeu a demanda. A sentença foi desfavorável[398] ao réu, que poderá executá-la para cobrar do autor o cumprimento da obrigação. Esse raciocínio não exclui o contraditório ou mesmo a possibilidade de a parte formular argumentos não examinados na demanda. A defesa de mérito, feita através da impugnação ao cumprimento de sentença, admite que eventual exceção substancial indireta (fatos modificativos, impeditivos e extintivos) seja suscitada e examinada pelo julgador.

Essa hipótese pode ser generalizada. Sempre que o autor mover uma ação visando à declaração de nulidade absoluta de negócio jurídico, ou à desconstituição do mesmo negócio, por nulidade relativa, a improcedência gera, ao réu, título hábil a ensejar a execução, independentemente de

---

396   Embora não seja muito comum o devedor tomar a iniciativa de buscar o saldo devedor, o exemplo é concreto, e efetivamente ocorreu.

397   A observação que foi feita continua válida: não é a sentença declaratória que constitui o título, mas uma eventual pretensão condenatória não deduzida pelo réu. A sentença declaratória será usada para atribuir eficácia executiva a esta pretensão não formulada.

398   A sentença de improcedência tem natureza declaratória, e, se o autor pretendia a declaração de inexistência da relação jurídica substancial, a improcedência implica o reconhecimento da existência da relação jurídica, exceto se, e somente se, o pedido for julgado improcedente em razão de uma exceção substancial indireta.

reconvenção ou de pedido contraposto[399]. Logo, é cabível execução, pelo réu, de sentença constando pretensão declaratória do autor.

Porém, ao aceitarmos a execução, devemos escolher entre três opções: (i) o conceito de título executivo inclui a sentença declaratória[400]; (ii) há execução sem título[401]; ou (iii) a sentença de improcedência (declaratória) constitui *prova* da pretensão condenatória não formulada pelo réu e possui executividade para instruir execução direito substancial do réu;

A primeira alternativa poderia ser, à primeira vista, a mais fácil, principalmente ante a nova sistemática da fase de execução fundada em título judicial, introduzida pela Lei n° 11.232/2005[402]. A alteração legislativa realizada pela citada norma manteve a sentença proferida no processo civil, como espécie de título executivo judicial. Porém, excluiu a expressão "condenatória" que existia antes da alteração e incluiu a expressão "que reconheça a existência de obrigação de fazer, não fazer, entregar coisa ou pagar quantia". Poderíamos imaginar, então, que a modificação do CPC pretendeu incluir a sentença declaratória como espécie de título executivo judicial. Todavia, a questão não é tão simples. Ao incluir, na definição de título executivo judicial, a exigência de reconhecer obrigação de fazer, não

---

399   Não afirmamos que a reconvenção ou o pedido contraposto são desnecessários ou inadequados para constituir o título executivo. Em verdade, este seria o caminho mais adequado. Se o réu reconvier, melhor. Se apresentar pedido contraposto, também atende ao escopo da norma – notem que a exigência de reconvenção ofende o princípio da necessidade, que informa a proporcionalidade (há meio mais suave). Porém, na eventualidade de não ser formulado nenhum pedido (contraposto ou reconvencional) pelo réu, não vemos razão para negar a executividade da sentença de improcedência. A validade do negócio jurídico, repetimos, foi amplamente discutida. O réu visa, apenas, a furtar-se ao pagamento. Ora, o que mais precisa ser dito na sentença? Será necessário constar, expressamente, a palavra "condeno"?

400   Em verdade, estaremos diante de uma "execução sem título" (cf. Bedaque, *Efetividade...*, pp. 367 e ss.), pois a sentença declaratória não se adequa ao conceito tradicional de título executivo. Mantivemos a expressão porque, independentemente de chamarmos de título executivo, a execução – se não for *sine intervallo* – deverá ser instruída com a sentença.

401   Bedaque aceita a existência de execução sem título, como se vê no seguinte excerto: "Com relação a esta última solução existe o óbice da falta de título, judicial ou extrajudicial, para justificar a execução. A sentença de rejeição dos embargos, ainda que contenha o reconhecimento do débito, não tem natureza condenatória. Equipara-se à tutela declaratória concedida ao titular de direito já violado (CPC, art. 4°, parágrafo único). Como justificar a execução sem título? Seria o mesmo que conferir executividade à sentença declaratória de existência de direito material" (cf. *Efetividade...*, p. 369).

402   CPC, "art. 475-N. São títulos executivos judiciais: I – a sentença proferida no processo civil que reconheça a existência de obrigação de fazer, não fazer, entregar coisa ou pagar quantia" (Incluído pela Lei n° 11.232, de 2005). Antes da Lei n° 11.232, de 2005, os títulos executivos judiciais estavam previstos no art. 584 do CPC, atualmente revogado, que tinha a seguinte redação: "art. 584. São títulos executivos judiciais: I - a sentença condenatória proferida no processo civil".

fazer e entregar coisa[403], poderíamos indagar se o art. 475-N do CPC não restaurou a exigência de uma sentença condenatória. A tutela estatal que reconhece uma prestação desse jaez (fazer, não fazer e dar coisa) é condenatória, e não declaratória. Nesse contexto, muito embora o art. 475-N do Código de Processo Civil tenha excluído o qualificativo "condenatória", entendemos que a execução somente pode recair sobre uma *pretensão* condenatória, ou seja, sobre obrigação de fazer, de não fazer ou de entregar coisa, independentemente da natureza jurídica da sentença.

Em verdade, não é propriamente a sentença declaratória que comporta execução, no conceito tradicional. A eficácia executiva é da *pretensão condenatória* do réu, que não foi deduzida em reconvenção ou em pedido contraposto. A sentença declaratória será usada para atribuir eficácia executiva à pretensão condenatória não formulada pelo réu.

Assim, parece-nos possível conciliar as hipóteses (ii) e (iii), *supra* mencionadas. Haverá execução sem título *condenatório*. A sentença *declaratória* servirá para provar a certeza, a liqüidez e a exigibilidade da *pretensão condenatória* não formulada pelo réu. Mas o que se executa é, e sempre será, a pretensão *condenatória* (obrigação de fazer, não fazer e dar coisa certa ou incerta).

---

403   O que inclui "pagar quantia", que é obrigação da dar coisa incerta. Não se pode esquecer que dinheiro é bem fungível.

6
JUSTIÇA, DIREITO E PROCESSO: EM BUSCA DE UM PROCESSO DE RESULTADOS JUSTOS

6.1. Em busca de adequação da tutela jurisdicional ao resultado justo pretendido pelas partes. 6.2. O trinômio justiça, direito e processo e o princípio do resultado justo.

6.1. Em busca de adequação da tutela jurisdicional ao resultado justo pretendido pelas partes

Sempre que discutirmos instrumentalidade substancial e processo de resultados justos, a advertência de Chiovenda será atual: a flexibilização da forma e o aumento de liberdade decisória estão proporcionalmente relacionados à confiança que os agentes públicos inspiram aos cidadãos[404]. A simplificação das formas e a ampliação dos poderes do juiz, será tanto maior quanto mais elevada for a confiança da sociedade em seus representantes, sejam do judiciário, do legislativo ou do executivo. Havendo maior

---

404   "Grave problema de legislação processual está em se as formas devem ser determinadas pela lei ou se se deve deixar ao arbítrio do juiz regulá-las vez por vez ao sabor das exigências do caso concreto. Na maior parte das legislações prevalece o primeiro sistema, como o que maiores garantias oferece aos litigantes. Certamente a extensão dos poderes do juiz, mesmo no domínio das formas, representa poderoso meio de simplificação processual (do que é exemplo o regulamento austríaco); ela, porém, só é possível em proporção da confiança que, em dado momento, a ordem judiciária inspira aos cidadãos" (cf. *Instituições...*, p. 7).

coincidência entre o resultado esperado e a atuação estatal, é possível minimizar a exigência de formas rígidas, pois a confiança se confirmará na conduta previsível dos agentes públicos. Haverá ordem e segurança jurídica. Em sentido inverso, quanto maior a desconfiança, mais surge a necessidade de se restringir a liberdade das formas, e impor uma limitação legal à atuação de um órgão que, ignorando seu compromisso social, pode deturpar os resultados esperados por aqueles que representa. A lei visa, assim, a limitar a atuação estatal e a garantir a realização de um resultado mais justo e équo, mediante o desenvolvimento de técnicas processuais baseadas em garantias mínimas.

Não obstante essa necessidade de um limite legal, a imposição de formas rígidas não tem favorecido a previsibilidade exigida pela segurança jurídica, tanto em seu aspecto formal, quanto no material. Deparamo-nos, às vezes estupefatos, com atos completamente contrários ao senso comum, com atos absolutamente iníquos e injustos, ocultos sob o manto da legalidade, e decorrentes de um formalismo injustificado, que se revela inadequado aos escopos sociais e jurídicos. A forma rigorosamente estabelecida pela lei não está produzindo a segurança jurídica pretendida.

Assim sendo, cumpre ao intérprete buscar a adequada tutela jurisdicional, visando ao resultado justo pretendido pelas partes. Esse é o escopo final e definitivo da atuação do processo. Ao aplicar a lei, e ao examinar a necessidade da forma, o juiz deverá, sempre, indagar se o escopo será adequadamente obtido. Deverá procurar, ainda, realizar o escopo com o menor dispêndio de energia[405], ou seja, de modo mais eficiente. Não basta buscar efetividade sem se preocupar com o custo social e jurídico. Deve atentar para a eficiência das normas processuais e para a economicidade do procedimento. A efetividade por meio ineficiente continua efetividade. Porém, se houver dispêndio desnecessário de energia, o procedimento é ineficiente, viola o princípio da economia processual, e não atende à razoável duração do processo. Nessa medida, o aplicador do direito deve buscar, sempre, maximizar a utilidade e minimizar os custos, evitando dilações indevidas e atos processuais desnecessários ou inadequados.

6.2. O trinômio justiça, direito e processo e o princípio do resultado justo

O princípio do resultado justo[406] deve ser considerado pelo intérprete em todo e qualquer provimento judicial. Sempre que for prestar a tutela jurisdicional, o juiz deverá indagar se o resultado produzido é justo e

---

405   Cf. Barbosa Moreira, (*Efetividade...*, p. 18) e Bedaque, *Efetividade...*, p. 28, nota 25).
406   Considerando que o resultado justo é um ideal que pode ser atingido em graus, modalizado deonticamente como obrigatório, vemos uma nítida natureza principiológica neste fenômeno processual.

équo.

Não é admissível impor o sacrifício do direito material em favor de uma regra processual, que foi editada com o escopo de realizar o próprio direito material. Essa ilação ofende a razoabilidade, bem como o princípio que exige o resultado justo na solução das controvérsias, além de favorecer a utilização de subterfúgios e de pretextos para apenas protelar a satisfação do direito material. É chicana antiga nos corredores dos fóruns, a conhecida assertiva de que o advogado habilidoso impede o julgamento, porque sabe que sua causa é injusta[407]. Atitude desse jaez é incompatível com a ciência processual atual, pois revela um escopo (protelatório) manifestamente inadmissível.

Todos têm a garantia constitucional de acesso à "justiça". Não ao Poder Judiciário, mas ao resultado justo que se espera do processo. Comoglio reiteradamente afirma, com acerto, a necessidade de um processo justo e équo, com a obediência irrestrita às garantias mínimas que a ordem constitucional impõe às autoridades constituídas. Quando Comoglio fala em processo justo e équo, devemos compreender a expressão também como processo *de resultado* justo e équo, pois todas as garantias constitucionais visam a esse resultado[408].

Para tanto, pode ser necessário integrar o binômio direito-processo com um novo elemento, embora já reconhecido por aqueles que o defendem[409]. Exige-se a integração, ao binômio, do elemento "justiça". O

---

407   Encontramos o desabafo até mesmo em outros países: "O Procedimento Civil, alguns preferem falar Direito Judiciário Privado, é um pouco a criança terrível da família jurídica, em todo caso este que não tem sempre boa reputação: disciplina árida e complexa ela seria apanágio dos advogados mesquinhos, daqueles de quem se diz que utilizam precisamente todas as armas do procedimento porque sua causa é sem razão" (Jean Vincent e Serge Guinchard, cf. *Procédure Civile*, 24ª ed., Paris: Dalloz-Sirey, 1996, p. 1).

408   Dinamarco faz uma expressiva advertência nesse sentido: "Garantido o ingresso em juízo e até mesmo a obtenção de um provimento final de mérito, é indispensável que o processo se haja feito com aquelas garantias mínimas: a) de meios, pela observância dos princípios e garantias estabelecidas; b) de resultados, mediante a oferta de **julgamentos justos**, ou seja, portadores de tutela jurisdiconal a quem efetivamente tenha razão. Os meios, sendo adequadamente empregados, constituem o melhor caminho para chegar a bons resultados. E, como afinal o que importa são os **resultados justos do processo (processo civil de resultados)**, não basta que o juiz empregue meios adequados se ele vier a decidir mal; nem se admite que se aventure a decidir a causa segundo seus próprios critérios de justiça, sem ter empregado os meios ditados pela Constituição e pela lei" (cf. *Instituições*..., n. 95).

409   Bedaque destaca a necessidade da solução justa da lide por toda sua obra. Dentre outras passagens, destacamos: "A justiça das decisões, representada pela solução juridicamente adequada à situação concreta, é o fim último e a razão de ser da atividade jurisdicional" (cf. *Efetividade*..., p. 126). Também encontramos a seguinte afirmação: "Ao ver do legislador constitucional, o processo, com suas características essenciais, é mecanismo adequado a proporcionar não apenas acesso à Justiça, mas à ordem jurídica justa. Daí falar-se no processo équo e justo, ou seja, aquele instrumento apto a assegurar efetivamente os direitos estabelecidos no ordenamento jurídico material" (cf. *Os Elementos Objetivos da Demanda*

trinômio resultante – justiça, direito e processo – visa a atender aos escopos da jurisdição (jurídico, social e político), que, em resumo consistem em solucionar as controvérsias com um resultado justo e équo. Afinal, não podemos esquecer que toda norma jurídica tem uma *pretensão de correção* (*Anspruch auf Richtigkeit*), que deve ser satisfeita. A introdução do elemento "justiça" destaca uma propriedade da relação triádica formada, que poderíamos enunciar em resposta à seguinte indagação: e se o direito material for injusto[410]? É possível relativizar não apenas o direito processual, mas também o direito material[411]? Entendemos que sim. O direito processual pode, inclusive, prevalecer sobre o direito material, se e somente se o resultado alcançado for mais justo[412]. Conforme destacamos no decorrer do trabalho, o resultado justo na solução das controvérsias é o escopo final do processo, seja obtido pela aplicação de regras de direito material, seja por intermédio de regras processuais. O escopo do processo é obter a resolução do conflito de interesses. Mas a composição da lide pode trazer diversos graus de satisfação do direito material, assim como uma intensidade diversa de utilidade no restabelecimento da coincidência da situação jurídica com aquela

---

examinados à Luz do Contraditório, in Causa de Pedir e Pedido no Processo Civil (questões polêmicas), coord. José Rogério Cruz e Tucci e José Roberto dos Santos Bedaque, São Paulo: RT, 2002, p. 14)

410   Normalmente, o caráter jurídico da norma substancial inclui o âmbito social (pacificar com *justiça*) e o político (garantir as liberdades públicas). Porém, pode ocorrer que o direito material conduza a um resultado *injusto*. Essa constatação já foi enunciada por Dinamarco, como se vê no seguinte excerto: *"considerando que o jurídico absorve o social e o político, isso significa que, indiretamente, decisões conforme com o direito material serão, também, em princípio (**salvo exceções, e casos em que o direito substancial destoe dos valores sociais**), capazes de cumprir com a tarefa social magna de pacificar com justiça e de prestigiar o Estado e o seu ordenamento"* (cf. *A Instrumentalidade...*, pp. 354-355, nota 72 – o destaque não consta no original).

411   A colocação do problema foi feita por Botelho de Mesquita, no concurso público para provimento do cargo de professor titular da USP, e adequadamente desenvolvida pelo então candidato José Roberto dos Santos Bedaque, que logrou aprovação por unanimidade no concurso. Para uma compreensão plena da questão, ver *Efetividade do Processo e Técnica Processual: Tentativa de Compatibilização. (Diretrizes para aplicação da técnica processual e superação dos óbices aos escopos do processo)*. Tese apresentada ao Concurso para o cargo de Professor Titular de Direito Processual Civil da FD da USP, São Paulo: inédito, 2005.

412   Nesse ponto, a questão é bastante desafiadora. Se o direito processual prevalecer, a crise de direito material poderia não estar definitivamente solucionada, pois a parte sucumbente poderia repropor a ação. Porém, mantemos o entendimento de que, por vezes, a preponderância de uma regra processual sobre uma regra de direito material pode impor um resultado mais justo, até mesmo resolvendo a controvérsia. Esse fenômeno ocorreria, por exemplo, na hipótese de o juiz negar-se a examinar o mérito com fundamento na coisa julgada. Ou na de o tribunal não conhecer um recurso ou uma ação rescisória por um defeito formal que não poderia ser sanado com a repropositura da ação, pois já ultrapassado o prazo legal. O STJ, por exemplo, embora relativize a coisa julgada para reconhecer a paternidade fundada em exame de DNA, invoca a mesma coisa julgada para não declarar a negativa da paternidade, também fundada em exame de DNA. Nesse caso, a coisa julgada, fenômeno processual que impede o pronunciamento do mérito, foi usada com o escopo de assegurar um resultado socialmente mais justo.

existente antes do ato violador de direito. O resultado justo que se espera do processo exige, no momento em que um direito processual esteja em colisão com um direito substancial, que um prevaleça sobre o outro. Nem sempre a preponderância do direito material assegura o resultado mais justo na resolução do conflito. É possível a invocação e o acolhimento de uma regra processual em detrimento de uma regra substancial, quando o direito material for inquestionavelmente injusto. Nesse caso – e somente nesse caso –, o direito processual deve prevalecer sobre o direito material. Não se pode perder de vista que o processo tem por escopo o *resultado justo* na solução das controvérsias. Nesse contexto, podemos afirmar que, de um modo geral, a regra de direito material prevalece sobre a regra de direito processual, exceto se o resultado produzido for iníquo e injusto.

Esse entendimento não é incompatível com o sustentado por Bedaque. Ao contrário. O professor das Arcadas relativiza o binômio direito e processo, com o escopo de atingir uma solução justa na composição da lide. É uma constante, em seus trabalhos, a busca do resultado justo pretendido pela ordem jurídica, sendo que destaca reiteradamente a necessidade de uma "ordem jurídica justa" e de uma "solução justa" para o conflito de interesses[413].

---

413   Bedaque faz expressiva advertência, ao considerar irrelevante a não-observância da forma: "o que importa, em um primeiro momento, é o fim do processo – qual seja, a **solução justa para o litígio**" (*Efetividade*..., p. 130 – o grifo não consta no original). No mesmo sentido, Cândido Rangel Dinamarco: "não basta viabilizar o acesso ao processo, precisa oferecer um processo sensível às aspirações dos sujeitos litigantes, que por sua vez viabilize o acesso à **ordem jurídica justa**, de que se vem falando" (cf. *A Instrumentalidade*..., p. 348, nota 51).

7
CONCLUSÕES

7.1. Conclusão genérica. 7.2. Conclusões específicas.

7.1. Conclusão Genérica

No presente trabalho, examinamos alguns tópicos específicos da ciência processual, confrontando a exigência legal da forma para a validade do ato processual (elemento estático) com a possibilidade de eficácia do ato inválido (elemento dinâmico). Com a indicação das razões para se reconhecer a eficácia do ato formalmente inválido, isto é, justificando a convalidação ou a omissão voluntária do ato, haverá a possibilidade de se controlar a racionalidade da decisão, estabelecendo um limite dinâmico, por intermédio da argumentação e ponderação das razões usadas na justificação.

Como método de verificação das teses desenvolvidas no trabalho, oferecemos diversos exemplos, alguns concretos outros pressupostos. Se o leitor encontrar um contra-argumento ao argumento aduzido no exemplo – o que será possível e até mesmo provável –, então estará exercendo, também, um controle dinâmico sobre nossas razões. Assim fazendo, o leitor estará justamente utilizando o método proposto no presente trabalho e confirmando nossa tese central: o processo é, simplesmente, argumentação jurídica e ponderação de razões para justificar uma conclusão.

7.2. Conclusões Específicas

Capítulo I

1. Forma (*Gestalt*) é a expressão externa do ato jurídico, contendo, ainda, os requisitos essenciais para sua existência.

2. Formalidade é a exigência de que o ato coincida com a técnica processual, com observância dos requisitos intrínsecos (*modo* de realização) e extrínsecos (circunstâncias de *tempo*, *lugar* e *sujeito* pertinente). Formalismo é a exigência injustificada de 'forma' ou 'formalidade', por inadequação ou desnecessidade para o escopo do ato.

3. Não obstante a classificação feita, a denominação dos fenômenos processuais decorre apenas da necessidade de se obter precisão lingüística, porém o sentido pode ser invertido, e a técnica processual pode ser denominada de formalismo. Isso é uma simples questão de opção terminológica.

4. O modo de realização do ato e as circunstâncias legais de tempo, lugar e sujeito são estabelecidos pela técnica processual, buscando o meio mais adequado ao escopo do ato.

5. Os valores (ideais) buscados pela forma são previsibilidade (segurança jurídica), limitação da incerteza, delimitação dos poderes do juiz e ordenação do procedimento.

6. O sistema processual brasileiro não permite a liberdade das formas, adotando o princípio da legalidade relativizado pela instrumentalidade.

7. A instrumentalidade permite seja sanado tanto o vício de formalidade quanto o de forma, ou seja, a própria exteriorização do ato.

8. Os atos processuais possuem requisitos que podem ser classificados em *pressupostos, elementos* ou *circunstâncias* (Carnelutti).

9. Pressuposto deve existir *antes* do ato. São pressupostos do ato o *sujeito* e o *objeto*. O *sujeito* deve possuir as qualidades jurídicas necessárias para o exercício do poder (capacidade) e a pertinência com o poder de praticar o ato (legitimação); O *Objeto* deve ser idôneo, ou seja, próprio ou adequado.

10. Elemento deve existir *no ato*. São elementos do ato o *modo* de realização previsto em lei e a *intenção* ou *vontade* do sujeito processual, que normalmente se verifica com a exteriorização do ato.

11. Circunstância deve existir *fora* do ato, segundo as condições de *tempo* e *lugar*.

12. Segurança jurídica refere-se à previsibilidade e à uniformidade (constância) das decisões.

13. O ato jurídico é considerado *válido* (planos sintático e semântico) quando todos os seus requisitos estiverem presentes. Será considerado *eficaz* (plano pragmático) quando for capaz de produzir os efeitos esperados.

14. Um ato *válido* pode ser *ineficaz*, quando seus efeitos são recusados. Um ato *inválido* pode ser *eficaz* quando, a despeito da invalidade, seus efeitos são admitidos.

15. A invalidade do ato possui graus de rejeição, cuja intensidade produz inexistência jurídica, nulidade absoluta, nulidade relativa e irregularidade.

16. A *inexistência* não significa inocorrência material do ato, mas ausência de requisitos mínimos ou essenciais para ser admitido na ordem jurídica. Segundo Dinamarco, o ato é considerado inexistente quando não houver um *mínimo voluntário* ((i) não houver manifestação de vontade ou intenção do sujeito processual), um *mínimo subjetivo* ((ii) o sujeito não detiver as qualidades jurídicas para praticar o ato), um *mínimo formal* ((iii) faltar o objeto), um *mínimo objetivo* ((iv) buscar resultado materialmente impossível; (v) produzir resultado juridicamente inadmissível).

17. O ato processual inexistente não se sujeita à coisa julgada ou à sua eficácia preclusiva, sendo cabível a declaração de inexistência por intermédio de *querella nulitatis insanabilis*.

18. A nulidade absoluta ocorre quando o interesse público é violado. A nulidade relativa (para quem a aceita) e a anulabilidade ocorrem quando a convalidação do ato se encontra sob condição suspensiva ou resolutiva, respectivamente (Carnelutti).

19. Os atos das partes não estão sujeitos à nulidade.

20. A função da norma processual é preparar o provimento final para a solução de conflitos.

21. A instrumentalidade significa exigir o meio mais idôneo (adequado, necessário e razoável) à obtenção dos escopos do processo. A instrumentalidade rege-se pela relação meio-fim e pela ausência de prejuízo (*pas de nullité sans grief*).

22. A ausência dos pressupostos processuais e das condições da ação pode ser superada em nome da instrumentalidade (Bedaque).

23. O processo civil de resultados busca um maior grau de utilidade do provimento, em atenção ao princípio chiovendiano *"tutto quello e proprio quello"*.

24. Os critérios tradicionais são insuficientes para assegurar a instrumentalidade substancial e o processo de resultado justo, ou para conhecer seus limites.

Capítulo II

1. Pode existir *processo* mesmo se não houver relação jurídica trilateral.

2. A inexistência de relação jurídica processual com o réu não o impede de invocar a coisa julgada material, se a sentença lhe foi favorável (Bedaque).

3. A falta de contraditório não produz a inexistência do processo, se e somente se houver uma forte razão para afastar sua exigência, como, por exemplo, a ausência de prejuízo em decorrência de sentença favorável.

4. A característica fundamental do processo não é a relação jurídica nem o contraditório, apesar da inegável importância desses institutos.

5. Processo é método *argumentativo* estatal, *visando ao resultado justo* na resolução das controvérsias.

6. A justificação é essencial no direito processual. Conhecer as razões que fundamentam a decisão é necessário para permitir o controle do ato.

7. A justificação pode ser formal (validade lógica na construção argumentos) ou material (argumentos aceitáveis fundados em princípios, valores, e finalidades).

8. O silogismo pode ser usado como argumento na justificação formal.

9. A decisão judicial – e conseqüentemente a instrumentalidade substancial e o processo de resultados justos – pode ser controlada por intermédio da argumentação e pelo exame da justificação.

10. A justificação precisa ser real e efetiva. A fundamentação sem relação com os fatos é inexistente. Também é inexistente a decisão com fundamentação incompreensível.

11. Não é todo argumento que pode justificar uma decisão.

12. O julgador não se encontra obrigado a julgar as questões enfrentando estritamente todos os argumentos das partes.

13. Os argumentos que devem ser obrigatoriamente enfrentados são aqueles (i) necessários ou suficientes para justificar a decisão; e os que são (ii) parte integrante do discurso, cuja refutação precisa ser justificada (lei, precedente, doutrina). Esses argumentos incluem as razões processuais e as razões da pretensão: (a) *causa petendi* remota ou próxima; (b) *causa excipiendi*.

14. A instrumentalidade deve ser justificada.

15. A justificação ocorre por intermédio da argumentação jurídica.

16. Um recurso intempestivo pode ser excepcionalmente conhecido, mas se, e somente se, houver o risco de o não conhecimento acarretar o sacrifício de garantias constitucionais (contraditório, devido processo legal, razoável duração do processo *etc*) ou de um direito com peso superior.

17. Embargos de declaração podem ser conhecidos mesmo na inexistência de omissão, contradição, obscuridade ou erro material, se houver razão que justifique – excepcionalmente – a modificação do julgado.

18. A justificação fundada em razões **processuais** suficientes autoriza a **instrumentalidade formal**. Nessa hipótese, haverá a superação de regras processuais – forma ou formalidade –, fundada em normas *processuais*.

19. A justificação fundada em razões **substanciai**s suficientes autoriza a **instrumentalidade substancial**. Nessa hipótese, haverá a superação de regras processuais – forma ou formalidade – em razão da prevalência do direito material sobre o direito processual. Não é razoável exigir o sacrifício de um direito material em favor de uma regra processual.

20. A justificação fundada em razões **axiológicas** suficientes autoriza o **processo de resultados justos** e a preponderância da solução justa sobre uma regra jurídica, seja processual ou substancial, se houver um *grau intolerável de injustiça* ou uma *contradição performativa* com a *pretensão de correção* da norma. Exige-se, entretanto, a justificação (fundamentação) da decisão, para permitir o controle.

21. Não haverá grau intolerável de injustiça ser houver argumentos favoráveis, mesmo que fundados em razões refutáveis mas não insustentáveis. O resultado será injustificável se houver um argumento que retira a força de sua justificação.

22. O resultado é injustificável se não for adequado ou necessário para realizar o valor pretendido (princípio). O resultado é intoleravelmente injusto se exigir o sacrifício de um bem com valor jurídico superior, sem qualquer razão que justifique esse sacrifício.

23. Uma condição necessária de afirmar algo – que é um ato de fala – é crer no que afirma. Afirmar algo e simultaneamente afirmar que não acredita no que afirmou acarreta uma *contradição performativa (performative contradiction)* (Austin, Searle).

24. O ato de promulgar uma norma jurídica implica afirmar a crença de sua correção moral. Essa crença na correção moral das normas jurídicas enunciadas reflete a *pretensão de correção (Anspruch auf Richtigkeit)*, e é um elemento necessário ao conceito do direito, estabelecendo a conexão entre a moral e o direito (Alexy).

25. Se a norma jurídica não formula ou não satisfaz a *pretensão de correção,* por existir uma contradição performativa entre a norma enunciada e a crença na correção moral (justiça) da prescrição, então a norma será juridicamente deficiente, sendo possível reconhecer sua invalidade. Nessa hipótese, é possível construir outra norma mais justa (moralmente correta), que satisfaça a pretensão de correção do Estado.

26. As normas processuais contêm pretensão de correção, inclusive para a satisfação do direito material e da Justiça.

27. Se houver uma contradição performativa entre a crença afirmada na lei ou na Constituição e a sentença que se propõe a aplicá-las, então haverá uma violação à pretensão de correção da referida norma jurídica. Assim, os recursos especial e extraordinário são admissíveis, por contradição performativa.

28. O Superior Tribunal de Justiça pode adequar o valor dos danos morais e o dos honorários advocatícios ao *"juízo de eqüidade preconizado na lei processual"*, ou seja, à *pretensão de correção (Anspruch auf Richtigkeit)* da norma processual, em razão da contradição performativa entre o ato e a crença na correção moral do ato.

29. O argumento vitorioso pode ser obtido por dois modos: (i) pelo argumento "não refutado" (critério formal ou procedimental); e (ii) pelo "peso" *(Gewicht)* dos argumentos (critério material ou substancial).

30. A argumentação formal desenvolve-se com base em regras internas.

31. A parte somente pode aduzir um argumento que afirmaria em todas as situações assemelhadas em seus fatos relevantes (Alexy).

32. Quem introduzir um argumento que exclui um argumento anterior, precisa justificá-lo (Alexy).

33. Se uma norma legal (lei ou precedente, seja vinculante ou consolidado) regulamenta a matéria, então esta norma deve necessariamente ser usada na justificação (argumentação) de uma decisão judicial, mesmo quando sua aplicação for afastada. Ou seja, a norma jurídica não pode ser ignorada.

34. Um argumento usado para refutar outro argumento fundado em uma norma legal (lei ou precedente), precisa ser justificado.

35. Nem sempre um argumento "não refutado" deve ser o argumento vitorioso. Um argumento prevalece sobre o outro também em função do "peso" das razões que o justificam.

36. O controle da argumentação também ocorre em função da atribuição de *pesos* aos argumentos. O juiz é o *representante* do auditório universal, pressupondo-se possuir (i) todas as informações (jurídicas, sociais e políticas) necessárias, e (ii) capacidade de processá-las.

37. No domínio jurídico, as informações necessárias são de natureza técnica (argumentos jurídicos) e cultural (argumentos fundados em valores e princípios).

38. Uma norma legal pode ser afastada com argumentos: (i) fundados na hierarquia (lei prevalece sobre decisão judicial, Constituição prevalece sobre lei *etc.*); (ii) que criam uma cláusula de exceção. Neste último caso, examina-se, apenas, a cláusula de exceção.

39. No domínio jurídico, o peso dos argumentos pode ser atribuído por uma regra ou por um princípio. Para sobrepujar o peso de uma regra legal, é necessário outra regra legal ou um princípio com peso superior ao da regra.

Capítulo III

1. O ordenamento jurídico é formado por normas-regra e normas-princípio.

2. Os critérios da vagueza e do tudo-ou-nada não são suficientes para distinguir regras de princípios.

3. Um princípio estabelece um *ideal*, um padrão de comportamento que pode ser atingido em graus de concretização. A regra não admite gradação, possuindo uma característica binária 0-1 e estabelecendo uma linha limítrofe entre os modais deônticos (obrigatório, proibido e permitido).

4. Princípio não se confunde com valor. O princípio diz o que é *prima facie* obrigatório, o valor diz o que é *prima facie* o melhor (Alexy/Peczenik).

5. O direito processual possui princípios próprios, regulando a própria consistência do sistema.

6. O conflito de regras resolve-se pelas meta-regras (*lex posterior derogat legi priori, lex superior derogat legi inferiori, lex specialis derogat derogat generali*).

7. A colisão de princípios resolve-se por intermédio da proporcionalidade ou de um juízo de ponderação.

8. Normalmente, uma regra não conflita com um princípio, que colide apenas com outro princípio subjacente à regra.

9. Entretanto, é possível ocorrer uma colisão entre regras e princípios, quando (i) não houver um princípio subjacente à regra, ou (ii) a regra limitar excessivamente a eficácia do próprio princípio que busca concretizar.

10. A proporcionalidade é constituída pelos postulados da *adequação* da regra em promover um princípio (ato adequado ao escopo), (ii) da *necessidade* ou seleção do meio mais suave para concretizar um princípio (meio menos restritivo para atingir o escopo), e (iii) da *proporcionalidade em sentido estrito* ou admissibilidade do sacrifício de um princípio (ponderação entre dois escopos, *e.g.*, o processual e o substancial).

11. A razoabilidade consiste na ponderação entre princípios em um caso concreto.

12. A proporcionalidade não é princípio, mas postulado normativo. Ou seja, são regras aceitas sem demonstração (prova), que formam a base de um sistema dedutível, estabelecendo um raciocínio axiomático para a aplicação de normas jurídicas.

13. A instrumentalidade é a proporcionalidade aplicada ao processo. Assim, a instrumentalidade não é um princípio, mas um postulado normativo.

Capítulo IV

1. A ponderação consiste em sopesar as razões contrárias e as favoráveis a uma decisão.

2. A ponderação exige a consideração do maior número possível de circunstâncias relevantes à resolução da controvérsia (*ceteris-paribus* todas-as-coisas-consideradas).

3. Um juízo de ponderação deve considerar, no mínimo, três variáveis: (i) o peso abstrato dos princípios colidentes; (ii) o grau de certeza empírica (certeza dos fatos); e (iii) o grau de interferência de um princípio em outro (Alexy).

4. Um processo de resultados justos também pode ser obtido usando o método da ponderação.

5. O controle da ponderação ocorre com a reconstrução do raciocínio, em que o órgão revisor examinará as razões consideradas preponderantes, sopesando-as com as refutadas pela decisão.

Capítulo V

1. A relação entre certeza, probabilidade e risco exige a ponderação das razões utilizadas na argumentação, para se obter a justificação racional da decisão.

2. O princípio da segurança jurídica deve ser revisitado, para afastar a "certeza jurídica" de uma regra iníqua.

3. Segurança jurídica *formal* significa previsibilidade das decisões judiciais fundada em normas legais.

4. Segurança jurídica *material* significa previsibilidade decorrente em normas legais e aceitação moral das decisões judiciais (resultado justo na resolução das controvérsias). Ou seja, deve existir uma previsibilidade fundada na aceitação (jurídica e moral) dos resultados.

5. Os limites à instrumentalidade podem ser estáticos (validade ou perfeição formal do ato) ou dinâmicos (eficácia do ato).

6. Os limites estáticos são insuficientes, e não podem controlar a instrumentalidade.

7. Os limites dinâmicos (eficácia) apoiam-se na racionalidade da justificação.

8. O controle de racionalidade da justificação ocorre por intermédio da identificação dos argumentos, atribuição de pesos às razões (regras e princípios) e da reconstrução do raciocínio que selecionou as de maior peso.

9. O método de controle utiliza, respectivamente, a teoria da argumentação, a teoria dos princípios e a teoria da ponderação.

10. É necessário fundamentar a decisão (final ou interlocutória) para permitir o controle, mediante a análise das razões que justificaram o ato judicial.

11. O controle é feito mediante o reexame da razões externas, isto é, aquelas declaradas na sentença, ainda que não sejam as verdadeiras razões (psicológicas) do ato de decidir.

12. As razões subjacentes podem ser importantes para uma

justificação psicológica da decisão (endógena ou interna ao julgador), mas não para uma justificação jurídica (exógena ou externa ao julgador).

13. Se a fundamentação da decisão não coincide com as razões subjacentes, esse fato não será juridicamente relevante, pois o que se examina são as razões efetivamente usadas para a justificação.

14. Toda e qualquer norma – processual ou substancial – pode ser afastada, se e somente se existir uma razão suficiente para a sua não aplicação.

15. As garantias constitucionais devem ser obrigatoriamente preservadas, exceto se, e somente se, acarretarem o sacrifício de um valor superior ao da própria garantia.

16. O contraditório deve ser necessariamente observado, exceto se, e somente se, houver um argumento contrário com peso superior ao dele.

17. O contraditório pode ser afastado se a tutela for favorável a quem dele ficou privado (princípio da utilidade) e se não causar *dano efetivo* (princípio da ausência de prejuízo).

18. Devido processo legal não significa "obrigatória aplicação da *lei* processual".

19. O devido processo legal substancial refere-se à própria proporcionalidade (Lucon).

20. O adjetivo "devido" deve ser compreendido como a noção de "adequação" dos atos dos poderes instituídos, às expectativas mínimas que se pode esperar do Estado Democrático de Direito (Lucon). Como realiza a proporcionalidade, pode ser compreendido também como "necessidade" e "razoabilidade" dos atos.

21. "Processo" refere-se à "atuação" dos entes estatais, sejam eles órgãos legislativos, jurisdicionais ou administrativos.

22. O qualificativo "legal" não se limita à noção de lei, e tem o sentido de "jurídico", de conforme o direito.

23. O devido processo legal substancial deve ser compreendido como *adequada, necessária ou proporcional (razoável) atuação do direito.*

24. As partes têm direito à duração razoável do processo, ou seja, a um processo sem dilações indevidas (Cruz e Tucci).

25. A razoável duração do *processo* não se limita à tramitação do procedimento, mas à obtenção do resultado justo na solução das controvérsias.

26. A razoável duração do processo deve ser compreendida como *aguardo tolerável da resolução definitiva das controvérsias, sem dilações indevidas.*

27. Toda dilação que não pode ser razoavelmente justificada torna-se indevida.

28. Uma dilação é indevida se for desnecessária, inadequada ou desproporcional.

29. O prazo processual destina-se a abreviar ou a estabelecer a razoável duração do processo.

30. É possível conhecer recurso interposto fora do prazo se, e somente se, o não-conhecimento violar a razoável duração do processo, mediante a repetição inútil de atos processuais, desde que sejam observadas as garantias constitucionais (contraditório *etc.*).

31. Para assegurar a razoável duração de um processo de resultado justo na resolução das controvérsias, é possível conceder tutela sem pedido, se e somente se não houver uma razão contrária com peso superior.

32. Todas as espécies de invalidades processuais (inexistência, nulidade absoluta, nulidade relativa, anulabilidade – para quem as reconhece –, irregularidade) podem ser convalidadas. A única invalidade que não pode ser convalidada é a inexistência que atinge o *mínimo objetivo* referente aos direitos fundamentais do indivíduo (dignidade, integridade física *etc.*).

33. Se houver *dúvida objetivamente justificável* quanto a competência do órgão judicante, o órgão revisor (tribunal) pode convalidar a sentença proferida por juiz absolutamente incompetente, se e somente se tiver competência recursal, inclusive em razão da especificidade da matéria.

34. A impugnação oferecida como defesa no cumprimento de sentença (art. 475-J, § 1º, do CPC) e os embargos à execução (inclusive na execução a Fazenda Pública, art. 741 do CPC) não podem ser rejeitados por intempestividade.

35. Se fundados nos incisos I, II, III, IV, V do art. 475-L do CPC ou nos incisos I, II, III, IV, V e VII do art. 741 do CPC, a impugnação ou os embargos à execução devem ser conhecidos como objeção de não-executividade.

36. Se fundados no inciso VI do art. 475-L ou no mesmo inciso VI do art. 741 do CPC, a impugnação ou os embargos à execução devem ser conhecidos como ação autônoma de impugnação.

37. A única conseqüência da intempestividade da impugnação ou dos embargos à execução é a de não suspender a execução (efeito que não mais é automático no novo sistema de execução). Assim, se se tratar de execução contra a fazenda pública, o precatório judicial pode ser requisitado.

JUSTIÇA, DIREITO E PROCESSO

38. Restringir a instrumentalidade das formas e a busca do maior resultado apenas para as hipóteses de inobservância involuntária ou equivocada da regra processual, significa limitar indevidamente o alcance desses princípios processuais.

39. Não se pode restringir a instrumentalidade (formal ou substancial) ou o processo de resultados justos, apenas às hipóteses em que o juiz, por equívoco ou esquecimento, não observa a norma legal.

40. O juiz deve intencional e deliberadamente deixar de aplicar a regra processual, sempre que a mesma for inadequada ou desnecessária para os escopos do processo, ou sempre que implicar o sacrifício de um direito – processual ou substancial – de maior relevo.

41. Se não houver espaço na pauta de audiência, e se a designação da audiência de conciliação no procedimento sumário ultrapassar um prazo razoável, é possível determinar a citação para contestar sem designação de audiência, mesmo não convertendo o procedimento sumário em ordinário.

42. Se o agravo por instrumento for julgado com fundamento no art. 557 do CPC (jurisprudência consolidada), e se o relator estiver convencido do desprovimento do recurso, poderá julgá-lo sem ouvir o agravado, pois a decisão lhe será favorável.

43. O agravo não pode ser julgado na câmara sem o contraditório, ainda que o voto do relator seja favorável, em face da possibilidade de um julgamento desfavorável a quem não foi ouvido.

44. "Embora o exame dos pressupostos processuais seja anterior ao do mérito, nada impede a inversão dessa ordem se, não obstante a existência de vícios, o instrumento atingir seu objetivo, incidindo o disposto no art. 249, §§ 1° e 2°, do CPC" (Bedaque).

45. O mérito pode ser examinado antes das questões preliminares mesmo na hipótese de julgamento desfavorável ao réu (procedência do pedido), ainda que ausente um dos pressupostos processuais, se houver uma razão em favor do direito substancial, com peso superior ao argumento processual.

46. Na ação com pretensão a investigação de paternidade, fundada em DNA, o mérito deve ser examinado antes da preliminar de coisa julgada, se a ação anterior concluiu pela improcedência do pedido.

47. Em situações especiais, é possível haver processo sem demanda.

48. A sentença de improcedência, em ação declaratória ou constitutiva negativa, pode ser usada para atribuir eficácia a uma pretensão

172

condenatória não formulada pelo réu.

49. A sentença de improcedência em ação de inexistência de relação jurídica tributária comporta execução por parte do Estado-réu, independentemente de pedido contraposto ou reconvenção. O mesmo se aplica a uma ação declaratória (inexistência ou nulidade absoluta) ou constitutiva negativa (nulidade relativa), em que o autor pretende exonerar-se de obrigação decorrente de negócio jurídico.

50. A sentença de procedência em ação que visa a declaração do saldo devedor correto, pode aparelhar a execução a ser ajuizada pelo réu para exigir o cumprimento da obrigação.

Capítulo VI

1. A flexibilização da forma e o aumento de liberdade decisória estão proporcionalmente relacionados à confiança que os agentes públicos inspiram aos cidadãos (Chiovenda).

2. A imposição de formas rígidas não tem favorecido a previsibilidade exigida pela segurança jurídica, tanto em seu aspecto formal, quanto sob o prisma material.

3. A forma rigorosamente estabelecida pela lei não está produzindo a segurança jurídica pretendida.

4. O escopo do ato deve ser realizado com o menor dispêndio de energia, ou seja, de modo mais eficiente (Barbosa Moreira).

5. A adequação ao escopo relaciona o processo com: (i) uma norma processual (instrumentalidade formal), (ii) um norma substancial (instrumentalidade substancial), e (iii) a justiça (direito processual de resultados justos).

6. O princípio do resultado justo deve ser considerado em todo e qualquer provimento judicial. Sempre que for prestar a tutela jurisdicional, o juiz deverá indagar se o resultado produzido é justo e équo.

7. Não é admissível impor o sacrifício do direito material em favor de uma regra processual, que foi editada com o escopo de realizar o próprio direito material.

8. Além de um processo *justo e équo*, deve ser assegurado um processo de *resultado* justo e équo, pois todas as garantias constitucionais visam a este resultado.

9. O trinômio justiça, direito e processo visa a atender ao escopo da jurisdição, a saber, o de solucionar as controvérsias com um resultado justo e équo.

10. É possível relativizar não apenas o direito processual, mas também o direito material, para se obter um resultado justo na resolução das controvérsias.

11. O binômio direito e processo deve ser relativizado (Bedaque). Se uma regra processual implicar o sacrifício de um direito substancial, a regra processual não deve ser aplicada.

12. Entretanto, o direito processual pode prevalecer sobre o direito material, se e somente se conduzir a resultado mais justo.

13. Ao binômio direito e processo deve ser acrescentado o elemento justiça.

14. O trinômio Justiça, Direito e Processo exige a produção de resultado justo e équo como escopo do processo.

BIBLIOGRAFIA

AARNIO, Aulis. *Derecho, Racionalidad y Comunicación Social. Ensayos sobre Filosofía del Derecho*. Tradução Pablo Larrañaga.México: Distribuciones Fontamara SA, 1995.

ADEODATO, João Maurício. *Ética e Retórica. Para uma teoria da dogmática jurídica*. São Paulo: Saraiva, 2002.

AFONSO DA SILVA, Luis Virgílio. *O proporcional e o razoável*. Revista dos Tribunais, n° 798, 2002, pp. 23-50.

ALBRECHT, Rüdiger Konradin. *Zumutbarkeit als Verfassungsmassstab*. Berlin: Duncker und Humblot, 1995.

ALEXY, Robert. *The Nature of Legal Philosophy*. In Ratio Juris, vol. 17, n. 2, Oxford: Blackwell Publishing, 2004, pp. 156-167.

_____. *Teoría de La Argumentación Jurídica*. Tradução de Manuel Atienza e Isabel Espejo. Madri: Centro de Estudios Constitucionales, 1997.

_____. *Theorie der Grundrechte*. 2ª ed., Frankfurt am Main: Suhrkamp, 1994.

_____. *On Balancing and Subsumption. A Structural Comparison. In Ratio Juris*, vol. 16, n.4, Oxford: Blackwell Publishing, 2003, pp. 433-449.

_____. *Begriff und Geltung des Rechts*, Freiburg/München, 1992. Tradução para o inglês: *The Argument from Injustice. A Reply to Legal Positivism*. Trad. B. Litschewski Paulson e S. L. Paulson, Oxford: Claredon Press, 2002.

_____. *Bulygin's Kritik des Richtigkeitsarguments*. In Ernesto Garzón Valdés et al. (eds.), Normative Systems in Legal and Moral Theory, Festschrift für Carlos Alchourrón und Eugenio Bulygin, Duncker & Humbolt, Berlim, 1997, p. 237 ss.

_____. *Derecho y Razón Práctica*. México: Distribuciones Fontamara, 1993.

ALMEIDA JUNIOR, João Mendes. *Direito Judiciário Brasileiro*. 4ª ed. São Paulo: Livraria Editora Freitas Bastos, 1954.

ALVARO DE OLIVEIRA, Carlos Alberto. *Do Formalismo no Processo Civil*. São Paulo: Saraiva, 2003.

ALVES, Alaôr Caffé. *Lógica – pensamento formal e argumentação – elementos para o discurso jurídico.Bauru*, SP:EDIPRO, 2000.

ALVIM, Arruda. Manual de direito processual civil. 6 ed. São Paulo: Revista dos Tribunais. 1997. Vol II.ATIENZA, Manuel. *As Razões do Direito. Teorias da Argumentação Jurídica*. São Paulo: Landy Livraria Editora e Distribuidora Ltda., 2000.

ARISTÓTELES.*Ética a Nicômacos*. 2ª ed., tradução do grego, introdução e notas de Mário da Gama Kury. Brasília: Edunb, c1985, 1992.

ATIENZA, Manuel. *Introducción al Derecho*. México: Distribuciones Fontamara, 2003.

AUSTIN, John Langshaw. *How to do things with words*. Oxford: Oxford University Press, 1962.

ÁVILA, Humberto Bergmann. *A Distinção entre Princípios e Regras e a Redefinição do Dever de Proporcionalidade*. Revista da Pós-Graduação da Faculdade de Direito da USP, v.1. Porto Alegre: Síntese, 1999.

BARBOSA MOREIRA. José Carlos. *Temas de Direito Processual*. 8ª Série. São Paulo: Saraiva, 2004.

_____. *Efetividade do processo e técnica processual*, in Temas de Direito Processual, Sexta Série. São Paulo: Saraiva, 1997.

_____. *Comentários ao Código de Processo Civil*. 8 ª ed., Rio de Janeiro: Forense, 2000.

BEDAQUE, José Roberto dos Santos. *Direito e Processo. Influência do direito material sobre o processo*. 2ª ed., São Paulo: Malheiros, 1995.

_____. *Poderes Instrutórios do Juiz*. 2 ed. rev. e ampl., São Paulo: RT, 1994.

_____. *Tutela Cautelar e Tutela Antecipada: Tutelas Sumárias e de Urgência (tentativa de sistematização)*. 3ª ed., São Paulo: Malheiros, 2003.

_____. *Breves Considerações sobre recursos e tutela cautelar*. In NERY JUNIOR, Nelson; WAMBIER, Teresa Arruda Alvim (Coord.). *Aspectos polêmicos e atuais dos recursos cíveis de acordo com a Lei 9.756/98*. São Paulo: RT, 1999.

_____. *Efetividade do Processo e Técnica Processual*. São Paulo: Malheiros, 2006.

_____. *Os elementos objetivos da demanda examinados à luz do contraditório*. In *Causa de Pedir e Pedido no Processo Civil (Questões Polêmicas)*. Coord. José Rogério Cruz e Tucci e José Roberto dos Santos Bedaque. São Paulo: Editora Revista dos Tribunais, 2002, pp. 13-52.

BERMUDES, Sérgio. *A reforma do judiciário pela emenda constitucional n° 45*. Rio de Janeiro: Forense. 2005.

BOBBIO, Norberto. *Teoria dell'ordinamento giuridico*. Milano: Editore G. Giappichelli, 1982.

BONAVIDES, Paulo. *Direito Constitucional*. Rio de Janeiro: Forense, 1980.

BOTELHO DE MESQUITA, José Ignacio. *Teses, Estudos e Pareceres de Processo Civil*. Vol. 1, São Paulo: RT, 2005.

BOURGUIGNON, Álvaro Manoel Rosindo. *Embargos de Retenção por Benfeitorias. E outras questões relativas ao exercício judicial do direito de retenção por benfeitorias*. São Paulo: RT, 1999.

BRAGHITTONI, R. Ives. *O Princípio do Contraditório no Processo. Doutrina e Prática*. São Paulo: Forense Universitária, 2002.

BRASIL JR., Samuel Meira. *On Weighing and Balancing in Law and Politics*. In Law and Politics - In Search of Balance. Abstracts: Special Workshops and Working Groups. Christofer Wong Ed.: Lund, 2003.

_____. *A Mathematical Framework for Modelling Legal Reasoning through Conditional Logics*. MSc Dissertation. Universidade Federal do Espírito Santo, 2004.

BUENO, Cassio Scarpinella. *Intervenção de terceiros: questõe polêmicas*. 2 ed. São Paulo: CPC. 2002.

BUENO, José Antônio Pimenta. Apontamentos sobre as formalidades do processo civil, 3 ed., Rio de Janeiro: Ribeiro dos Santos, 1911.

BÜLOW, Oskar von. *La teoria de las excepciones procesales y los presupuestos procesales*. Buenos Aires: EJEA, 1964.

BULYGIN, Eugenio. *Alexy und das Richtigkeitsargument*. In Aulis Aarnio et al. (eds.) Rechtsnorm und Rechtiswirklichkeit, Festschrift für Werner Krawietz zum 60. Gerburtstag; Duncker & Humblot, Berlim. 1993, p. 21.

CAMARGO, Margarida Maria Lacombe. *Hermenêutica e Argumentação. Uma contribuição ao Estudo do Direito*. 2ª ed., Rio de Janeiro-São Paulo: Renovar, 2001.

CARDOZO, Benjamim N. A Natureza do Processo e a Evolução do Direito, Companhia Editora Nacional, 1943.

CARNEIRO. Athos Gusmão. *Jurisdição e Competência*. 8ª ed., São Paulo:

Saraiva, 1997.

CARNELUTTI, Francesco. *Instituições do Processo Civil*. Volume I. Tradução da 5ª ed. Por Adrián Sotero De Witt Batista, São Paulo: Servanda, 1999.

_____. *Sistema*, nº 551 a 552, II vol., *apud* LACERDA, Galeno, *Despacho Saneador*, Porto Alegra: Fabris, 1985.

CARVALHO. Paulo de Barros. *Curso de Direito Tributário*. São Paulo: Saraiva, 1985.

CHIOVENDA, Giuseppe. *Princípios de Derecho Procesal Civil*, tomo II. Madrid, 1925.

_____. *Instituições de Direito Processual Civil*. Volume I. tradução da 2ª ed. Por Paolo Capitanio. São Paulo: Bookseller, 1998.

CINTRA, Antonio Carlos de Araújo; GRINOVER, Ada Pellegrini; DINAMARCO, Cândido Rangel. *Teoria Geral do Processo*. São Paulo, Editora Revista dos Tribunais, 1974.

COMOGLIO, Luigi Paolo. *La garanzia costituzionale dell'azione ed il processo civile*. Padova: CEDAM, 1970.

CORREAS, Oscar. *Crítica da Ideologia Jurídica. Ensaio Sócio-Semiológico*. Porto Alegre: Sérgio Antonio Fabris Editor, 1995.

COUTURE, Eduardo J. Fundamentos del derecho procesal civil. Buenos Aires: ed. Depalma, 1988.

CRETELLA NETTO, José. Fundamentos Principiológicos do Processo Civil. Rio de Janeiro: Forense, 2002.

CRUZ JR., Ademar Seabra da. *Justiça como Eqüidade: Liberais, Comunitaristas e a Autocrítica de John Rawls*. Rio de Janeiro: Lumen Juris, 2004.

_____. Funcion Privada y Funcion Publica del proceso. Revista da Faculdade de Direito de Porto Alegre, ano II, n.º 01, 1950.

_____. Introdução ao estudo do processo civil. 3.ª ed., Rio de Janeiro, Forense, 1995.

_____. Studi in Onore di Enrico Redenti. Vol. I, Milão, Giufré, 1951.

DALL'AGNOL JR. Antonio Janyr. *Comentários ao CPC*. Vol. 3. Porto Alegre: Lejur, 1985.

DERANI, Cristiane. *Direito Ambiental Econômico*. São Paulo: Max Limonad, 1997.

DIDIER JR., Fredie Souza. *Regras Processuais no Novo Código Civil*. 2ª ed., São Paulo: Saraiva, 2004.

_____. *Sobre dois importantes, e esquecidos, princípios do processo: adequação e adaptabilidade do procedimento*. Jus Navigandi, Teresina, a. 6, n. 57, jul. 2002. *Disponível em: <http://jus2.uol.com.br/doutrina/texto.asp?id=2986>*. Acesso em: 22 jan. 2006.

DINAMARCO, Cândido Rangel. *Capítulos de sentença*, São Paulo: Malheiros, 2002.

_____. *Instituições de Direito Processual Civil* – vols. I, II, III e IV, 2ª ed., São Paulo: Malheiros, 2004.

_____. *A Reforma do Código de Processo Civil*, São Paulo: Malheiros, 1995.

_____. *A Reforma da Reforma do Código de Processo Civil*, 3ª ed., São Paulo: Malheiros,

_____. *Execução Civil*, São Paulo, Malheiros, 8 ª edição, São Paulo: Malheiros, 2002.

_____. *Litisconsórcio*, 7a edição, São Paulo: Malheiros, 2002.

_____. *Fundamentos do Processo Civil Moderno* (2 volumes), 5a ed., São Paulo: Malheiros, 2002.

_____. *A Instrumentalidade do Processo*, (1ª edição em 1987) 10ª ed., São Paulo: Malheiros, 2002.

_____. *Direito Processual Civil*, São Paulo: Bushatsky, 1975.

_____. *Manual dos juizados cíveis*, 2a ed., São Paulo: Malheiros, 2001.

_____. *Manual de direito processual civil* de ENRICO TULLIO LIEBMAN (tradução e notas), Rio de Janeiro: Forense, 1987.

_____. *Intervenção de terceiros*, 3ª ed., São Paulo: Malheiros, 2002.

_____. *A nova era do processo Civil*, São Paulo: Malheiros, 2003.

_____. *Relativizar a coisa Julgada Material. Revista de Direito Processual* (RePro) 109, São Paulo: RT, 2003.

_____. *Relativizar a coisa julgada material* – I. In Meio Jurídico. 44, pp. 34-39, 2001.

_____. *Relativizar a coisa julgada material* – II. In Meio Jurídico. 43, pp. 34-39, 2001.

DINAMARCO, Pedro. *Ação Civil Pública*. São Paulo: Saraiva, 2001.

DONDINA, Mario. *Atti processuali (civili e penali)*, in *Novissimo Digesto Italiano*, Torino, UTET, 1981.

DUNG, Phan M. *On the acceptability of arguments and its fundamental role innonmonotonic reasoning and logic programming*. IJCAI-93. Proceedings of the 13th International Joint Conference on Artificial Intelligence (ed. RuzenaBajcsy).

San Mateo: Morgan Kaufmann Publishers, San Mateo, 1993, pp. 852-857.

DWORKIN, Ronald. *Is Law a System of Rules?* In *The Philosophy of Law*. Org. Ronald Dworkin. Oxford University Press, New York: 1977.

_____. *Taking Rights Seriously*. Cambridge: Harvard University Press, 1978.

ESPÍNDOLA, Ruy Samuel. *Conceito de princípios constitucionais*. São Paulo: Revista dos Tribunais. 1998.

ESSER, Josef. *Grundsatz und Norm in der Richterlichen Fortbildung dês Privatrechts*. Tübingen: 1956. A referência é da 4 impressão, 1990.

FABRÍCIO, Adroaldo Furtado. *A coisa julgada nas ações de alimentos*. In AJURIS, 52, Porto Alegre: AJURIS, 1991, pp. 6-33.

FAZZALARI, Elio. *Istituzioni di diritto processuale*. VIII ed., Padova: CEDAM, 1996.

FERRAJOLI, Luigi. *Derechos y garantias. La ley del más débil*. Madri: Ed. Trotta, 1999.

FERRAZ, Manuel Carlos de Figueiredo. *Apontamentos sobre a Noção Ontologica do Processo*, São Paulo: Revista dos Tribunais, 1936.

FERRAZ JR., Tércio Sampaio. *Introdução ao Estudo do Direito. Técnica, Decisão, Dominação*. São Paulo: Editora Atlas, 1988.

_____. *A Ciência do Direito*, São Paulo: Atlas, 1977.

_____. *Obrigação tributária acessória e limites de imposição: razoabilidade e neutralidade concorrencial do Estado. In Princípios e Limites da Tributação*. Coordenação Roberto Ferraz, São Paulo: Quartier Latin, 2005, pp. 717-735.

GINSBURG, Carlo. *Occhiacci di legno*, Milão: Feltrinelli, 1998.

GOLDSCHMIDT, James. *Direito Processual Civil*. Tradução de Lisa Pary Scarpa. 2 vol., Campina: Bookseller, 2003.

GRAU, Eros Roberto. *A Ordem Econômica na Constituição de 1988 - Interpretação e Crítica*. 2ª ed., São Paulo: Revista dos Tribunais, 1991.

_____. *Ensaio e discurso sobre a Interpretação/Aplicação do Direito*. 2ª ed., São Paulo: Malheiros, 2003.

_____. *O direito posto e o direito pressuposto*. 4ª ed., São Paulo: Malheiros Editores, 2002.

GRINOVER, Ada Pellegrini. *Direito Processual Civil*. São Paulo: Bushatsky, 1974.

_____. *O Processo em Evolução*. 2ª ed., Rio de Janeiro: Forense, 1998.

GUIMARÃES, Luiz Machado. *Estudos de Direito Processual Civil*. Rio de Janeiro: Ed. Jurídica e Universitária, 1969.

HABERMAS, Jürgen. *Consciência Moral e Agir Comunicativo*. Rio de Janeiro: Tempo Brasileiro, 1989.

HAGE, Jaap. *Reasoning with Rules. An Essay on Legal Reasoning and its Underlying Logic*. Dordrecht/Boston/London: Kluwer, 1997.

HARE, Richard Mervyn. *A Linguagem da Moral*. Tradução Eduardo Pereira e Ferreira. São Paulo: Martins Fontes, 1996.

HART, Herbert L. A. *Positivism and the Separation of Law and Morals*. In *The Philosophy of Law*. Org. Ronald Dworkin. Oxford University Press, New York: 1977.

HAYEK, Friedrich. *The Road to Serfdom*. Chicago: Chicago University Press, 1944.

HECK, Philipp. *El Problema de la Creación del Derecho*. Granada: Comares, 1999.

HERTEL, Daniel Roberto. *Técnica Processual e Tutela Jurisdicional. A Instrumentalidade Substancial das Formas*. Porto Alegre: Sérgio Antonio Fabris Editor, 2006.

HUBMANN, Heinrich. *Die Methode der Abwägung. In Festschrift für Ludwig Schnorr von Carolsfeld*. Berlin-Bonn-München: Carl Heymanns Verlag KG, 1972, pp. 173-197.

JORGE, Flávio Cheim. *Embargos Infringentes: uma visão atual. In Aspectos Polêmicos e Atuais dos Recursos Cíveis de acordo com a Lei 9.756/98*. Coordenação Teresa Wambier e Nelson Nery Jr. São Paulo: RT, 1999.

JORGE, Flávio Cheim; DIDIER JR, Fredie & RODRIGUES, Marcelo Abelha. A nova reforma processual. São Paulo: Saraiva. 2002.

KELSEN, Hans. *Allgemeine Theorie der Normen*. Manzsche Verlag- und Universitätsbuchhandlung, Wien: 1979.

_____. *Introduction to the Problems of Legal Theory*. Oxford: Claredon Press, 1996.

KLUG, Ulrich. *Lógica Jurídica*. Santa Fé de Bogotá: Editorial Temis, 1998.

KOMATSU, Roque. *Da Invalidade no Processo Civil*. São Paulo: Revista dos Tribunais, 1991.

LABAND, P. *Staatsrecht des Deutschen Reiches*. I, 5. Aufl., Tüb., 1911, p. 178, citado por Massimo la Torre, *Theories of Legal Argumentation and Concepts of Law. An Approximation*. Ratio Juris 15, Oxford: Blackwell Publishing, 2002, p. 377-402.

LACERDA, Galeno Velinho de. Despacho Saneador. 3ª edição, Porto Alegre, Sérgio Antônio Fabris Editor, 1990.

_____. O Código e o formalismo processual. Revista da Ajuris, n.º 28, 1983.

_____. Processo e cultura. Revista de Direito Processual Civil, 3.º volume, Saraiva, 1962.

_____. Revista de Jurisprudência do Tribunal de Justiça do Estado do Rio Grande do Sul - RJTJRS, n.º 102, 1983.

_____. O código como sistema legal de adequação do processo. Revista do Instituto dos Advogados do Rio Grande do Sul, Comemorativa do Cinqüentenário 1926-1976, Porto Alegre.

_____. Comentários ao Código de Processo Civil, vol. VIII, tomo I, 6.ª edição, Rio de Janeiro, Forense, 1994.

_____. Presença de Couture. Revista da Faculdade de Direito de Porto Alegre, URGS, Ano IV, n.º 1, 1958.

LARENZ, Karl. *Metodologia da Ciência do Direito*. Tradução de José Lamego, Revisão de Ana de Freitas, 2ª ed., Lisboa: Calouste Gulbenkian, 1983.

LIEBMAN, Enrico Tullio. *Manual de Direito Processual Civil*. Vol. I, tradução e notas Cândido Rangel Dinamarco, São Paulo: Forense, 1985.

_____. *Embargos do Executado (Oposição de mérito no processo de execução)*. Campinas: Bookseller, 2003.

_____. *Eficácia e Autoridade da Sentença*. 2ª ed., Rio de Janeiro: Forense, 1981.

LINDAHL, Lars. *Deduction and Justification in the Law. The Role of Legal Terms and Concepts. In Ratio Juris*, vol. 17, n. 2, Oxford: Blackwell Publishing, 2004, p. 182-202.

LOPES DA COSTA, Alfredo de Araújo. *Direito Processual Civil Brasileiro*, 2 ed., Rio de Janeiro: Forense, 1959.

LUCON, Paulo Henrique dos Santos. *Embargos à Execução*. 2ª ed., São Paulo: Saraiva, 2001.

_____. *Devido Processo Legal Substancial*. Disponível na Internet: <http://www.mundojuridico.adv.br/html/artigos/document os/texto008.htm>. Acesso em 20 de agosto de 2005.

MACCORMICK, Neil. *Legal Reasoning and Legal Theory*. New York: Oxford University Press, 1994.

MALATESTA, Nicola Framarino del. *A Lógica das Provas em Matéria Criminal*. Tradução Waleska Girotto Silverberg. São Paulo: Conan Editora Ltda., 1995.

MANCUSO, Rodolfo de Camargo. *Ação Popular.* São Paulo: RT, 2001.

MANDRIOLI, Crisanto. *Corso di Diritto Processuale Civile. I – Nozioni Introduttive e Disposizioni Generali.* Torino: G. Giappichelli Editore, 2000.

MARGO. La Cadre de la Justice Civile. p. 19.1.2005, Disponível em http://www.juristudiant.com/site/modules/wfsection/article.php?articleid =75, acesso em 12.12.2005.

MARINONI, Luiz Guilherme. *Técnica Processual e Tutela dos Direitos.* São Paulo: RT, 2004.

_____. *Tutela inibitória (individual e coletiva).* 2 ed. São Paulo: Revista dos Tribunais. 2000.

_____. *Manual do processo de conhecimento: a tutela jurisdicional através do processo de conhecimento.* São Paulo: Revista dos Tribunais. 2001.

MENDES, Gilmar Ferreira. *Jurisdição Constitucional.* 2ª ed., São Paulo: Saraiva, 1998.

MENESTRINA, Francesco. *La pregiudiciale nel processo civile.* Milão: Giuffrè, 1963.

MESQUITA, Botelho de.

MOLTKE, K. von. *The Vorsorgeprinzip in West German Environmental Policy.* In Royal Commission on Environmental Protection, Best Practicable Environmental Option. London: 1988.

NERY Jr., Nelson. *Princípios do processo civil na Constituição Federal.* São Paulo: RT, 1999.

NERY Jr., Nelson, e NERY, Rosa Maria de Andrade. Código de Processo Civil Comentado e Legislação Extravagante, 7ª ed., São Paulo: RT, 2003, p. 664).

OAKESHOTT, Michael. *The Rule of Law.* In *On History.* Oxford: Blackwell Publishing, 1983.

OPALEK, Kazimierz.*The Rule of Law and Natural Law. In Festskrift till Olivecrona.* Stockholm: Norstedts, 1964.

PASSOS, J. J.Calmon de. *Instrumentalidade do Processo e Devido Processo Legal.* Jus Navigandi, Teresina, a. 6, n. 58, ago. 2002. Acesso em: 7.10.2004, Disponível em: <http://www1.jus.com.br/doutrina/texto.asp?id=3062>. Acesso em: 07.10.2004.

_____. *Esboço de uma teoria das nulidades aplicada às nulidades processuais.* Rio de Janeiro: Forense, 2002.

PAVUR, Claude. *Nietzsche humanist.* Milwaukee: Marquette University Press, 1998.

PECZENIK, Alexander. *Wheighing Values*. In International Journal for the Semiotics of Law V/14, 1992.

_____. *On Law and Reason*. Dordrecht/Boston/London: Kluwer Academic Publishers, 1989.

PERELMAN, Chaïm, e OLBRECHTS-TYTECA, Lucie. *Tratado da Argumentação. A Nova Retórica*. São Paulo: Martins Fontes, 1996.

PINTO, Junior Alexandre Moreira, *Sistemas rígidos e flexíveis: a questão da estabilização da demanda. In Causa de Pedir e Pedido no Processo Civil (Questões Polêmicas)*. Coord. José Rogério Cruz e Tucci e José Roberto dos Santos Bedaque. São Paulo: Editora Revista dos Tribunais, 2002, pp. 53-90.

PINTO, Teresa Arruda Alvim. *Nulidades da Sentença*, 2ª ed., São Paulo: RT, 1990.

PLEBE, Armando, e EMANUELE, Pietro. *Manual de Retórica*. São Paulo: Martins Fontes, 1992.

POLLOCK, John. *Self-defeating arguments. In Minds and Machines.* 1, 1991, pp. 367-392.

RADBRUCH, Gustav. Five Minutes of Legal Philosophy, trad. Stanley L. Paulson, in Philosophy of Law, 3ª. ed., Joel Feinberg and Hyman Gross Editores, Belmont, Califórnia: Wadsworth, 1986).

RAZ, Joseph. *The Concept of Legal System*. Oxford: Oxford University Press, 1970.

REALE, Miguel. *Lições Preliminares de Direito*. São Paulo: Saraiva, 2004.

REDENTI, Enrico. *Diritto Processuale Civile. Nozioni e Regole Generali*. Milano: Dott. A. Giuffrè Editore, 1957.

REHBINDER, Eckard. *Vorsorgeprinzip im Umweltrecht und preventive Umweltpolitik*. In: U. E. Simonis, ea., Präventive Umweltpolitik. Frankfurt/New York: Campus Verlag, 1988.

RIBEIRO, Paulo de Tarso Ramos. *Direito e Processo: Razão Burocrática e Acesso à Justiça*. São Paulo: Max Limonad, 2002.

RODRIGUES, Marcelo Abelha. *Elementos de Direito Processual Civil*. Volume 1. São Paulo: Editora Revista dos Tribunais, 2003.

_____. *Instituições de Direito Ambiental*. São Paulo: Max Limonad, 2002.

_____. Suspensão da segurança: *sustação da eficácia de decisão judicial proferida contra o Poder Público*. 2 ed. São Paulo: Revista dos Tribunais. 2005.

ROSS, W. D. *The Right and the Good*. Oxford University Press, 1930.

SILVA, Virgílio Afonso da. *A Fossilised Constitution? In Ratio Juris*, vol. 17, n. 4, Oxford: Blackwell Publishing, 2004, pp. 454-473.

SILVA, Ovídio Baptista da. *Curso de Processo Civil*. 4ª ed., São Paulo: RT, 1998.

SPOHN, Wolfgang. *On certainty*. Palestra proferida no Weltkongreß für Soziologie "Contested Boundaries and Shifting Solidarities", Bielefeld: inédito, 1994.

SALMOND, John. *Jurisprudence*. 1 ª ed. De 1902, 7ª ed. 1924.

SANTOS, Nelton Agnaldo Moraes dos. *A técnica de Elaboração da Sentença Civil*. 2ª São Paulo: Saraiva, 1997.

SATTA, Salvatore. *Diritto Processuale Civile*. 9ª ed. Revista e ampliada por Carmine Punzi. Padova: CEDAM, 1981.

SEARLE, John Rogers. *Speech Acts: An Essay in the Philosophy of Language*. Cambridge: Cambridge University Press, 1969.

SIQUEIRA, Cleanto Guimarães. *A Defesa no Processo Civil*. 2ª ed., Belo Horizonte: DelRey, 1997.

SOUZA, Luiz Sérgio Fernandes de. *Abuso de Direito Processual. Uma teoria pragmática*. São Paulo: RT, 2005.

SOUZA, Miguel Teixeira de. *Sobre o sentido e a função dos pressupostos processuais (algumas reflexões sobre o dogma da apreciação prévia dos pressupostos processuais na ação declarativa)*. RePro 63. São Paulo: RT, julho-setembro 1991.

STRECK, Lenio Luiz. *Hermenêutica Jurídica e(m) crise. Uma exploração hermenêutica da construção do Direito*. Porto Alegre: Livraria do Advogado Editora, 1999.

TALAMINI, Eduardo. *Coisa Julgada e sua Revisão*. São Paulo: RT, 2005.

TARUFFO, Michele. *Senso Comum, Experiência e Ciência no Raciocínio do Juiz*. Trad. Cândido Rangel Dinamarco. Curitiba: IBEJ, 2001.

_____. *Il significato costituzionale dell'obbligo di motivazione. In Participação e Processo*. Coordenação de Ada Pellegrini Grinover, Cândido Rangel Dinamarco e Kazuo Watanabe. São Paulo: RT, 1988, pp. 37-50.

TARZIA, Giuseppe. *Legitimazione e participazione delle associazioni di categoria ai Processi Civili con rilevanza sollettiva. In Participação e Processo*. Coordenação de Ada Pellegrini Grinover, Cândido Rangel Dinamarco e Kazuo Watanabe. São Paulo: RT, 1988, pp. 51-80.

THEODORO Jr., Humberto. *Prova — Princípio da Verdade Real — Poderes do Juiz — Ônus da prova e sua Eventual Inversão — Provas Ilícitas — Prova e Coisa Julgada nas Ações relativas à Paternidade (DNA). In* Revista Brasileira de Direito de Família. Porto Alegre: Síntese, 1999, n. 03, pp. 05/23.

TOLONEN, Hannu. *Reglas, Principios y Fines: la Interrelación entre Derecho,*

Moral y Política. In *La Normatividad del Derecho.* Or. Aulis Aarnio, Ernesto Garzón Valdés e Jyrki Uusitalo. Barcelona: Gedisa editorial, 1997.

TOMMASEO, Ferruccio. *Appunti di Diritto Processuale Civile. Nozioni introduttive.* 4ª ed., Torino: G. Giappichelli Editore, 2000.

TOULMIN, Stephen. *The Uses of Argument.* Cambridge: Cambridge University Press, 1958.

TUCCI, José Rogério Cruz e. *A Causa Petendi no Processo Civil.* São Paulo: Editora Revista dos Tribunais, 1993.

_____. *Tempo e processo,* São Paulo: RT, 1997.

_____. *Perspectiva Histórica do Precedente Judicial como Fonte do Direito.* Tese apresentada para concurso ao cargo de Professor Titular de História do Direito da Faculdade de Direito da Universidade de São Paulo, São Paulo, 2003.

TUCCI, José Rogério Cruz e, BEDAQUE, José Roberto dos Santos. *Causa de Pedir e Pedido no Processo Civil (Questões Polêmicas).* São Paulo: Editora Revista dos Tribunais, 2002.

VERDE, Giovanni. *Profili del Processo Civile. Parte Generale.* 2ª ed., Nápoles: Jovene Editore, 1988.

VIEHWEG, Theodor. *Topica y Jurisprudencia,* trad. Luis Díez-Picazo Ponce de León, Madri: Altea, 1986.

VINCENT, Jean e GUINCHARD, Serge. *Procédure Civile,* 24ª ed., Paris: Dalloz-Sirey, 1996.

WAMBIER, Teresa Arruda Alvim. *Controle das Decisões Judiciais por meio de Recursos de Estrito Direito e de Ação Rescisória. Recurso Especial, recurso extraordinário e ação rescisória: o que é uma decisão contrária à Lei?* São Paulo: RT, 2002.

WATANABE, Kazuo. Da Cognição no Processo Civil, São Paulo: RT, 1987.

WITTGENSTEIN, Ludwig. *Da Certeza.* Lisboa: Edições 70, 2000.

WRÓBLEWSKI, Jerzy. *Motivation de la Décision Judiciaire,* org. Charles Perelman, La Motivation des Décisions de Justice, Bruxelas: SA d'éditions juridiques et scientifiques, 1978.

YARSHELL, Flávio Luiz. *Tutela Jurisdicional.* São Paulo: Atlas, 1999.

ZANZUCCHI, Marco Tullio. *Diritto processuale civile. Introduzione e Parte Generale,* 6ª ed., atual. Por Corrado Vocino, Milano: Giuffrè, 1964.

ZIPPELIUS, Reinhold. *Rechstsphilosophie.* München: Beck, 1982.

RESUMO

O trabalho investigou os limites da instrumentalidade substancial e do direito processual de resultados justos, buscando conhecer a sua real extensão. O escopo do processo é, mantidas as garantias constitucionais mínimas, assegurar o resultado mais justo na composição da lide, o que permite a preponderância do direito material sobre o processual (instrumentalidade substancial). Contudo, o direito processual pode prevalecer sobre o direito material, se e somente se a norma substancial possuir um grau intolerável de injustiça (processo de resultados justos). Logo, deve haver integração do trinômio justiça, direito e processo. Concluiu-se que a extensão do direito processual de resultados justos pode ser ampliada significativamente, sem arbitrariedades do juiz, desde que o controle de racionalidade e razoabilidade das decisões seja permitido. Tal controle utiliza, como método, a argumentação e a ponderação de princípios e valores. Nessa linha, o processo resume-se a um método estatal argumentativo, visando ao resultado justo na solução das controvérsias, e o órgão revisor pode controlar a correção formal e substancial dos argumentos usados na justificação da decisão.

RIASSUNTO

Il lavoro svolto ha investigato i limiti della strumentalità sostanziale del diritto processuale di risultati giusti, cercando di conoscerne la sua reale estensione. Lo scopo del processo è, mantenendo le minime garanzie costituzionali, assicurare il risultato più giusto nella composizione del litigio, e che permette la preponderanza del diritto materiale sul processuale (strumentalità sostanziale). Però, il diritto processuale può prevalere sul diritto materiale, se e soltanto se la norma sostanziale possiede un grado intollerabile di ingiustizia (processo di risultati giusti). Dunque, deve esserci un'integrazione del trinomio giustizia, diritto e processo.

Si conclude che l'estensione del diritto processuale di risultati giusti può essere ampliata significativamente, senza arbitrarietà del giudicie, ammettendo che il controllo della razionalità e della ragionevolezza delle deciosioni sia permesso.

Tale controllo utilizza, come metodo, l'argomentazione e la ponderazione di principi e di valori. In questa ottica, il processo si riassume ad un metodo statale di argomentazione, diretto al risultato giusto nella soluzione delle controversie, e l'organo revisore può controllare la correzione formale e sostanziale degli argomenti usati nella giustificazione della decisione.

SOBRE O AUTOR

Samuel Meira Brasil Jr. é doutor e mestre em Direito Processual Civil pela Faculdade de Direito da Universidade de São Paulo (FDUSP) e mestre em Inteligência Artificial e Direito pela Universidade Federal do Espírito Santo (UFES). É professor visitante da Goethe Universität Frankfurt am Main e professor (*Lehrauftrag*) do mestrado na Steinbeis Hoschschule Berlin (SIBE-SHB). É desembargador do Tribunal de Justiça do Espírito Santo.

www.ingramcontent.com/pod-product-compliance
Lightning Source LLC
Chambersburg PA
CBHW060526210326
41519CB00014B/3144